D1700461

Kohlhammer

Wolfgang Lück
Friedrich Schweitzer

Religiöse Bildung Erwachsener

Grundlagen und Impulse
für die Praxis

Verlag W. Kohlhammer

Die Deutsche Bibliothek – CIP-Einheitsaufnahme

Lück, Wolfgang:
Religiöse Bildung Erwachsener : Grundlagen und Impulse für die
Praxis / Wolfgang Lück ; Friedrich Schweitzer. - Stuttgart ; Berlin ;
Köln : Kohlhammer, 1999
ISBN 3-17-014982-2

Inhaltsverzeichnis

Vorwort

In einer sich rasch wandelnden religiösen Landschaft wird religiöse Bildung Erwachsener immer wichtiger – für jeden einzelnen Menschen, für die Gesellschaft und für die Kirche. In einer Situation, in der *jedem einzelnen Menschen* eine persönliche Orientierung angesichts vielfältiger religiöser und weltanschaulicher Angebote abverlangt wird, kann eine schon mit der Schulzeit abgeschlossene religiöse Bildung weniger denn je genügen. In einer multikulturellen und multireligiösen *Gesellschaft* ist das friedliche Zusammenleben von Menschen mit unterschiedlicher Kultur- und Religionszugehörigkeit immer auch von einer Bildung abhängig, die zur Verständigung zwischen den Kulturen und Religionen beiträgt. Die *Kirchen* erfahren, daß eine selbstverständliche Kirchenmitgliedschaft mit ihren Traditionen in Frage steht und daß ein reflektiertes Verhältnis zur Kirche ohne entsprechende Bildungsangebote nicht erreicht werden kann.

Es ist nur als erstaunlich zu bezeichnen, wenn angesichts des wachsenden – zugleich individuellen, gesellschaftlichen und kirchlichen – Bedarfs an religiöser Bildung bislang keine eigene Darstellung zur religiösen Erwachsenenbildung aus evangelischer Sicht vorliegt. Diese Lücke will der vorliegende Band ein Stück weit schließen. Er tritt damit neben die in den letzten Jahren von katholischer Seite vorgelegten Entwürfe (etwa von Franz Josef Hungs, Martina Blasberg-Kuhnke und Rudolf Englert) – nicht allerdings als eine konfessionalistisch verengte Position, sondern selbst aus einem ökumenischen Verständnis, das freilich seine evangelische Herkunft nicht verleugnen will. Die Erfahrungen, Anregungen und Beispiele, die in dieses Buch Eingang gefunden haben, stammen aus der Praxis und Theorie einer religiösen Erwachsenenbildung in evangelischer, katholischer oder auch nicht-kirchlicher Trägerschaft.

Dieses Buch ist für die *Praxis* geschrieben. Es will die Praxis einer religiösen Erwachsenenbildung anregen und begleiten. An diesem Ziel orientiert sich der Stil der Darstellung ebenso wie der Aufbau des ganzen Buches. Die Qualität von Praxis hängt jedoch auch davon ab, daß sie einem Bildungsanspruch gerecht wird und daß sie die heutigen Erwachsenen in ihrer religiösen Entwicklung und Biographie tatsächlich wahrnimmt. Deshalb braucht die Praxis *Theorie* – im Blick auf ihr Bildungsverständnis, ihre Ziele und ihre Didaktik, aber auch im Blick auf die humanwissenschaftliche Forschung zu Religion im Erwachsenenalter und deren theologische Verarbeitung. In mancher Hinsicht waren es ja gerade die psychologischen und soziologischen Untersuchungen zu Lebensgeschichte und Religion, die das Interesse an Religion im Erwachsenenalter und damit auch an einer religiösen Erwachsenenbildung überhaupt neu geweckt haben.

Wenn wir so zu einer verstärkten Wahrnehmung religiöser Bildungsaufgaben im Erwachsenenalter ermutigen, dann ist bereits deutlich, worum es uns hier *nicht* gehen kann: Weder ist ein „Nachsitzen" im Religionsunterricht beabsichtigt noch eine Funktionalisierung von Bildung für andere Zwecke wie etwa die bloße Schulung von Mitarbeiterinnen und Mitarbeitern, weder eine bloße Stärkung der Kirchenmitgliedschaft noch eine Indienstnahme der Erwachsenenbildung für kirchlichen Gemeindeaufbau. Zu manchem davon kann religiöse Bildung *auch* beitragen – aber ihrem Bildungsanspruch wird sie doch erst gerecht, wenn sie sich ganz von den Bildungszielen bestimmen läßt.

Zwischen Praxis und Theorie sehen wir weiterhin auch die *Zielgruppe,* für die dieses Buch geschrieben wurde. Wir wenden uns an alle, die im Bereich der Erwachsenenbildung tätig sind – nicht nur an diejenigen in der kirchlichen Erwachsenenbildung. Religiöse Bildung Erwachsener ist weder bloß eine akademisch-theologische Frage, noch gehört sie allein zu den Aufgaben der Kirche. Religiöse Bildung bezeichnet für uns vielmehr einen Bereich und eine Dimension allgemeiner Bildung. Sie wird beispielsweise und sollte auch weiterhin im Rahmen der Volkshochschule angeboten werden.

In der engen Verzahnung von Praxis und Theorie spiegelt sich auch unsere eigene *Zusammenarbeit als Autoren.* Wolfgang Lück ist Leiter der Arbeitsstelle für Erwachsenenbildung der Evangelischen Kirche in Hessen und Nassau, zugleich aber auch Dozent für Erwachsenenbildung und Praktische Theologie in Hamburg. Friedrich Schweitzer lehrt Religionspädagogik und Praktische Theologie in Tübingen, ist zugleich aber auch vielfach tätig in der religiösen Erwachsenenbildung sowie in der religionspädagogischen Fort- und Weiterbildung. Den Schwerpunkten unserer Arbeit entsprechend wurden die ersten Entwürfe für die Kapitel und Teile jeweils von einem Autor entwickelt und dann gemeinsam überarbeitet. So sind wir für den endgültigen Text durchweg gemeinsam verantwortlich.

Das Buch ist so konzipiert, daß es als selbständige Grundlage für eigene Arbeit im Bereich religiöser Erwachsenenbildung dienen kann. Deshalb werden alle dafür wichtigen Aspekte behandelt – beispielsweise auch Fragen der Organisation und der Didaktik.

Das Buch ist so aufgebaut, daß die einzelnen Teile zwar ineinandergreifen, aber auch unabhängig voneinander gelesen und benutzt werden können. Der erste Teil versucht eine Klärung der Begründungen, Aufgaben und Ziele religiöser Erwachsenenbildung und informiert über den Forschungsstand zu Religion im Erwachsenenalter. Der zweite Teil beschreibt, wie ein Angebot religiöser Erwachsenenbildung in der Praxis entwickelt werden kann, und entfaltet eine entsprechende Didaktik und Methodik. Der dritte Teil enthält eine thematisch geordnete Zusammenstellung bewährter Angebote und Beispiele aus der religiösen Erwachsenenbildung, wobei aber auch neue Impulse gegeben werden. Ein kürzerer vierter Teil schließlich bietet Hilfen für die Praxis (Literaturempfehlungen, Anschriften, Literaturverzeichnis).

Zugunsten der Lesbarkeit wurde auf Anmerkungen verzichtet und werden alle Literaturhinweise im laufenden Text vermerkt. Das Literaturverzeichnis am Ende des Buches enthält die vollständigen Nachweise. Hinweise auf weiterführende Literatur finden sich in der Regel am Ende eines Kapitels und bei den Darstellungen der einzelnen thematischen Angebote in Teil 3. Auch die dort in Kurzform genannte Literatur ist im Literaturverzeichnis vollständig nachgewiesen.

Darmstadt / Tübingen   *Wolfgang Lück / Friedrich Schweitzer*

Erster Teil
Grundlagen

Kapitel 1
Warum und wozu religiöse Bildung Erwachsener?
Bildungstheoretische Perspektiven zwischen Individuum, Gesellschaft und Kirche

Das Interesse an religiösen Fragen in der Erwachsenenbildung nimmt offenbar zu. In vieler Hinsicht werden religiöse Themen als aktuell wahrgenommen. Dabei dürften sehr unterschiedliche Entwicklungen eine Rolle spielen:
- biographische Umbrüche von zunehmender Häufigkeit, die auch Sinnfragen aufwerfen;
- ein wachsendes Bedürfnis nach Spiritualität und eine verbreitete Suche nach Ganzheitlichkeit und Heilwerden;
- der weltweit zunehmende Einfluß von Religion auf Politik, beispielsweise in Gestalt der sog. „religiösen Rechten", d.h. der Verbindung von Konservatismus und (amerikanisch-)evangelikalem Christentum, oder in Form eines islamischen Fundamentalismus;
- die Sorge der Kirchen um die christliche Tradition in einer Zeit von Traditionsbrüchen;
- der Wandel westlicher Gesellschaften wie der Bundesrepublik zu einer multikulturellen und multireligiösen Landschaft.

Schon diese Aufzählung von Veränderungen und Motiven zeigt an, daß bei der Aktualität religiöser Fragen existentielle und gesellschaftliche, kirchliche und kulturelle, pädagogische und politische Motive gleichzeitig im Spiel sind. In einem ersten Zugriff kann religiöse Bildung Erwachsener als Antwort auf solche Entwicklungen verstanden werden. Sie reagiert auf eine veränderte Situation und auf die damit verbundenen Bildungsbedürfnisse, die offenbar weit über bloß binnenkirchliche Interessen hinausreichen. Auch wenn kirchliche Motive in dieser Situation von Anfang an eine Rolle spielen, kann religiöse Bildung Erwachsener deshalb nicht einfach eine Erneuerung der kirchlich-gemeindlichen Katechetik sein. Soll sie der religiösen und gesellschaftlichen Situation gerecht werden, darf sie das Thema Religion nicht unangemessen einengen, sondern muß es in seiner tatsächlichen Breite aufnehmen. Zugleich kann religiöse Bildung Erwachsener aber auch nicht einfach ungeprüft einer gesellschaftlichen Nachfrage folgen. Als erwachsenbildnerisches Angebot ist ihr Auftrag aus der Perspektive der Erwachsenenbildung zu bestimmen und sind entsprechende Ansätze in der Praxis auch kritisch zu reflektieren.

Vor diesem Hintergrund soll dieses erste Kapitel drei Fragen beantworten: (1) Was bedeutet „religiöse Bildung Erwachsener" bzw. – wie wir mit gleicher Bedeutung sagen – „religiöse Erwachsenenbildung"? (2) Wie ist religiöse Erwachsenenbildung zu begründen, und worin bestehen ihre Ziele? (3) In welchem Verhältnis steht dieser Ansatz zur Diskussion über kirchliche und evangelische Erwachsenenbildung?

1. Was heißt „religiöse Bildung Erwachsener"?

„Religiöse Bildung Erwachsener" ist zumindest im deutschen Sprachraum keine eingeführte Bezeichnung, zumindest nicht für eine Konzeption oder für darauf bezogene Lehrbücher. Entsprechende Fragen werden in der Literatur zur Erwachsenenbildung zwar immer wieder aufgenommen, aber in der Regel liegen die Schwerpunkte dann doch bei anderen Fragen – etwa bei der Bestimmung des Auftrags von Erwachsenenbildung insgesamt, nach der Begründung kirchlicher oder evangelischer Erwachsenenbildung usw. Eine eigene Darstellung, die der religiösen Bildung Erwachsener, wie wir sie verstehen, gewidmet wäre, ist bislang nicht vorhanden. Es wird deshalb eigens darzulegen sein, welche Gründe uns für eine verstärkte Beachtung religiöser Erwachsenenbildung zu sprechen scheinen. Zuvor aber wollen wir die Bezeichnung unseres Ansatzes bzw. den Titel des vorliegenden Buches etwas genauer erläutern.

Wenn wir von *religiöser* Bildung sprechen, beziehen wir uns auf den nicht leicht zu klärenden Begriff der Religion. Bekanntlich kann dieser Begriff zunächst dazu dienen, verschiedene Religionen wie etwa Christentum, Judentum, Islam, Buddhismus usw. zusammenzufassen, so daß unter „Religion" die allgemeine Erscheinung und unter „Religionen" deren besondere Ausformungen verstanden werden. In dieser Bedeutung ist der Religionsbegriff im vorliegenden Zusammenhang jedoch nicht gemeint. Es geht uns nicht um eine Erwachsenenbildung, die – etwa im Unterschied zu einer christlichen oder kirchlichen Erwachsenenbildung – gleichsam über den Religionen steht oder sich allen Religionen gleichermaßen verpflichtet fühlt. Die Frage des friedlichen Zusammenlebens in der multikulturellen und multireligiösen Gesellschaft sowie der Toleranz und des Verständnisses zwischen den Religionen gehört zwar auch in unserer Sicht zu den Themen, denen für die Erwachsenenbildung heute eine besondere Bedeutung zuzusprechen ist, aber die verstärkte Wahrnehmung dieser Bildungsaufgabe führt keineswegs zwingend zu einer – in der Praxis auch kaum einmal realisierten – religionsverbindenden Erwachsenenbildung, die etwa im Sinne der sog. Theologie der Religionen (Paul Knitter u.a., Überblick Grünschloß 1994) über den Religionen stehen will. Bildung im Horizont interreligiösen Lernens und interreligiöser Verständigung kann beispielsweise auch in der kirchlichen Erwachsenenbildung ermöglicht werden oder findet dort überhaupt erst einen Ort (s.u.).

Die Bezeichnung „religiöse Bildung Erwachsener", wie wir sie verstehen, verweist in erster Linie auf den Unterschied zwischen gelebter Religion und kirchlicher oder theologischer Lehre (Drehsen 1994, Grözinger/ Lott 1997). Ziel religiöser Erwachsenenbildung ist nicht die Vermittlung von kirchlicher Lehre, die von vielen Menschen heute als lebensfern und abstrakt wahrgenommen wird. Statt dessen setzen wir ein bei den – mehr oder weniger ausdrücklich – religiösen Fragen, die im Leben selbst aufbrechen: Sinnfragen etwa angesichts existentieller Herausforderungen von Krankheit, Sterben und Tod; Fragen der Lebensdeutung und Lebensbewältigung angesichts von Erfahrungen der Sinnlosigkeit; Probleme der ethischen Orientierung im persönlichen Leben und in einer Gesellschaft, in der Ungerechtigkeit und ethisch fragwürdige Handlungsimperative den Alltag bestimmen.

Wie wir im folgenden noch genauer sehen werden, schließt ein Ansatz von Erwachsenenbildung, der von religiösen Lebensfragen ausgeht, den Bezug auf theologische Erkenntnisse und Deutungsperspektiven keineswegs aus. Wer mit den großen Fragen des Lebens umgehen möchte, ist vielmehr auf die religiösen Traditionen und die in ihnen aufbewahrten Antwortmöglichkeiten geradezu angewiesen, wenn Erwachsenenbildung nicht nur im eigenen Saft schmoren, das Rad neu erfinden oder sich selbst im Kreis drehen will. Den Ausgangspunkt entsprechender Angebote in der Erwachsenenbildung können aber nur die Erwachsenen selbst darstellen, nicht hingegen eine vorgegebene (Religions-)Theorie oder theologische Systematik. Auch für die hier angestrebte religiöse Bildung gilt, daß Erwachsenenbildung kein Schulunterricht mit Lehrplanvorgaben sein kann und deshalb eben auch kein nachgeholter Religionsunterricht. Dies würde den Lernmöglichkeiten und -interessen der Erwachsenen zutiefst widersprechen. Auch religiöse Erwachsenenbildung ist als Bildung zu verstehen und auszulegen.

Damit sind wir bereits beim zweiten Begriff, der unser Vorhaben bestimmt: *Bildung.* Auch dieser Begriff ist nicht leicht zu fassen und muß vor Mißverständnissen in Schutz genommen werden. Zum Teil wird Bildung noch immer mit Schulbildung gleichgesetzt und an ein bestimmtes Wissen (sog. Allgemeinwissen oder Allgemeinbildung) oder an einen Fächerkanon gebunden (Tenorth 1994). Oder Bildung wird in vornehmer Distanz zu allen bloß als Ausbildung bezeichneten Kenntnissen und Fertigkeiten gehalten. In seiner ursprünglichen, heute zu Recht wieder stärker beachteten Bedeutung (Klafki 1985, von Hentig 1996) verweist Bildung aber nicht auf solche Eingrenzungen und Einbindungen. Bildung zielt vielmehr auf den mündigen Menschen, der sich seiner Selbständigkeit und Freiheit bewußt ist und sie verantwortlich wahrnimmt. Insofern steht der Begriff in der Tradition der Aufklärung, die den einzelnen von vorgegebenen (partikularen) Einbindungen und Beschränkungen freisetzen will zugunsten allgemeiner (universeller) Erkenntnis, Einsicht und Verantwortung. Darüber hinaus gehört zum Bildungsverständnis aber auch der Gedanke der Ausbildung und Verfeinerung von jeweils mit der individuellen Persönlichkeit verbundenen Fähigkeiten und Interessen. Insofern ist Bildung immer auch eine Frage der Individualität und steht abstrakt-allgemeinen Zielsetzungen oder einem bloßen Nützlichkeitsdenken kritisch gegenüber. Wie wir im folgenden noch sehen werden, ist diese kritische Ausrichtung des Bildungsbegriffs gerade im Blick auf Religion bedeutsam. Angesichts von in Bildungspolitik und Öffentlichkeit gleichermaßen verbreiteten Tendenzen, Religion nicht (mehr) zu den allgemeinen Aufgaben von Bildung zu zählen, hält die Bildungstradition die Erinnerung an Religion als unverzichtbaren Bestandteil aller Bildung wach (Nipkow 1990, Biehl 1991, Rupp 1994).

Auf Grund des Bezugs auf Mündigkeit und Individualität eignet sich der Bildungsbegriff besonders als Bezeichnung für die Arbeit mit Erwachsenen. Diese Arbeit zielt auf Selbständigkeit der Lernenden, und sie geschieht in der Achtung vor ihrer Individualität. Auch die Abgrenzung von Erwachsenenbildung gegenüber Pädagogik und Religionspädagogik trägt dem Rechnung: Das Wort „Pädagogik" geht auf das griechische „pais" (=Kind) zurück und ist insofern schon vom Wortsinn her auf Erwachsene nicht gut anwendbar.

Von der Grundbedeutung des Bildungsbegriffs her lassen sich drei weitere Voraussetzungen verständlich machen, die u.E. für den gesamten Bereich der religiösen Bildung bedeutsam sind oder zumindest sein sollten:

– Religiöse Bildung Erwachsener ist *bildungstheoretisch zu begründen*. Sie ist nicht einfach Anliegen einer Institution Kirche, die etwa Mitglieder werben oder ihre eigenen Mitgliedschaftsverhältnisse stabilisieren will. Religion gehört zum Menschsein, weshalb ein Bildungsangebot, das sich nicht auf einzelne Teilbereiche beschränken und – mit einem nicht unproblematischen Begriff gesprochen – „ganzheitlich" sein will, auch religiöse Bildung umfassen muß.

– Die bildungstheoretische Begründung schließt ein, daß religiöse Erwachsenenbildung auch *nicht für andere Zwecke* beispielsweise der bloßen Schulung für bestimmte Aufgaben *in Dienst genommen* und in ihrer *Berechtigung oder Effektivität nicht an Kriterien bemessen* werden darf, die *außerhalb der eigentlichen Bildungsziele* liegen. Dies schließt keineswegs aus, daß Erwachsenenbildung sich positiv auf das Verhältnis zu Religion und Kirche auswirkt oder daß sie die Entwicklung von Fähigkeiten unterstützt, die auch in anderen Bereichen von Beruf oder Ehrenamt eingesetzt werden können. All dies aber bleibt bildungstheoretisch gesehen zweitrangig und muß zweitrangig bleiben, solange der Bildungsanspruch religiöser Erwachsenenbildung ernstgenommen werden soll.

– Schließlich, und im Bereich von Religion und Kirche vielleicht besonders zu betonen, *müssen auch die Ziele religiöser Erwachsenenbildung dem Bildungsanspruch gerecht werden*. Sie können dies aber nur, wenn und sofern sie

Selbständigkeit, eigene Urteilsfähigkeit und also religiöse Mündigkeit ermöglichen. Dies bedeutet, daß religiöse Erwachsenenbildung keineswegs allein durch bestimmte Inhalte bestimmt werden kann. Bildung ist auf die Person bezogen. Auch wenn sich beispielsweise christliche Erwachsenenbildung ohne Bezug auf die Bibel schwerlich vorstellen läßt, garantiert umgekehrt die Aufnahme biblischer Themen eben noch keine Bildung.

Aus dem zu Religion und Bildung Gesagten geht im übrigen auch hervor, daß die Rede von religiöser Bildung keine Beschränkung auf eine bestimmte Form der Trägerschaft entsprechender Angebote einschließt. Der Religionsbegriff wendet sich nicht gegen kirchliche Träger, sondern fordert sie heraus, sich auf die Erfordernisse eines weitgefaßten Bildungsangebots einzulassen. Angesprochen sind aber ausdrücklich auch nicht-kirchliche Träger wie die Volkshochschule: Wenn Religion zur Bildung gehört, darf religiöse Bildung Erwachsener von keinem Träger übergangen werden, der an einer umfassenden Bildung interessiert ist (vgl. unten, Kap. 4).

Zusammenfassend kann religiöse Bildung Erwachsener als ein Angebot beschrieben werden, das von im weitesten Sinne religiösen Fragen Erwachsener ausgeht, das bildungstheoretisch begründet ist und das auf religiöse Mündigkeit zielt. Religiöse Mündigkeit ist dabei nicht individualistisch zu verstehen und darf nicht auf eine persönlich-private Religiosität des einzelnen beschränkt werden. In einem zweiten Schritt wollen wir deshalb zeigen, daß religiöse Erwachsenenbildung zugleich in einem *individuellen,* einem *gesellschaftlichen* und einem *kirchlichen* Zusammenhang gesehen und begründet werden kann.

2. Begründung und Ziele religiöser Erwachsenenbildung

Über eine Interpretation des Bildungsbegriffs sind wir darauf gestoßen, daß religiöse Bildung Erwachsener nicht nur in einem *individuellen,* sondern auch in einem *gesellschaftlichen* sowie in einem *kirchlichen* Zusammenhang gesehen werden kann. Dabei gehen wir davon aus, daß diese drei Begründungsmöglichkeiten sich wechselseitig keineswegs ausschließen. Der aus pädagogisch-bildungstheoretischer Perspektive immer wieder erhobene Verdacht, eine kirchliche Begründung sei mit einer bildungstheoretischen eben nicht zu vereinbaren, soll sich im folgenden gerade nicht bewahrheiten. In unserer Sicht können sich kirchliche, gesellschaftliche und individuelle Begründungsformen durchaus überschneiden. Darin ist solange keine Schwierigkeit zu sehen, als solche Überschneidungen den Bildungsanspruch und die an diesem zu bemessende Qualität von Bildungsangeboten nicht beeinträchtigen. So gesehen können sich die verschiedenen Begründungsmöglichkeiten wechselseitig stützen und verstärken.

Der Bezug auf Individuum, Kirche und Gesellschaft entspricht der Unterscheidung zwischen drei Formen des neuzeitlichen Christentums, die D. Rössler (1994) seiner Praktischen Theologie zugrundelegt. Der damit eröffnete weite Horizont bewährt sich auch für Religionspädagogik und evangelisches Bildungsdenken (Nipkow 1990, Schweitzer 1996a).

Im folgenden beginnen wir beim einzelnen – beim individuellen Begründungszusammenhang also – und kommen dann zu Gesellschaft und Kirche. Dies entspricht der herkömmlichen bildungstheoretischen Akzentuierung und kann insofern den bildungstheoretischen Anspruch noch einmal unterstreichen. Es bedeutet jedoch kein Gefälle hinsichtlich des Gewichts der verschiedenen Begründungszusammenhänge. Auch der kirchliche Zusammenhang, der etwa mit F. Schleiermacher (1799/1967) als „gesellige" oder gemeinschaftliche Form von Religion aufgefaßt werden kann, gehört mit zur Bildung, auch wenn dies leicht übersehen wird.

Bei unserer Darstellung wollen wir neben den unterschiedlichen Begründungen jeweils auch herausarbeiten, welche der in Teil 2 und 3 des vorliegenden Buches genauer beschriebenen Formen der religiösen Erwachsenenbildung individuellen, gesellschaftlichen und kirchlichen Erwartungen besonders entgegenkommen. Auf diese Weise kann der Zusammenhang zwischen Theorie und Praxis verdeutlicht und kann die Vielfalt sowohl unterschiedlicher Begründungsaspekte als auch der Ausformungen religiöser Erwachsenenbildung bereits ein Stück weit sichtbar werden.

(1) Wenn noch ohne weitere theoretische Ordnung darüber nachgedacht wird, inwiefern religiöse Erwachsenenbildung *vom einzelnen her* begründet werden kann, dann kommen wohl zunächst die entsprechenden *Teilnahmemotive* in den Blick. Solche Motive können mit besonderen Situationen verbunden sein – Situationen existentieller Herausforderung beispielsweise, bei denen sich Menschen auf Grund von Erfahrungen mit Sterben und Tod plötzlich mit Glaubensfragen konfrontiert sehen, oder Situationen mit Herausforderungen neuer Art vielleicht als Vater oder Mutter von Kindern, die nach Gott fragen. Auch für die Erwachsenen selbst ist die Gottesfrage vielfach selbst dann noch bedeutsam, wenn sie sich sonst nicht (mehr) für Kirche interessieren. Ein verantwortliches Leben verweist in Deutschland auch im individuellen Zusammenhang auf eine weitgefaßte Verantwortung vor Gott, die besonders in Krisen hervortreten kann. Daneben gibt es eher „normale", weil nicht mit bestimmten Erlebnissen oder Krisen verknüpfte Motive, die vielleicht mit der eigenen Lebensgeschichte zu tun haben oder mit der noch immer nicht (und vielleicht niemals) abgeschlossenen Auseinandersetzung mit dem sog. Kinderglauben. Auch die Medien spielen dabei eine Rolle – mit aktuellen Themen, die verunsichern oder verärgern. Und schließlich gibt es auch heute selbstverständlich Interessen, wie sie mit einem eher traditionellen Bildungsverständnis verknüpft sind – also etwa Interesse an

theologischen Themen oder an Sachinformationen aus dem Bereich von Bibelauslegung oder Kirchengeschichte. Manche dieser Motive zielen auf eine eher
intellektuelle Beschäftigung mit Sachfragen, andere auf Erfahrungsaustausch mit
ähnlich betroffenen oder herausgeforderten Menschen, und bei alldem kann auch
ein Hunger nach emotionalen oder spirituellen Erfahrungen mit ins Spiel kommen.

Die Spannweite individueller Teilnahmemotive ist naturgemäß sehr groß. Das
folgt schon aus ihrem individuellen Charakter. Die Möglichkeiten einer systematischen Ordnung sollten deshalb nicht überzogen werden. Dennoch scheint es
uns hilfreich, einige *Schwerpunkte von Teilnahmemotiven oder Bildungsanlässen*
besonders hervorzuheben. Folgende vier Motivgruppen können in diesem Sinne
unterschieden werden:

– Lebenskrisen und Lebensbewältigung
– Lebensgeschichte, Lebenszyklus, Begegnung der Generationen (die „großen
  Fragen" der Kinder)
– Suche nach Orientierung, Erneuerung und Sinn
– persönliche Auseinandersetzung mit Kirche und Theologie.

Solchen Motiven, die Menschen zur Teilnahme an religiöser Erwachsenenbildung bewegen, entsprechen nun auch bestimmte *Ansätze oder Formen der Erwachsenenbildung.* Hier können wir zwischen einem stärker thematisch-sach-
orientierten Bildungsangebot, einem biographiebezogenen Ansatz sowie einer
erfahrungsbetonten Perspektive unterscheiden.

– Ein *thematisch-sachorientiertes Angebot* korrespondiert am ehesten dem herkömmlichen Bildungsverständnis. Es wird vor allem solchen Menschen gerecht, die sich für ausdrücklich religiöse oder kirchliche bzw. theologische
  Themen interessieren – etwa für „neue Formen der Bibelauslegung", den „historischen Jesus" *(Wer war Jesus wirklich? War Jesus ein Qumran-Schüler?*
  usw.) oder „Fundamentalismus als Herausforderung". Insofern besitzen solche
  oder ähnliche Angebote ein bleibendes Recht. Der Nachteil einer Erwachsenenbildung, die so deutlich an als theologisch oder kirchlich wahrgenommenen Themen ansetzt, liegt freilich darin, daß die Verknüpfung mit dem individuellen Lebenszusammenhang zunächst ganz dem einzelnen überlassen
  bleibt. Zwar kann dann in der Veranstaltung selbst durchaus nach entsprechenden Verknüpfungen gesucht werden, aber dies setzt bereits voraus, daß
  Menschen Zugang zu einer solchen Veranstaltung gefunden haben, was heute
  (wie wir im nächsten Kapitel sehen werden) aus bestimmten Gründen nicht
  ohne weiteres zu erwarten steht. Erfolg in dem Sinne, daß ein weiter Perso-
  nenkreis erreicht wird, hängt deshalb nicht zuletzt davon ab, daß das Bildungsangebot die Motive und Zugangsmöglichkeiten des einzelnen nicht
  überfordert und also nicht überwiegend durch solche Sachfragen und Themen

bestimmt ist, die Kirchlichkeit oder Vertrautheit mit der Theologie voraussetzen.

– Der als nächstes zu bedenkende *biographiebezogene Ansatz,* der zunehmend Verbreitung findet, besitzt verschiedene Ausformungen. Gemeinsam ist diesen Formen der Versuch, Religion in ihrer lebensgeschichtlichen Gestalt und als biographisch bedingte und verwurzelte Erfahrung aufzunehmen. Das kann zunächst, in Weiterführung des allgemein-thematischen Vorgehens, durch biographiebezogene Angebote geschehen – beispielsweise durch Auseinandersetzung mit religiös gehaltvollen (Auto-)Biographien, mit Gestalten der Bibel in biographiebezogener Auslegung (Maria, Paulus usw.) oder, noch ein Stück weiter von allgemeinen Themen entfernt, durch Auseinandersetzung mit der eigenen Biographie.

Eigene Bildungsansätze im Sinne der Förderung von religiöser Entwicklung (James W. Fowler, Fritz Oser s.u.) oder der gezielten Aufnahme belastender Erfahrungen beispielsweise aus der Kindheit oder kritischer Lebensphasen (Frielingsdorf 1992) kommen vor allem aus der (Religions-)Psychologie. Im nächsten Abschnitt sollen solche Ansätze genauer dargestellt werden. Zur Kennzeichnung des Bildungsanliegens ist vor allem – etwa im Anschluß an John Hull (1985) – auf den Versuch hinzuweisen, die religiöse Entwicklung so anzuregen und zu unterstützen, daß Entwicklungsblockaden aufgehoben oder traumatisierende Langzeitfolgen korrigiert werden. Die Erwachsenenbildung wird hier zur religiösen Lebensbegleitung (vgl. Nipkow 1994) sowie zur Begleitung in Lebenskrisen. Auch dabei ist allerdings festzuhalten, daß Erwachsenenbildung zwar durchaus eine implizit therapeutische Funktion erfüllen, daß sie selbst aber keine Therapie sein kann.

– Schon der Biographiebezug enthält eine deutliche Nähe zu persönlicher Erfahrung, wie sie dann bei den ganz auf *Erfahrung ausgerichteten Angeboten* überhaupt ins Zentrum tritt. Zu denken ist etwa an Formen der (Selbst-)Erfahrung in Meditation, Gebet oder anderen Übungen, an Besinnungs- und Einkehrtage („Klosterfreizeiten"), an expressive, beispielsweise bibliodramatische Versuche usw. Der Umkreis der gesuchten Erfahrungen reicht dabei von Körper- und Persönlichkeitserfahrungen bis hin zu ausdrücklich spirituellen Bereichen der Gottesbegegnung.

Auch hier kann auf eine Reihe eigener Bildungsansätze verwiesen werden, die teils aus der Psychotherapie, teils aus der (katholischen) Tradition spiritueller Bildung kommen (vgl. Petsch 1993, zum Bibliodrama Kiehn u.a. 1987, Bibliodrama 1996). Und ähnlich wie bei den biographiebezogenen Ansätzen ist wiederum auf die Grenze der Erwachsenenbildung gegenüber anderen, nicht auf Bildung ausgerichteten Formen von Erfahrung und Spiritualität etwa in Liturgie und Gottesdienst hinzuweisen.

Zu den spezifischen Problemen, die in diesem Bereich der vom einzelnen her konzipierten religiösen Bildung Erwachsener regelmäßig wiederkehren, gehört vor allem die Frage der *erwachsenenbildnerischen und theologischen Verantwortbarkeit* entsprechender Angebote. Die individuellen religiösen Interessen sind naturgemäß sehr vielgestaltig, und entsprechend breit ist auch das mögliche Angebot. Aber nicht jedes Angebot etwa einer Begegnungsgruppe dient wirklich der Bildung des einzelnen – etwa weil nicht Mündigkeit am Ende steht, sondern nur eine um so größere Abhängigkeit vielleicht von einem Übungsleiter oder Guru.

Häufiger Anlaß zu Kontroversen ist auch die *theologische Ausrichtung* des Programms. Bei kirchlichen Trägern sind immer wieder Häresie- und Synkretismusvorwürfe zu hören – etwa bei Yoga-, Mantra-, Mandala-Übungen usw. – Vorwürfe, die zwar als Vorurteil nicht akzeptabel, als Anfrage aber auch nicht einfach von der Hand zu weisen sind. Auch jenseits kirchlicher Trägerschaften können entsprechende inhaltliche Fragen nicht ausgeblendet werden (s.u., Kap. 4). Zwar ist prinzipiell richtig, daß etwa eine Volkshochschule religiös und weltanschaulich nicht gebunden sein kann – aber daraus ergibt sich noch keineswegs, daß sie ihre Räume und Programme allen Gruppierungen gleichermaßen zur Verfügung stellen soll oder darf. Der Bildungsanspruch, den jede Form der Erwachsenenbildung wahrzunehmen hat, berührt auch die Inhalte. Nicht-kirchliche Trägerschaft erspart nicht die Diskussion über theologische Verantwortbarkeit!

(2) Eine zweite Begründungsmöglichkeit religiöser Erwachsenenbildung liegt im *gesellschaftlichen Zusammenhang*. Auch hier setzen wir bei *aktuellen Fragen* ein, wie sie in der Öffentlichkeit diskutiert werden. Die wohl größte Aufmerksamkeit hat in den letzten Jahren das Thema Fundamentalismus auf sich gezogen (als populäre Einführung Meyer 1989). Eine Unvereinbarkeit zwischen Demokratie und fundamentalistischen Positionen wird nicht nur etwa im Blick auf islamische Länder gesehen, sondern auch hinsichtlich fundamentalistischer Strömungen in der westlichen Welt. Auch sonst stellt das friedliche Zusammenleben von Menschen unterschiedlicher Religionszugehörigkeit ein zunehmend brisantes Thema dar: Welche Rechte haben nicht-christliche Religionsgemeinschaften in der Bundesrepublik? Dürfen sie weithin sichtbare Moscheen bauen – gar mit hohen Minaretten? Wie laut darf der Muezzin rufen? Dürfen Tiere so geschlachtet werden, wie es der religiöse Ritus befiehlt, oder verbieten dies die deutschen Gesetze des Tierschutzes? Und wie steht es um die Rechte von Frauen, wie um die der Kinder?

Mit solchen Fragen ist der Zusammenhang von *(religiösem) Ethos, Ethik und Recht* angesprochen. Eine gelebte Sittlichkeit (Ethos) kann als Grundlage der Ethik gelten (vgl. Kuhlmann 1986). Das Recht ist darauf angewiesen, daß die Mitglieder der Gesellschaft durch Ethos und Ethik geprägt sind. Es kann dem Verhalten der Menschen nur äußerste Grenzen ziehen – normieren kann es das

Verhalten nicht. Deshalb ist das Zusammenleben in einer Demokratie nur denkbar, wenn Erziehung und Bildung für ein entsprechendes Ethos sorgen. Zu den bedeutsamsten Grundlagen eines Ethos gehört jedoch die Religion. Unabhängig noch von jeder inhaltlichen Einschätzung ist die andauernde Diskussion über Wertewandel und Werteverlust ein Beleg für die Sorge um die Grundlage gesellschaftlicher Wertorientierungen.

Zur sozialstaatlichen Tradition, die heute angesichts ökonomischer Probleme und Umstellungen heiß debattiert wird, gehört auch das *Recht auf Bildung.* Dabei handelt es sich zwar um ein Recht des einzelnen, was zunächst auf den individuellen Begründungszusammenhang zurückverweist. Im weiteren geht es dann aber vor allem um Verpflichtungen, die aus dem Recht auf Bildung für den Staat erwachsen. Der Staat nämlich muß in dieser Sicht dafür sorgen, daß die Bürgerinnen und Bürger ihr Recht auf Bildung auch wahrnehmen können (Häberle 1981).

Ein Recht auf Bildung, das dem Staat entsprechende Verpflichtungen auferlegt, erwächst u.a. aus dem Grundgesetz. Insbesondere die ersten Artikel des Grundgesetzes (Menschenwürde, Freiheit, Gleichheit) können so ausgelegt werden, daß sie ein Recht auf Bildung definieren und damit den Staat in die Pflicht nehmen. Mit der in Art. 4 gewährleisteten Glaubens- und Gewissensfreiheit schließt dies auch das Recht auf religiöse Bildung ein (im Sinne der sog. positiven Religionsfreiheit als Befähigung dazu, dieses Grundrecht tatsächlich in Anspruch zu nehmen). Diese Argumentation wird in der Regel auf den schulischen Religionsunterricht bezogen (EKD 1994). Nach heutigem Verständnis kann eine solche Bildung jedoch nicht mehr auf Kindheit, Jugendalter oder Schulzeit begrenzt sein. Das Recht auf Bildung, einschließlich der religiösen Bildung, umfaßt daher auch die Erwachsenenbildung (EKD 1997a).

Religiöse Erwachsenenbildung, so können wir diese Überlegungen zur gesellschaftlichen Begründung *zusammenfassen,* beruht ähnlich wie bei den individuellen Motiven auch in gesellschaftlicher Hinsicht auf einer ganzen Reihe sich wechselseitig ergänzender Begründungsformen. Folgende vier Aspekte können besonders hervorgehoben werden:

- Recht auf (religiöse) Bildung
- Pflege der religiösen Überlieferung als Teil des kulturellen Erbes
- Begründung eines Ethos als Grundlage von Ethik und Recht in der Demokratie
- Zusammenleben von Menschen mit unterschiedlicher Religionszugehörigkeit in der Gesellschaft.

Fragen wir auch hier, welche *Formen religiöser Erwachsenenbildung* im gesellschaftlichen Begründungszusammenhang besonders naheliegen, so kommen vor allem gesellschaftsbezogene religiöse Themen und Ansätze in den Blick. Religion besitzt gesellschaftliche Dimensionen, und die Gesellschaft schließt religiöse Dimensionen ein. Eine Grundunterscheidung kann zwischen thematisch-reflexiven Arbeitsformen und handlungs- bzw. praxisbezogenen Ansätzen getroffen werden.

- *Thematisch-reflexive Arbeitsformen* sind hier durch die gesellschaftsbezogenen Themen bestimmt (vgl. Meier 1979). Zum Teil im Grenzbereich zur politischen Bildung können Themen wie „Religion und Demokratie", „Christliche Ethik und Sozialstaat" usw. oder „Wertewandel", „Was ist eine gerechte Gesellschaft?" usw. bearbeitet werden. Wie bei allen theoretisch und handlungsfern ansetzenden Bildungsangeboten sind die spezifischen Stärken und Schwächen dieses Vorgehens zu beachten: Die Möglichkeiten für eine gründliche Auseinandersetzung mit allen entsprechenden Fragen sind vergleichsweise groß, die Konsequenzen für das eigene Handeln sowie überhaupt für die gesamte Persönlichkeit in der Regel eher gering. Deshalb kommt dem zweiten, jetzt zu nennenden Ansatz besondere Bedeutung zu:

- *Handlungs- bzw. praxisbezogene Ansätze* einer gesellschaftsorientierten religiösen Erwachsenenbildung werden heute besonders im Zusammenhang sog. sozialer Bewegungen gepflegt – etwa in der Ökologiebewegung, der Friedensbewegung, in Dritte-Welt-Gruppen usw. (Orth 1990, Blasberg-Kuhnke 1992). Im Zentrum stehen dabei selbstorganisierte und selbstgesteuerte Lernformen, die zum Teil unmittelbar in ein Praxis-Theorie-Praxis-Verhältnis eingebunden sind (Informationssuche im Rahmen der Vorbereitung einer Aktion, Klärung religiöser Motive des eigenen Engagements etc.). In dem berühmten Modell Paulo Freires (1973) wird Erwachsenenbildung darüber hinaus direkt in den Horizont eines befreiungspädagogischen Lernens und Handelns im Sinne der „Option für die Armen" eingezeichnet.

Praxis- und handlungsbezogen, aber nicht an der Befreiungspädagogik oder Theologie ausgerichtet sind Formen einer religiösen Erwachsenenbildung, die im Umkreis *beruflicher oder ehrenamtlicher Tätigkeit* (beispielsweise der Hospiz-Bewegung) entstehen und die Bildungsmotive oder Fragen aufnehmen, die auf Grund der entsprechenden Tätigkeit aufbrechen (s. dazu noch u., Kap. 7).

Noch am wenigsten Tradition besitzt das *Lernen zwischen den Religionen*, das manchmal als „interreligiöses Lernen" oder als „dialogische Religionsbegegnung" bezeichnet wird (van der Ven/ Ziebertz 1994, Lähnemann 1998). Auch hier gilt, daß die theoretische Beschäftigung mit anderen Religionen etwa durch entsprechende Vorträge („Islam", „Weltreligionen", „Weltethos" usw.) eine wichtige Möglichkeit für weiterführende Informationen darstellen kann. Wünschenswert ist aber auch eine persönliche Begegnung mit Angehörigen anderer Religionsgemeinschaften oder ein eigenes Kennenlernen der Rituale und Feiern der Religionen (vgl. unten, Kap. 10). Im Sinne des handlungs- und praxisbezogenen Lernens ist darüber hinaus an gemeinsame Vorhaben zur Lösung anstehender Probleme zu denken (etwa in Asylgruppen oder bei Stadtteilinitiativen).

(3) Am leichtesten und zugleich am schwersten fällt die Begründung religiöser Erwachsenenbildung im *kirchlichen Zusammenhang*. Sie fällt leicht, weil es von der Kirche her besonders naheliegende Gründe gibt, die für religiöse Bildung sprechen; zugleich treten aber zwischen kirchlichen Erwartungen einerseits und der Erwachsenenbildung andererseits immer wieder Spannungen auf und ist gerade von kirchlicher Seite der Sinn von Erwachsenenbildung wiederholt in Frage gestellt worden.

Bezeichnend und in der Literatur entsprechend breit diskutiert sind Spannungen, die sich aus dem Verhältnis zur Gottesdienstgemeinde ergeben. Wie kommt es – so wird von kirchlicher Seite kritisch gefragt –, daß diejenigen, die an Veranstaltungen der Erwachsenenbildung teilnehmen, nicht auch den Sonntagsgottesdienst besuchen? Und umgekehrt: Muß denn das erwachsenenbildnerische Programm so aussehen, daß sich beispielsweise die regelmäßigen Gottesdienstbesucher davon gar nicht angesprochen fühlen? Trägt die Erwachsenenbildung überhaupt etwas aus für Kirche und Gemeinde? usw.

Die Erwachsenenbildung kann bei solchen Auseinandersetzungen um die Berechtigung ihrer Existenz zunächst auf ihren Bildungsauftrag verweisen: Nicht in einer Funktion oder gar Dienstleistung für eine andere Einrichtung liegt ihre Aufgabe, sondern eben in der jedem einzelnen zu ermöglichenden Bildung. So gesehen ist es von Anfang an verfehlt, die Existenzberechtigung von Erwachsenenbildung von ihrem Beitrag zur Verstärkung kirchlicher Bindung abhängig machen zu wollen. Allerdings ist dem sofort und in fast paradoxer Weise hinzuzufügen, daß die Erwachsenenbildung gerade dann der Kirche einen Dienst leisten kann, wenn sie sich nicht als Zubringer für die Kirche versteht. Nur unter dieser Voraussetzung nämlich kann die (kirchliche) Erwachsenenbildung auch Menschen erreichen, die den gottesdienstlichen oder gemeindlichen Veranstaltungen von Kirche eher distanziert oder ablehnend gegenüberstehen.

Die Untersuchungen zur Kirchenmitgliedschaft, die im Auftrag der EKD seit den 70er Jahren durchgeführt werden, haben immer wieder auf das sog. *„Bildungsdilemma"* der Kirche hingewiesen (Lange 1980, Nipkow 1975, 38ff., Schloz 1990). Empirisch gesehen wächst die Distanz zur Kirche mit dem Grad der Bildung: Je höher der Bildungsgrad (gemessen am jeweiligen Bildungsabschluß), desto geringer ist die Wahrscheinlichkeit einer engen Bindung an die Kirche. Zu einem Dilemma wird dieses (Miß-)Verhältnis zwischen Kirche und Bildung nun dadurch, daß Kirchenmitgliedschaft in der modernen Gesellschaft immer weniger durch Tradition und Konvention gestützt wird. Kirchenmitgliedschaft ist zunehmend eine Sache bewußter Entscheidung geworden. Eine solche Entscheidung für die Kirche setzt aber wiederum eine Bildung voraus, die dazu allererst befähigt. Auch angesichts des Bildungsdilemmas der Kirche erscheint deshalb eine nicht von kirchlichen Erwartungen bestimmte religiöse Erwachsenenbildung wünschenswert (vgl. Drehsen 1994).

Gleichwohl gibt es daneben natürlich auch Formen der religiösen Erwachsenenbildung, die zu Recht einen ausdrücklich kirchlichen Charakter besitzen. Eine wichtige Wurzel der kirchlichen Erwachsenenbildung liegt ja in der Taufunterweisung der frühen Kirche – als die Taufe im Regelfall erst im Erwachsenenalter vollzogen und zuvor eine Unterweisung der Taufbewerber durchgeführt wurde (Taufkatechumenat). Wo sich kirchliche Erwachsenenbildung auf die Inhalte des christlichen Glaubens und der christlichen Tradition bezieht, ohne deshalb den Bildungsanspruch preiszugeben, kann Erwachsenenbildung auch heute an der „Kommunikation des Evangeliums" (Ernst Lange) teilhaben. Wie etwa die berühmte Formulierung im Epheserbrief zeigt (Eph 4, 14: „damit wir nicht mehr unmündig seien und uns von jedem Wind einer Lehre bewegen und umhertreiben lassen"), besteht zwischen dem Evangelium und dem Erwachsenwerden im Sinne von Mündigkeit ein enger Zusammenhang. Der christliche Glaube zielt nicht auf eine unfreie Haltung der Abhängigkeit, sondern auf Erwachsenwerden im Glauben.

Besonders die reformatorischen Kirchen haben die Notwendigkeit einer Laienbildung hervorgehoben (zum folgenden vgl. Schweitzer 1996b, Nipkow/ Schweitzer 1991). Dabei geht es zum einen um das reformatorische Verständnis von Glaube und Rechtfertigung: Jeder Christ soll seinen Glauben selbst verantworten und sich selbst aus der Schrift belehren können – ein Gedanke, der später, unter den Voraussetzungen der Moderne, mit dem Begriff der „religiösen Mündigkeit" (Friedrich Schleiermacher) gefaßt werden konnte. Zum anderen wird die Bildung von Laien notwendig auf Grund eines veränderten Verständnisses von Kirche: Die Taufe begründet eine prinzipiell gleiche Würde aller Christinnen und Christen. Im Blick auf die Kirche bedeutet dies, daß das Priestertum nicht Privileg einiger weniger darstellt, sondern eine gemeinsame Aufgabe aller (allgemeines Priestertum), was Bildung voraussetzt. Schließlich – und weit über alle unmittelbar religiösen Themen hinaus – verstehen die Reformatoren Bildung als einen von Gott für die gesamte Schöpfung gewollten Beitrag zum Gelingen des gemeinsamen Lebens. Die Kennzeichen und Kriterien eines solchen Lebens sind, etwa nach Martin Luther, Friede und Gerechtigkeit. Heute würden wir dem, im Anschluß an den Konziliaren Prozeß sowie angesichts drohender ökologischer Katastrophen, u.a. die Bewahrung der Schöpfung hinzufügen.

Mit dem Konziliaren Prozeß werden wir zugleich an eine weitere Begründung religiöser Erwachsenenbildung verwiesen – eine Begründung, die sich zwar nicht auf den Raum der Kirche beschränkt, diesen aber in vieler Hinsicht doch einbezieht und einbeziehen will. Gemeint sind die bei der gesellschaftlichen Begründung bereits genannten Bewegungen und Gruppen, für die eine Erwachsenenbildung im Praxis-Theorie-Praxis-Zusammenhang bezeichnend ist (Orth 1990, Blasberg-Kuhnke 1992). Im Vordergrund steht für solche Gruppen die christliche Ethik, vor allem in einer befreiungstheologischen Auslegung, die auch ein entsprechendes Verständnis von Kirche einschließt (Basisgemeinden usw.).

Erwachsenenbildung im Praxis-Theorie-Praxis-Zusammenhang engagierter Gruppen ist ein Beispiel dafür, wie die im Raum der Kirche herkömmlicherweise vorhandenen Angebotsstrukturen verändert und erweitert werden können. Auch in diesem Falle erweist sich ein allein auf thematisch bestimmte Veranstaltungen beschränktes Angebot als zu eng. Religiöse Erwachsenenbildung i.S. der Laienbildung hängt unmittelbar mit der Erneuerung von Kirche zusammen. Eine Verbindung mit Aufgaben und Projekten in der Gemeinde (Gemeindegestaltung, gemeinsame Planung und Durchführung von Veranstaltungen usw.) liegt deshalb besonders nahe.

Auch im Blick auf die kirchliche Begründung religiöser Erwachsenenbildung ist festzuhalten, daß der *christliche Glaube nicht lehrbar* ist und deshalb auch kein Bildungsziel sein kann. Der Glaube bleibt, als Wirkung des göttlichen Geistes, ein Geschenk Gottes. Dennoch ist dieser Glaube auf Lernen und Bildung angewiesen. Das Christentum ist keine ekstatische Religion, die allein aus einer persönlichen religiösen Erfahrung erwächst. Die biblische Überlieferung ist konstitutiv für diesen Glauben. Deshalb gilt: Nur solange der Glaube durch Lernen nicht verfügbar ist, kann er christlicher Glaube bleiben. Aber es gilt auch: Nur solange der Glaube Verstehen und Lernen einschließt, kann er christlicher Glaube heißen (so, mit weiteren Hinweisen auf die Literatur, Schweitzer 1991, 7f.).

(4) *Zusammenfassend* ist festzuhalten, daß religiöse Bildung Erwachsener gleichzeitig in unterschiedlichen – individuellen, gesellschaftlichen und kirchlichen – Begründungszusammenhängen steht. Die den verschiedenen Begründungszusammenhängen entsprechenden Ansätze und Formen religiöser Erwachsenenbildung stellen jedoch keine scharf voneinander getrennten Angebote dar. Entscheidend ist auch nicht die jeweilige (kirchliche oder nicht-kirchliche) Trägerschaft, sondern die Bildungsqualität sowie eine solche Ausgestaltung des Gesamtangebots, die sowohl der individuellen als auch der gesellschaftlichen und der kirchlichen Situation gerecht wird (s.u., Kap.3).

3. Religiöse Bildung Erwachsener im Spiegel der Erwachsenenbildungs- diskussion

Im letzten Abschnitt dieses Kapitels wollen wir unseren Ansatz religiöser Bildung Erwachsener weiter konturieren, indem wir ihn mit der gegenwärtigen Diskussion über Ansätze der Erwachsenenbildung verbinden bzw. aufzeigen, wie er sich zu dieser Diskussion verhält. Einleitend haben wir bereits festgestellt, daß

Darstellungen zur religiösen Erwachsenenbildung besonders aus evangelischer Sicht derzeit nicht verfügbar sind. Daraus ergibt sich, daß die Argumentation im folgenden zunächst eine Abgrenzung gegenüber vorliegenden Ansätzen ergibt. Allerdings wird dabei auch erkennbar, daß die von uns beschriebene Aufgabe der religiösen Bildung Erwachsener den vorhandenen Ansätzen keineswegs konträr gegenübersteht. Vielfach wird religiöse Erwachsenenbildung dort unter anderen Frage- und Themenstellung mitbehandelt, teilweise wird von Beobachtungen zu Individuum, Kirche und Gesellschaft ausgegangen, die unseren eigenen nahekommen, und schließlich lassen sich manche Perspektiven der Diskussion auch in unser eigenes Verständnis übernehmen, wobei sie allerdings in den veränderten Gesamtrahmen religiöser Erwachsenenbildung eingehen.

Die damit angedeutete Zielsetzung von Abgrenzung und Anknüpfung zugleich wollen wir exemplarisch im Gespräch mit vier Ansätzen aufnehmen: kirchliche Erwachsenenbildung, theologische Erwachsenenbildung, Erwachsenenbildung als religiöse Entwicklung und Bildung in der Lebensgeschichte, Erwachsenenbildung als spirituelle Bildung. In einem fünften und letzten Schritt sollen dann die Verbindungen zwischen unserem eigenen Ansatz und anderen Ansätzen eigens hervorgehoben werden. Das exemplarische Verfahren bringt es mit sich, darauf sei ausdrücklich hingewiesen, daß wir keinen wie auch immer vollständigen Überblick zur Diskussion über Erwachsenenbildung anstreben (s. dazu Schiller 1984, Scheilke 1996; katholisch Blasberg-Kuhnke 1995).

(1) *Religiöse Bildung Erwachsener und kirchliche Erwachsenenbildung:* Diese Bezeichnungen stehen nicht einfach für eine Alternative. Sie verweisen aber auf wichtige Unterschiede in der Aufgabenbestimmung und bei der jeweiligen Schwerpunktsetzung. Wer den Umkreis der Aufgaben bestimmen will, die zur Erwachsenenbildung in kirchlicher Trägerschaft gehören, muß naturgemäß eine Vielzahl von Bereichen und Aspekten berücksichtigen. Religiöse Bildungsaufgaben gehören dazu ebenso wie Fragen von Politik und Gesellschaft, Bibelkurse ebenso wie diakonische Probleme, Erziehungsfragen ebenso wie Themen der Pflege usw. Kirchliche Trägerschaft, so hat die Diskussion immer wieder deutlich gemacht, kann und darf sich bei der Erwachsenenbildung gerade nicht auf religiöse oder gar kirchliche Themen und Bildungsaufgaben beschränken. Zu Recht belehrt der Blick beispielsweise in das Programm eines Kreisbildungswerkes oder einer Familienbildungsstätte sehr rasch darüber, wie groß der Umkreis von Aufgaben der Erwachsenenbildung in kirchlicher Trägerschaft tatsächlich ist.

Dies könnte nun so verstanden werden, als wäre religiöse Erwachsenenbildung eben ein spezieller Bereich der kirchlichen Erwachsenenbildung. Dies trifft aber nur zum Teil zu. Denn zwischen kirchlicher und religiöser Erwachsenenbildung gibt es auch Unterschiede, die nicht übergangen werden dürfen. Die Grenze zwischen religiöser Bildung Erwachsener und kirchlicher Erwachsenenbildung wird u.E. allerdings nicht schon durch den Bildungsbegriff oder Bildungsanspruch markiert. Nach heutigem Verständnis soll auch die kirchliche Erwachsenenbildung eine ausweisbare Bildungsqualität besitzen. Ein wichtiger Unterschied betrifft hingegen das Verhältnis zur Kirche. Wie auch immer kirchliche Trägerschaft im Einzelfall ausgelegt wird, ein Bezug zur Kirche ist darin von vornherein enthalten. Für religiöse Erwachsenenbildung kann dies nicht gleichermaßen gesagt werden. Beispielsweise zählt eine entsprechende Veranstaltung an der Volkshochschule auch dann zur religiösen Erwachsenenbildung, wenn sie – wie wohl häufig der Fall – keinen Bezug zur Kirche herstellen möchte. Diese weit in die Gesellschaft hineinreichende, über kirchliche Einrichtungen bewußt hinausgehende Aufgabenbestimmung gehört im übrigen seit langem zum Selbstverständnis der evangelischen im Unterschied zur katholischen Erwachsenenbildung.

Am Beispiel der Darstellung von R. Englert, die zu den wichtigsten Beiträgen zur Theorie der Erwachsenenbildung aus katholischer Sicht in jüngerer Zeit gehört, kann dies noch einmal verdeutlicht werden. Englert gibt seinem Buch den Titel „Religiöse Erwachsenenbildung", was eine enge Verwandtschaft mit unserem eigenen Ansatz signalisiert (dazu noch unten, 34). Englert versteht darunter aber „jenen Teilbereich *kirchlicher* Erwachsenenbildung, in dem es um die Bearbeitung grundlegender Lebens- und Sinnfragen im Horizont religiöser Traditionen geht" (Englert 1992a, 25, Herv. durch uns). Religiöse Erwachsenenbildung ist hier ein Spezialbereich von kirchlicher Erwachsenenbildung, während z.B. die religiöse Bildung in der Volkshochschule keine Beachtung findet (ebd., 25).

Wenn die religiöse Erwachsenenbildung in unserer Sicht hingegen auch außerhalb kirchlicher Einrichtungen stattfinden soll, dann kehrt sich das Verhältnis zwischen Teil und Ganzem gewissermaßen um: Die auf religiöse Themen bezogenen Anteile kirchlicher Erwachsenenbildung stellen so gesehen einen Teilbereich der religiösen Erwachsenenbildung dar, was freilich nicht im Sinne einer Über- oder Unterordnung verstanden werden sollte. In unserer Sicht begründet das im einzelnen nicht einfach zu bestimmende Verhältnis zwischen religiöser und kirchlicher Erwachsenenbildung im besten Falle ein produktives Spannungsverhältnis, das nicht einseitig zugunsten „reiner" Kirchlichkeit oder „kirchenferner" Spiritualität aufgelöst werden sollte.

In diesen Zusammenhang gehört auch das Verhältnis zwischen religiöser Bildung Erwachsener und *Gemeindepädagogik*. Es ist zu begrüßen, wenn im Zusammenhang von Gemeindepädagogik und Gemeindeerneuerung auch die Aufgaben der Erwachsenenbildung berücksichtigt werden (vgl. u. a. EKD 1982, Wegenast 1987/1994, Degen 1992, Grethlein 1994). Die dabei aufbrechenden Grundsatzfragen brauchen hier nicht erörtert werden (zusammenfassend Buttler

1989). Entscheidend ist, daß unser Ansatz einer religiösen Bildung Erwachsener weder in einem katechetischen Interesse aufgeht noch auf die Gemeinde als Sozialraum beschränkt sein kann. Die heute in der Gemeindepädagogik z. B. aktualisierten Bezüge zur altkirchlichen Taufunterweisung gehören auch in unserer Sicht zu den geschichtlichen Wurzeln religiöser Erwachsenenbildung, und ebenso kann eine für religiöse Erwachsenenbildung offene Gestaltung von Gemeindearbeit nur begrüßt werden. Erneut aber halten wir fest, daß zum einen auch nicht-kirchliche Einrichtungen einen religiösen Bildungsauftrag haben und daß zum anderen – angesichts der religiösen Interessen heutiger Erwachsener – der konstitutive Gemeindebezug auch ein Hindernis für religiöse Bildung Erwachsener sein kann (was inzwischen im übrigen auch in der Gemeindepädagogik selbst erkannt wird).

Die Verhältnisbestimmung zwischen kirchlicher und religiöser Erwachsenenbildung wirft nun allerdings hinsichtlich der von uns oben aufgezeigten Begründungszusammenhänge eine interessante Rückfrage auf. Im letzten Abschnitt haben wir ja die Auffassung vertreten, daß religiöse Erwachsenenbildung auch in einem kirchlichen Begründungszusammenhang stehen kann. Gilt dies nun bloß für den kirchlichen Anteil der religiösen Erwachsenenbildung, oder soll es für diese im ganzen gelten? Wie sich im nächsten Kapitel zeigen wird, darf das vielschichtige Verhältnis zwischen Religion und (Volks-)Kirchlichkeit, wie es sich besonders in der deutschen Tradition – und hier in noch einmal unterschiedlicher Weise für Ost und West – darstellt, nicht vorschnell auf eine bloße Trennung reduziert werden. Auch religiöse Interessen außerhalb des kirchlichen Christentums können sich als christlich verstehen oder von christlichen Impulsen geprägt sein. Deshalb kann auch eine nicht auf die Kirche bezogene religiöse Bildung als christlich begründet angesehen werden. Ja, sie kann auch der Kirche nutzen, obwohl – oder gerade weil – sie nicht auf Kirche bezogen ist.

Die volkskirchliche Tradition, die besonders im Westen bis heute andauert, läßt vielfältige Verbindungen zwischen christlicher Religion, Kultur und Gesellschaft entstehen. Darüber hinaus muß der Kirche schon aus diakonischen Gründen an einer Erwachsenenbildung gelegen sein, die mit dazu beiträgt, die gesamte Gesellschaft zu humanisieren und religiöse Bildung auch dort verfügbar zu machen, wo sonst Technik und Ökonomie allein bestimmen würden. Insofern ist religiöse Bildung Erwachsener kirchlicherseits auch dann ausdrücklich zu begrüßen, wenn sie nicht in kirchlicher Trägerschaft stattfindet.

(2) *Theologische und religiöse Erwachsenenbildung:* Auf diese beiden Ansätze werden wir auch in weiteren Kapiteln immer wieder stoßen (s. bes. Kap. 3 sowie Teil 3). Insbesondere in der katholischen Erwachsenenbildung wird in aller Regel von „theologischer" Erwachsenenbildung gesprochen. Neuere katholische Entwürfe (Hungs 1991, 27) weisen allerdings mit Nachdruck darauf hin, daß

damit schwerlich die Vermittlung fachtheologischer bzw. akademischer Erkenntnisse gemeint sein kann (vgl. auch Uphoff 1991, Frey 1991, Böhnke u.a. 1992;
aus evangelischer Sicht Weymann 1983). Für Erwachsene, die nicht in einer Tätigkeit stehen, die eine theologisch-wissenschaftliche Ausbildung voraussetzt, sei
eher an eine Laientheologie zu denken – an eine Form des theologischen Denkens und Argumentierens, die ihren Ort im Leben und Glauben der Erwachsenen
selbst besitzt. Ein solches modifiziertes Verständnis theologischer Erwachsenenbildung entfernt diese von der wissenschaftlichen Theologie und rückt sie umgekehrt in die Nähe dessen, was wir – weniger mißverständlich – als religiöse Bildung Erwachsener bezeichnen (so auch Englert 1992a, 25).
Was u.E. gegen die Rede von „theologischer" Erwachsenenbildung spricht, ist
der mit dieser Formulierung verbundene Ausgangspunkt. Wenn wissenschaftliche Theologie als vorrangige oder gar als einzig mögliche Quelle von Themen
und Fragen dienen soll, dann wird die Bildungsarbeit in unzulässiger Weise verengt. Religiös bedeutsame Fragen, die im Alltag oder an dessen Rändern aufbrechen, besitzen in der Wissenschaft nicht immer ein Pendant. So kann es leicht
geschehen, daß theologische Erwachsenenbildung an den Lernbedürfnissen und
-fähigkeiten der Menschen vorbeigeht. Ein theologisch gesteuerter „Weltkate-
chismus", wie er von der katholischen Kirche bzw. der katholischen Kirchenleitung eingeführt wurde (Ecclesia Catholica 1993), ist kaum ein geeignetes Medium für die Erwachsenenbildung!
Damit ist freilich nicht gemeint, daß Theologie für die religiöse Erwachsenenbildung überhaupt keine Rolle spielen sollte. Wie wir im folgenden genauer ausführen (Kap. 3, s. dort auch zu Elementartheologie und Elementarisierung), gehen
wir vielmehr aus von einem produktiven Wechselverhältnis zwischen Religion
und Theologie, in dem beide dialogisch-kritisch aufeinander bezogen sind. Dieses Verhältnis läßt sich jedoch nicht allein von der Theologie her erschließen,
und vor allem ist die Vielfalt religiöser (Lebens-)Themen notwendigerweise größer und anders gelagert als die Themen der akademisch-theologischen Forschung
und Lehre.

(3) *Religiöse Erwachsenenbildung und religiöse Entwicklung in der Lebensgeschichte:* In der Diskussion der letzten Jahrzehnte hat der lebensgeschichtliche
Ansatz in seinen verschiedenen entwicklungs- und religionspsychologischen wie
auch religionssoziologischen Ausformungen eine besonders wichtige Rolle gespielt (Überblick Lott 1984, Grözinger/Luther 1987, Sparn 1990, Schweitzer
1994). Die frühere Entwicklungspsychologie, die sich auf das Kindes- und Jugendalter beschränkte, wird in der Gegenwart zunehmend durch eine „Psychologie der Lebensspanne" (Baltes 1979) abgelöst. Veränderungen, die als Entwicklung, Wachstum oder Krise zu bezeichnen sind, finden sich in der gesamten Lebensspanne – eine Einsicht, die für die Erwachsenenbildung auch jenseits von

Religion und Kirche bedeutsam geworden ist (Hoerning u.a. 1991, Wiater 1994). Diese Sicht hat sich besonders in der Religionspsychologie des Erwachsenenalters bewährt. Auch hier konnten typische Wendepunkte, Lebenskrisen und Entwicklungsstufen identifiziert werden, die für die Arbeit mit Erwachsenen bedeutsam sind (s. ausführlicher Kap. 2):

Die stärker soziologisch ausgerichtete *Lebenslauf*forschung kommt hier zu vergleichbaren Ergebnissen. Auch in gesellschaftswissenschaftlicher Sicht wird die Biographie zu einem immer wichtigeren Bezugspunkt, so daß inzwischen von einer eigenen sozialwissenschaftlichen Biographieforschung gesprochen werden kann. Im Vordergrund stehen Veränderungen der Biographie im Zusammenhang von Lebensalter, Geschlecht, Schicht, Klasse, Milieu usw., und solche Veränderungen besitzen fast durchweg auch wichtige Implikationen im Blick auf Religion in der Lebensgeschichte (auch dazu ausführlicher Kap. 2).

In der biographiebezogenen Erwachsenenbildung werden sowohl psychologische als auch soziologische Perspektiven aufgenommen. Es wird von der „Arbeit an der Lebensgeschichte" gesprochen, vom „Lernen in der Biographie", von „Glaubensentwicklung" usw., wobei die religiösen Dimensionen und Aspekte von Lebensgeschichte (Auseinandersetzung mit dem Kinderglauben, belastende Erfahrungen mit religiöser Erziehung usw.) eine wichtige Rolle spielen. Aus der Entwicklungspsychologie kommt der Versuch, Stufentheorien in Form entwicklungsorientierter und -stimulierender Erwachsenenbildung zum Tragen zu bringen – ein Ansatz, der uns noch mehrfach beschäftigen wird (s.u. Kap. 2).

Mit dem vorliegenden Entwurf zur religiösen Bildung Erwachsener überschneidet sich eine solche biographiebezogene, auf Religion in der Lebensgeschichte ausgerichtete Erwachsenenbildung insofern, als individuelle Religion in beiden Fällen einen wichtigen Ausgangspunkt bildet. Wie aber im letzten Abschnitt (s.o., zu den Begründungszusammenhängen) bereits deutlich geworden ist, kann sich die religiöse Bildung Erwachsener nicht auf die individuelle Lebensgeschichte beschränken. Gesellschaftliche und kirchliche Bezüge sind zwar auch in den Lebensgeschichten präsent, aber ein lebensgeschichtlich ausgerichteter Bildungsansatz allein kann den über das Individuum hinausreichenden Bezügen doch nicht genügend gerecht werden. Religiöse Entwicklung und biographische Bildung verweisen daher auf eine zwar zentrale, aber eben nicht erschöpfende Aufgabe religiöser Erwachsenenbildung (vgl. Nipkow 1987a).

(4) *Religiöse und spirituelle Bildung:* Die neuerdings häufiger anzutreffenden Begriffe „spirituelle Bildung" und „Spiritualität" haben ihre Wurzel vor allem im angelsächsischen Bereich, daneben aber auch in der katholischen Tradition, in der schon lange – etwa im Anschluß an die Mystik oder an jesuitische Exerzitien – von „spirituellen Übungen" und einer entsprechenden Bildung gesprochen wird. Eine nicht ganz glückliche Übersetzung von „Spiritualität" und „spirituell"

wird manchmal mit den Begriffen „Frömmigkeit" oder „geistlich" versucht. Gemeint ist, besonders im Englischen, ein sehr weites Verständnis von Formen des
Erlebens und Erfahrens, die mit Transzendenz verbunden sind. Spirituelle Bildung ist dann die bewußte Pflege und Unterstützung solcher Erlebnis- und Erfah-
rungsformen, manchmal auch deren gezielte Herbeiführung durch bestimmte
Übungen etwa der Meditation (als religionspädagogische Einführung vgl. Best
1996). Zum Teil wird eine „spirituelle Bildung" auch in evangelikaler Tradition
gefordert, dann freilich im Anschluß an die evangelikalen Glaubensüberzeugungen (Wilhoit 1993), nicht im Sinne einer allgemeinen Spiritualität.

In der deutschen Diskussion hat besonders Hans-Joachim Petsch (1993) die Auffassung vertreten, daß Erwachsenenbildung in der spirituellen Bildung ein neues
Zentrum finden sollte. Gestützt auf Kulturanalysen des katholischen Theologen
Eugen Biser sowie auf die Psychologie Carl Gustav Jungs plädiert er für eine
verstärkte Wahrnehmung der vernachlässigten spirituellen Bereiche des Menschseins. Er will dazu ermutigen, „sich bewußter auf subjektorientierte religiös-spirituelle Bildungsprozesse einzulassen" (ebd., 102).

Auch in diesem Falle gehen wir von einem Überschneidungsverhältnis zu unserem eigenen Ansatz aus. Aufgaben spiritueller Bildung zählen in unserer Sicht
zur religiösen Erwachsenenbildung, ohne daß diese in jenen aufgehen könnte
oder sollte. Vieles, was sich heute vor allem in der Verbindung von Psychotherapie und New Age als Spiritualität anpreist, besitzt nicht den Rang eines echten
Bildungsangebots (so auch Petsch, 287). Hier ist nicht mehr zu erkennen, wie
Erwachsene als mündige Menschen geachtet oder in ihrem Mündigwerden unterstützt werden. Dazu kommt, daß kommerzielle Motive bei manchen Angeboten
im Bereich von Spiritualität eine nicht zu unterschätzende Rolle spielen.

(5) *Anstöße zur religiösen Erwachsenenbildung:* Bislang haben wir in diesem
Abschnitt benachbarte Ansätze der Erwachsenenbildung diskutiert. Auch dabei
ist schon deutlich geworden, daß sich in diesen Ansätzen auch dann wichtige
Anknüpfungspunkte und Verbindungslinien im Blick auf unseren eigenen Ansatz
finden lassen, wenn dort andere Leitbegriffe gewählt werden. Religiöse Bildung
Erwachsener, wie wir sie verstehen, hat zwar ein eigenes Profil, ist aber weder
ein völlig neues Konzept, noch werden hier die Anliegen der gegenwärtigen Erwachsenenbildungsdiskussion konterkariert. Um dies noch weiter zu verdeutli-
chen, wollen wir nun noch eine Reihe von Anknüpfungspunkten eigens markie-
ren.

Zuvor sollen noch einige Veröffentlichungen aus der *nordamerikanischen Diskussion* genannt werden, zum einen weil diese Veröffentlichungen unserem Ansatz ebenfalls besonders nahestehen, zum anderen weil sie in Deutschland bislang noch kaum Beachtung gefunden haben. Der Begriff *„Adult Religious
Education"* stellt hier, anders als in Deutschland, einen eingeführten Titel dar.

Sowohl Monographien als auch Handbücher sind in beachtlicher Anzahl vorhanden. Die wichtigsten seien hier aufgeführt:

Eine grundlegende Darstellung „Education Toward Adulthood" stammt von dem katholischen Religionspädagogen Gabriel Moran (1979). Ein Handbuch, das besonders psychologische und soziologische Diskussionen aufnimmt und für die Praxis der religiösen Erwachsenenbildung auswertet, bietet John L. Elias (1982/ 1993). Handbücher der religiösen Erwachsenenbildung, teils von einem einzelnen Autor, teils als Gemeinschaftswerk, wurden mehrfach veröffentlicht (McKenzie 1982, Gangel/ Wilhoit 1993, Gillen/ Taylor 1995), auch im Blick auf die Praxis (Wickett 1991). Spezielle Aspekte nehmen Harley Atkinson (1995, Junge Erwachsene) und Linda J. Vogel (1991, Lernen in religiösen Gemeinschaften) auf. – Aus der *englischen Diskussion* kann hier noch auf John Hull (1985) hingewiesen werden, der sein Buch der Frage widmet, was christliche Erwachsene am Lernen *hindert.*

Inhaltlich weisen diese Veröffentlichungen viele Parallelen zu unserem eigenen Ansatz religiöser Erwachsenenbildung auf. Drei Schwerpunkte lassen sich erkennen: Erstens wird religiöse Erwachsenenbildung im Blick auf ihre Begründungen und Möglichkeiten hin dargestellt. Zweitens werden Grundinformationen zur religiösen Entwicklung im Erwachsenenalter und zur religiösen Situation der Gegenwart geboten. Der dritte Schwerpunkt liegt dann bei Erfahrungen und Modellen aus der Praxis.

Die deutschsprachige Diskussion über Konzeptionen kirchlicher oder evangelischer Erwachsenenbildung führt in den letzten Jahren und Jahrzehnten auf verschiedenen Wegen hin zur religiösen Bildung Erwachsener. Jedenfalls in unserer Sicht verweisen die sonst eher unterschiedlichen Positionen gemeinsam auf die Notwendigkeit eines solchen Ansatzes. Am deutlichsten ist dies bei den konzeptionellen Darstellungen von Karl Ernst Nipkow und Rudolf Englert, deren Sichtweisen uns am nächsten liegen (1). Aber auch die in der Tradition Ernst Langes stehende sog. „konfliktorientierte" Erwachsenenbildung gewinnt heute – etwa bei Gottfried Orth – eine theologische Zuspitzung, die als religiöse Bildung zumindest gedeutet werden kann (2). Wie sich dies in den entsprechenden Stellungnahmen der Evangelischen Kirche und der Deutschen Evangelischen Arbeitsgemeinschaft für Erwachsenenbildung verhält, soll dann in einem letzten Schritt geprüft werden (3).

Ein weiterer wichtiger Anstoß zur religiösen Erwachsenenbildung, der allerdings erst in Form von Arbeitsberichten und Studien greifbar ist, liegt in der *Arbeit mit Konfessionslosen,* vor allem – aber keineswegs ausschließlich – im Bereich der früheren DDR (vgl. Studien- und Begegnungsstätte 1995, Neubert 1996 sowie, als Hintergrund, Jörns 1997, Jörns/ Großeholz 1998, Engelhardt u.a. 1997, 243ff.). Die bislang vorliegenden Konzeptionen der Erwachsenenbildung sind zumeist vor einem westlich-volkskirchlichen Hintergrund entstanden. Konfessionslosigkeit stellt demgegenüber eine Herausforderung dar, die eigens wahrzu-

nehmen ist – auch durch besondere Gestaltungsformen und Angebote der Erwachsenenbildung (vgl. Kap. 10, Modell 6).

(1) K.E. Nipkow (1990, 572ff.) spricht von „Evangelische(r) Erwachsenenbildung als Lebensbegleitung auf der Suche nach Verständigung". Die „Lebensbegleitung" richtet sich dabei i. S. der religiösen Entwicklung auf den einzelnen
Menschen, steht zugleich aber auch im Horizont von Kirche und Gesellschaft.
Inhaltlich entspricht dem ein weiter Umkreis von Themen – von der multikulturellen Gesellschaft über ökumenisches Lernen bis hin zur Gottesfrage. Insofern
kann Nipkows Verständnis einer Lebensbegleitung durch religiöse Erwachsenenbildung als nächste Parallele zu der von uns angestrebten religiösen Bildung
Erwachsener angesehen werden.
Ein ähnlich enges Verhältnis besteht zum Verständnis „religiöser Erwachsenenbildung" des katholischen Religionspädagogen R. Englert (1992a). Auch hier
wird religiöse Erwachsenenbildung mehrperspektivisch reflektiert und in einen
„individualgeschichtlichen", „christentumsgeschichtlichen" und „gesellschafts-
geschichtlichen" Zusammenhang eingezeichnet – wobei Individuum und Gesellschaft dem Christentum allerdings stärker gegenüberstehen, als dies bei den
evangelischen Entwürfen der Fall ist (vgl. Nipkow 1987a, 1990, auch Rössler
1994). Englerts Zielbestimmung – „Bearbeitung grundlegender Lebens- und
Sinnfragen im Horizont religiöser Traditionen" (ebd., 25) – läßt sich aber doch
i.S. der von uns genannten religiösen Bildung Erwachsener verstehen.

(2) Die in der neueren Erwachsenenbildungsdiskussion stark rezipierten Arbeiten
E. Langes aus den 70er Jahren (ges. Lange 1980) weisen zunächst nicht auf religiöse Bildung. Zentrales Anliegen ist hier vielmehr die Warnung vor jeder
kirchlichen Engführung der Erwachsenenbildung. „Befreiung der Unfreien",
„Stützung der Schwachen", „Versöhnung der Feinde" – daran soll sich die Erwachsenenbildung jetzt orientieren (ebd., 139).
In neuerer Zeit hat sich besonders G. Orth (1990) um die Fortführung dieses Ansatzes bemüht. Die von ihm vertretene „theologische Erwachsenenbildung" zwischen „Parteilichkeit und Verständigung" (so der Buchtitel) soll jedoch auch dem
Lebensweltbezug gerecht werden, der heute ganz allgemein in der Erwachsenenbildung gefordert wird. Trotz einer deutlich theologisch-normativen Ausgangs-
position, die sich auch durchweg bemerkbar macht, kann Orth daher eine erfahrungsbezogene Theologie fordern, die nur „induktiv" gelernt werden könne
(ebd., 183ff.). Selbst wenn Orth letztlich bei einer Vorordnung der Theologie
gegenüber der Lebenswelt bleiben möchte (ebd., 186), bedeutet sein Ansatz doch
– besonders im Vergleich zu E. Lange – eine wichtige Annäherung an die religiöse Bildung Erwachsener.

(3) In den seit den 70er Jahren zur Erwachsenenbildung vorgelegten Stellungnahmen der Evangelischen Kirche in Deutschland (EKD) und der Deutschen Evangelischen Arbeitsgemeinschaft für Erwachsenenbildung (DEAE) ist im Blick auf die religiöse Bildung eine interessante Entwicklung zu beobachten. Die 1978 veröffentlichte Darstellung der DEAE „Die Erwachsenenbildung als evangelische Aufgabe" enthält in ihrem Grundsatzbeitrag zur kirchlichen Erwachsenenbildung noch kaum Hinweise auf religiöse Bildung. Im Vordergrund stehen gesellschaftliche und (welt-)politische Fragen i. S. der Gesellschaftsdiakonie – was für diese Zeit ja insgesamt zentral war. Religiöse Fragen kommen zwar dort in den Blick, wo es um die „Begleitung von Menschen an Schwellen- und Grenzsituationen ihres Lebens" sowie um die „Vermittlung von Orientierung" geht (ebd., 9f.). Insgesamt aber liegen die Schwerpunkte doch deutlich bei einer Erwachsenenbildung im Sinne der genannten Konzeption E. Langes.

Dies ist genau umgekehrt sowohl in den auf die Erwachsenenbildung bezogenen Ausführungen der EKD-Empfehlungen zur Gemeindepädagogik (EKD 1982, vgl. dazu auch oben, 28) als auch in der EKD-Stellungnahme zur Erwachsenenbildung selbst (EKD 1983). Hier wird Erwachsenenbildung aus kirchlicher Sicht begründet und wird religiöse Bildung entsprechend zugespitzt auf einen Glauben im Sinne des kirchlichen Christentums. Zwar sollen dabei auch der „Öffentlichkeitscharakter des Evangeliums" sowie die volkskirchliche Situation Berücksichtigung finden (EKD 1983, 268), aber der Ausgangspunkt bleibt deutlich beim kirchlichen Christentum (vgl. dazu auch EKD 1988 „Glauben heute, Christ werden – Christ bleiben" sowie aus pädagogischer Sicht Comenius-Institut 1990).

Beide Positionen haben sich inzwischen gewandelt und einander angenähert. Für die DEAE ist dies schon bei ihrem Positionspapier von 1983 deutlich zu erkennen (DEAE 1983). Im Vergleich zu der o. g. früheren Stellungnahme werden religiöse Bildungsfragen jetzt weit stärker hervorgehoben – durchweg auch mit Verweisen auf den notwendigen Zusammenhang mit dem Alltag des einzelnen und der Gesellschaft. – Die 1997 vorgelegte zweite EKD-Stellungnahme zur Erwachsenenbildung (EKD 1997a) setzt nun bewußt bei der gesellschaftlichen Situation von Erwachsenenbildung ein. Der älteren EKD-Stellungnahme (1983) wird vorgehalten, sie habe „theologisch-deduktiv" begonnen (ebd., 11). Statt dessen soll jetzt die Situation von Moderne und moderner Lebenswelt ernster genommen werden. Im Unterschied zur Gemeindepädagogik wird von der Erwachsenenbildung „ein *implizites* Lernen des Glaubens *an wichtigen Schnittstellen zwischen Kirche und Gesellschaft*" erwartet (ebd., 49).

Bemerkenswerterweise spielt bei diesen Entwicklungen, die an den parallelen Veröffentlichungen EKD und DEAE abzulesen sind, in beiden Fällen die Berufung auf die *„Kirche als Lerngemeinschaft"* eine wichtige Rolle. Diese Formel besitzt ihren Ursprung in der Arbeit der Kirchen im Bereich der früheren DDR (vgl. Sekretariat des Bundes der Evangelischen Kirchen in der DDR 1981, bes. 71ff.). Sofern diese Formel auf eine konstitutive Verbindung von Kirche und Lernen zielt, so daß diese Verbindung von beiden Seiten her – vom Lernen oder der Bildung her und von der Kirche her – ausgelegt und verstanden werden kann, ermöglicht sie offenbar sowohl eine bildungstheoretische Würdigung von Religion als auch eine kirchliche Anerkennung von Bildung.

5. *Zusammenfassung und Ausblick:* Die einzelnen Argumentationen aus der erwachsenenbildnerischen Diskussion sollen an dieser Stelle nicht noch einmal wiederholt werden. Statt dessen wollen wir versuchen, den systematischen Ertrag der beschriebenen Überlegungen thesenhaft so zu formulieren, daß zugleich Perspektiven für die Weiterarbeit erkennbar werden.

Erstens führt die Diskussion über kirchliche Erwachsenenbildung zu der Erkenntnis, daß Erwachsenenbildung nicht einfach an kirchlichen Erwartungen des Gemeindeaufbaus oder eines Erwachsenenkatechumenats gemessen werden darf. Der mit dem Bildungsbegriff verbundene Anspruch ist auch kirchlicherseits zu bejahen und die eigenständige Aufgabe der Erwachsenenbildung anzuerkennen. Gerade unter dieser Voraussetzung kann Erwachsenenbildung auch der Kirche nützen, weil religiöse Bildungsangebote eine Zugänglichkeit besitzen, die für die herkömmlichen Formen kirchlicher Verkündigung bei einem großen Teil der heutigen Erwachsenen nicht mehr gegeben ist. Kirche öffnet sich damit für eine lebensweltliche und subjektorientierte religiöse Bildung, im individuellen wie im gesellschaftlichen Zusammenhang.

Zweitens ist deutlich geworden, daß Religion eine legitime, sogar konstitutive Dimension von Bildung darstellt, und zwar unabhängig von der Trägerschaft. Der Bildungsanspruch führt nicht zu einem Ausschluß religiöser Themen, wie dies angesichts gemeindlicher oder katechetischer Erwartungen manchmal scheinen konnte. Ohne religiöse Bildung bleibt die Erwachsenenbildung unvollständig und übergeht einen wichtigen Bereich des menschlichen Lebens. Wo sich diese Einsicht durchsetzt, öffnet sich die Erwachsenenbildung auch in nicht-kirchlicher Trägerschaft für eine religiöse Bildung – nicht nur, und für die Erwachsenenbildung selbstverständlich, im individuellen und gesellschaftlichen Zusammenhang, sondern auch im Blick auf Kirche. Damit ist nicht gemeint, daß die Erwachsenenbildung sich nun doch von der Kirche in Dienst nehmen lassen soll. Es geht vielmehr um die Anerkennung von Kirche als einer wesentlichen Form von Religion, die auch zugunsten der individuellen und gesellschaftlichen Formen von Religion nicht übergangen werden kann.

Drittens erweist sich unser Ansatz der religiösen Bildung Erwachsener damit als diejenige Art und Weise, in der unter den Voraussetzungen der modernen Gesellschaft und der mit dieser verbundenen religiösen Situation, aber auch unter den Voraussetzungen eines erziehungswissenschaftlich begründeten Bildungsverständnisses religiöse Bildung angemessen betrieben werden kann. Die Angemessenheit dieses Ansatzes liegt dabei sowohl im Bezug auf die religiösen Einstellungen und Interessen, wie sich diese in der heutigen Situation darstellen, als auch in der Aufnahme eines Bildungsverständnisses, das eine funktionale Inanspruchnahme von Bildung – durch Kirche oder durch andere Institutionen – ausschließt.

Weiterführende Literatur

Karl Ernst Nipkow: Bildung als Lebensbegleitung und Erneuerung. Kirchliche Bildungsverantwortung in Gemeinde, Schule und Gesellschaft, Gütersloh 1990, 555ff. („Prüfstein der Bildungsfrage in Gesellschaft, Kirche und Biographie – Erwachsenenbildung") – Diese Darstellung empfiehlt sich besonders durch ihre Einbettung in eine umfassende Theorie der evangelischen Bildungsverantwortung, vor deren Hintergrund die Erwachsenenbildung, einschließlich der religiösen Bildung Erwachsener, gesehen wird.

Rudolf Englert: Religiöse Erwachsenenbildung. Situation – Probleme – Handlungsorientierung, Stuttgart u.a. 1992 – Die derzeit am stärksten und konsequentesten entfaltete Theorie der religiösen Erwachsenenbildung, geschrieben aus einer katholischen Perspektive in ökumenischer Offenheit.

Christoph Th. Scheilke: Evangelische Erwachsenenbildung. In: Religionspädagogik seit 1945 – Bilanz und Perspektiven. Jahrbuch der Religionspädagogik 12 (1996), 179–196 – Der z. Zt. aktuellste Überblick zur Diskussion über evangelische Erwachsenenbildung und deren Entwicklung.

Kapitel 2
Religion und religiöse Entwicklung im Erwachsenenalter –
Grundinformationen für die Erwachsenenbildung

In diesem Kapitel sollen Grundinformationen zu Religion und Religiosität[1] Erwachsener sowie zentrale Ergebnisse der human- und sozialwissenschaftlichen Forschung vorgestellt werden. Auf diese Weise soll besonders das im ersten Kapitel zur Begründung religiöser Erwachsenenbildung im *individuellen* Zusammenhang Gesagte weiter vertieft werden. Daneben bleiben aber auch *Kirche* und *Gesellschaft* mit im Blick, sowohl in ihrem Einfluß auf das Individuum als auch hinsichtlich der Folgen, die sich aus den individuellen religiösen Orientierungen für Kirche und Gesellschaft ergeben. Nicht beabsichtigt ist ein umfassendes Gesamtbild im Sinne einer religiösen Gegenwartskunde, wie es in einschlägigen Veröffentlichungen etwa über „Religion unter den Bedingungen der Moderne" (Daiber 1995) oder „Religionen in Deutschland" (Klöcker/ Tworuschka 1994, 1997) angeboten wird. Vielmehr ist unsere Darstellung von Anfang durch das Interesse an religiöser Bildung Erwachsener bestimmt sowie durch den Versuch, deren Voraussetzungen zu klären.

Auf welche Quellen können wir uns dabei stützen? Beschreibungen von Religion im Erwachsenenalter finden sich zunächst in Statistiken und Umfragen – sei es der Kirchen oder sozialwissenschaftlicher Forschungsinstitute wie beispielsweise des Allensbacher Instituts für Demoskopie (sog. *quantitative Ansätze*). In einem ersten Schritt werden wir auf solche Untersuchungen zurückgreifen, um einige übergreifende Tendenzen in der gegenwärtigen religiösen Situation herauszuarbeiten. Dabei ist freilich zu beachten, daß großangelegte Umfragen kaum mehr als eine Momentaufnahme aus der Vogelperspektive erlauben. Wichtiger als solche Momentaufnahmen sind für die Erwachsenenbildung weiterreichende Deutungen, die erst auf Grund auch den Einzelfall einbeziehender Forschung sowie darauf aufbauender theoretischer Analysen möglich sind (sog. *qualitative Untersuchungen*). In zwei weiteren Schritten werden wir deshalb zunächst allgemeine kirchen- und religionssoziologische Erkenntnisse vorstellen und uns sodann auf Ergebnisse aus Entwicklungspsychologie, Lebenslauf- und Biographieforschung konzentrieren.

Religion und religiöse Entwicklung im Erwachsenenalter sind aber nicht nur eine Frage der empirischen Beschreibung oder der sozialwissenschaftlichen Erklärung. Sie schließen auch normative Fragen ein, etwa danach, was Erwachsensein im Blick auf Religion eigentlich bedeutet, wie die Ziele der Entwicklung zu bestimmen sind und was durch die Erwachsenenbildung unterstützt oder gerade

---

[1]   Beide Begriffe verwenden wir hier und im folgenden in gleicher Bedeutung.

nicht unterstützt werden soll. Auf solche Fragen stoßen wir sowohl in der Religionssoziologie als auch, und in besonderem Maße, bei der Biographieforschung und in der Entwicklungspsychologie. Darüber hinaus stellt sich die – im vierten und letzten Abschnitt dieses Kapitels – aufzunehmende Frage nach der christlichen Sicht des Erwachsenenalters: Was kann theologisch als „reifer" oder „erwachsener" Glaube bezeichnet werden?

1. Religiosität und Kirchlichkeit Erwachsener: Mitgliedschaftsverhältnisse, Beteiligungsverhalten, religiöse Orientierungen

In diesem Abschnitt wollen wir prüfen, welche Tendenzen sich insbesondere aus kirchlichen Statistiken sowie aus entsprechenden Umfragen im Blick auf Religiosität und Kirchlichkeit Erwachsener in Deutschland ergeben.

Das Verhältnis zur Kirche kann zunächst im Sinne der *Mitgliedschaft* verstanden werden (zum folgenden vgl. Daiber 1995 sowie die periodisch veröffentlichten Angaben im Amtsblatt der EKD): Für Deutschland insgesamt wird derzeit von etwa 70–75% Kirchenmitgliedschaft ausgegangen. Im einzelnen ist das Bild jedoch sehr unterschiedlich. Im Westen Deutschlands (der alten Bundesrepublik) gehören mehr als 80% der Menschen einer der beiden großen christlichen Kirchen an. Im Osten gilt dies nur für etwa 25–30%. In Ost-Berlin gehört nur eine Minderheit (20%) einer Religionsgemeinschaft an. Insgesamt wird von einem Nord-Süd-Gefälle gesprochen: Im Süden liegen die Zahlen für die Kirchenmitgliedschaft in der Regel höher als im Norden, und zwar in den alten wie in den neuen Bundesländern.

Die im ganzen – wie immer wieder gesagt wird: überraschend – hohe Zahl der Kirchenmitglieder läßt bekanntlich nicht auf ein entsprechendes *Beteiligungsverhalten* schließen. Evangelische Gottesdienste werden selten von mehr als 5–10% der Mitglieder besucht, und der katholische Gottesdienstbesuch ist nur wenig höher. Ausnahmen bilden Weihnachten und, in geringerem Maße, Ostern, d.h. die Festtage, an denen erheblich mehr evangelische und katholische Kirchenglieder einen Gottesdienst besuchen. Über die Beteiligung an anderen kirchlichen Veranstaltungen – von den Frauenkreisen über die Bibelstunden und Altennachmittage bis hin zur kirchlichen Erwachsenenbildung – liegen über die absoluten Zahlen in der Kirchenstatistik hinaus keine genaueren Untersuchungen vor (vgl. die regelmäßigen Berichte im Amtsblatt der EKD). So läßt sich nicht ohne weiteres sagen, welcher Prozentsatz der Kirchenglieder bei bestimmten Veranstaltungen erreicht wird. Erfahrungswerte aus Kirchengemeinden legen die Vermutung nahe, daß sich das Beteiligungsverhalten auch bei solchen Veranstaltungen quantitativ nicht wesentlich anders darstellt als beim Gottesdienst – eine Vermutung, die freilich längst hätte überprüft werden müssen. Zu konstatieren ist jedenfalls eine erhebliche Differenz zwischen den Mitgliedschaftsverhältnissen und dem aktiven Beteiligungsverhalten. Im vorliegenden Zusammenhang ist die immer wieder beschriebene Beobachtung wichtig, daß die Erwachsenenbildung zum Teil andere Menschen erreicht als der Gottesdienst am Sonntagvormittag.

Die Diskussion in Theologie und Religionssoziologie hat inzwischen, nach zunächst anderer Einschätzung, deutlich gemacht, daß abwertende Pauschalurteile hinsichtlich der sich nur selten an kirchlichen Veranstaltungen beteiligenden Menschen nicht angebracht und vor allem sachlich nicht berechtigt sind (Überblick Feige 1990a). Auch unter diesen Menschen finden sich viele, die sich selbst als Christen verstehen, die aber ihr Christsein oder ihre christliche Lebenseinstellung anders leben wollen, als sie es in der Kirche sehen (Rendtorff 1972). Daneben gibt es eine große Zahl von Kirchenmitgliedern, deren Distanz zu kirchlichen Veranstaltungen mit Unsicherheit, Zurückhaltung und religiösem Zweifel einhergeht: Viele sind heute offenbar unsicher, was sie glauben sollen oder können (Berger 1980, 1994).

Umfragen zum Gottesglauben beispielsweise sorgen deshalb immer wieder für publikumswirksame Schlagzeilen. Zuletzt hat etwa die Untersuchung des Berliner Theologen Klaus-Peter Jörns (1997) bestätigt, daß auch unter den Angehörigen der evangelischen Kirche Zweifel hinsichtlich der Existenz Gottes bestehen. Jörns bezeichnet sie als „Atheisten" (63) – ein Urteil, das aber fragwürdig bleibt, weil es Atheismus auf die Ablehnung eines „persönlichen Gottes" oder „überirdischer Wesen oder Mächte" verengt (so die Fragen im Interview). Der Zusammenhang zwischen der Formulierung von Interviewfragen und dem Antwortverhalten (ebd., 49ff., ähnlich Grabner/ Pollack 1994, 106) ist hier wie auch sonst bedeutsam und aufschlußreich: Je deutlicher nach dem Gottesverständnis im Sinne der kirchlichen Bekenntnisse gefragt wird und je stärker die Fragen sich einer traditionellen kirchlichen Sprache bedienen, desto größer wird die Zurückhaltung bei den Antworten. Je offener hingegen die Fragen etwa auch eine „höhere Kraft" o.ä. einbeziehen, desto stärker wird die Zustimmung. Ein solches Ergebnis läßt natürlich verschiedene Interpretationen zu. Häufig wird daraus auf fehlenden Glauben geschlossen (Köcher 1987). Zutreffender – und für die Erwachsenenbildung bedeutsamer – ist jedoch die These, daß Glaube heute weithin einen suchenden Charakter besitzt, der sich vor einer Identifikation mit traditionellen Bekenntnissen und kirchlicher Sprache scheut.

Der suchende Charakter der Religiosität Erwachsener wird von zahlreichen weiteren Beobachtungen und Angaben unterstrichen. Auch wenn es keineswegs zutrifft, daß sog. Sekten oder neue religiöse Bewegungen wie etwa Scientology einen massenhaften Einfluß auf die Bevölkerung in Deutschland gewonnen hätten, lassen die Umfragen bei den Kirchengliedern doch erkennen, daß alternative religiöse Orientierungen oder Praktiken ein erhebliches Interesse auf sich ziehen (EKD 1993, 11). Leere Kirchen, so wird der Befund manchmal schlagzeilenartig zusammengefaßt, bedeuten noch lange kein Fehlen religiöser Interessen. Nur scheint sich die Kirche mit ihren gemeindlichen Veranstaltungen diesem Interesse kaum anziehend darzustellen.

Bemerkenswert ist bei diesem Gesamtbild auch der Einfluß des *Geschlechts*. Fast durchweg interessieren sich Frauen, den Umfragen zufolge, mehr für Religion und Kirche als Männer (vgl. Lukatis 1990). Manchmal wird dieser Unterschied im religiösen Interesse der Geschlechter auf eine naturgegebene Anlage zurückgeführt. Wahrscheinlicher sind jedoch Einflüsse von Erziehung und Lebenssituation, beispielsweise die größere Nähe zu Kindern, die geringere Teilhabe an bezahlter Arbeit und ein anders strukturiertes Zeitbudget. Unabhängig davon, zu welchen Erklärungen die noch offene wissenschaftliche Diskussion hier gelangen wird, sind geschlechtsbezogene Unterschiede auch im Blick auf religiöse Orientierungen in der Erwachsenenbildung zu beachten (s.u., Kap. 10).

Der Zusammenhang zwischen Lebenserfahrung im Sinne einer bestimmten Biographie und religiösem Interesse, wie er an den geschlechtsbezogenen Unterschieden deutlich wird, spielt auch sonst eine wichtige Rolle. In den Kirchenmitgliedschaftsuntersuchungen (Hanselmann u.a. 1984, Engelhardt u.a. 1997) hat sich als durchgängiges Motiv das Interesse an einer *religiösen Lebensbegleitung* herausgestellt. Gemeint ist der Wunsch, insbesondere krisenhafte Übergänge im Leben (Todesfälle, Geburten, Übergang ins Erwachsenenalter, Heirat) rituell auszugestalten bzw. durch entsprechende kirchliche Angebote ausgestalten zu lassen. An diesem Wunsch wird der biographiebezogene Charakter der Religiosität Erwachsener besonders deutlich (s. u., Abschnitt 3).

Eine vielbeachtete neuere Studie über Religion in der Schweiz trägt den Titel „Jede(r) ein Sonderfall" (Dubach/ Campiche 1993). Ähnlich wird in Deutschland und in anderen Ländern von einer „patchwork-Religiosität" gesprochen (vgl. Luckmann 1985, zur Diskussion Drehsen 1994). Die religiösen Orientierungen und Interessen stellen sich vielgestaltig dar. Religiöse Traditionen werden nur selten als Ganzes für die eigene Person übernommen. Eine auswählende Haltung, die sich von persönlichen Vorlieben leiten läßt, ist weit verbreitet. Synkretistische Tendenzen sind zur Normalität geworden – nicht als Religionsvermischung, aber als selektives Verhalten zu Religion und Tradition (Berger 1980, Drehsen/ Sparn 1996).

Zusammenfassend läßt sich sagen, daß dem im Westen nach wie vor sehr hohen Niveau der Kirchenmitgliedschaft nur zu einem relativ kleinen Teil auch eine enge Bindung an die Kirche in Teilnahmeverhalten oder religiöser Überzeugung entspricht. Weit verbreitet ist eine suchende und fragende Haltung, die besonders an den Wende- und Krisenpunkten der Lebensgeschichte hervortritt.

Auch für den Osten ist zum Teil von solchen Suchhaltungen auszugehen (vgl. Henkys/ Schweitzer 1997). In weiten Teilen der Bevölkerung wirkt jedoch die sozialistisch-atheistische Prägung durch die DDR-Erziehung nach, so daß viele keinerlei Interesse an religiösen Fragen zum Ausdruck bringen. Darüber, wie diese Menschen mit den in jedem Leben aufbrechenden existentiellen Fragen umgehen, ist bislang kaum etwas bekannt.

2. Säkularisierung oder Individualisierung? Deutungen aus der Religions- und Kirchensoziologie

Lange Zeit und manchmal auch noch in der Gegenwart war und ist die Annahme leitend, daß Religion sich in der modernen Gesellschaft auf dem Rückzug befinde. Innerhalb und außerhalb der Theologie schien es gewiß, daß wir einem „religionslosen Zeitalter" (Dietrich Bonhoeffer) entgegengingen. *Säkularisierung* war daher das Zeichen, in dem die Zukunft stehen sollte. Als Beleg wurde gerne auf die Ergebnisse der Kirchensoziologie verwiesen, die beispielsweise den geringen Gottesdienstbesuch als Beleg für das abnehmende Interesse an Religion verstand (Überblick und Diskussion Feige 1990a).

Die Annahme einer Säkularisierung im Sinne eines allgemeinen Rückgangs von Religion hat sich inzwischen als unzutreffend herausgestellt. Weltweit spielen Religionen und religiöse Bewegungen eine zunehmend wichtige – und zugleich kontroverse – Rolle (Beyer 1994, Casanova 1994). Religiöser Fundamentalismus und Nationalitätenkonflikte mit politisch-religiösen Hintergründen nehmen zu, aber auch ein sich auf religiöse Überzeugungen berufendes politisches Handeln sowohl konservativer als auch befreiungsorientierter Art hat an Gewicht gewonnen. In der Bundesrepublik selbst wird manchmal von einem sich verstärkenden religiösen Interesse gesprochen, das sich außerhalb religiöser Institutionen wie der Kirche artikuliert (Rendtorff 1972, Drehsen 1994). Empirisch gesehen jedenfalls gibt es wenig Anhaltspunkte dafür, von einem Religionsverlust zu sprechen. Atheismus ist eine seltene Erscheinung geblieben (Köcher 1987). Selbst in Ostdeutschland mit seiner DDR-Tradition atheistischer Staatserziehung hat er sich jedenfalls nicht vollständig durchsetzen können: Nur die Hälfte der Konfessionslosen ist überzeugt, daß „es keinen Gott gibt" (Engelhardt u.a. 1997, 330) – wobei allerdings ein weiterer Teil der Befragten „weichere" atheistische Formulierungen für sich akzeptiert.

Schon seit den 60er Jahren ist die Religionssoziologie auf der Suche nach Deutungsmustern, die der heutigen religiösen Situation gerechter werden als die Säkularisierungstheorie. Besonders Thomas Luckmann (1963) und Peter Berger (1980, 1994) haben in ihren vielbeachteten Untersuchungen herausgearbeitet, daß eher von einem Wandel als von einem Niedergang der Religion zu sprechen ist. In ihrer Sicht ist Religion in der Gegenwart in zunehmendem Maße privatisiert, individualisiert und pluralisiert (ähnlich Kaufmann 1989, Gabriel 1993).

Religion ist in der modernen Gesellschaft insofern *privatisiert*, als es in dieser Gesellschaft jedem selbst überlassen bleibt, welche Religion bzw. ob er überhaupt eine religiöse Überzeugung für sich übernehmen möchte. Dabei handelt es sich zunächst um die rechtliche Garantie der Religionsfreiheit (Grundgesetz Art. 4), wie sie für moderne Demokratien durchweg vorauszusetzen ist. Der private Charakter religiöser Überzeugungen wird aber noch weiter verstärkt, weil auch das gesellschaftliche Leben weithin so organisiert ist, daß es unabhängig von der Religionszugehörigkeit der einzelnen Menschen funktioniert. Die in der Öffentlichkeit übernommenen Rollen etwa im Arbeitsleben, in der Beziehung zwischen Verkäufer und Kunde usw. sind jedenfalls dem allgemeinen Bewußtsein zufolge von den religiösen Glaubensweisen der jeweiligen Personen zu trennen, auch wenn religiöse Überzeugungen im Hintergrund beispielsweise bei der Frage der Berufswahl oder der Lebensausrichtung durchaus eine Rolle spielen mögen (Daiber 1989).

In der neueren internationalen religionssoziologischen Diskussion (Casanova 1994, auch Beyer 1994) wird allerdings zu Recht darauf hingewiesen, daß diese Form der Privatisierung keineswegs, wie vielfach behauptet, einen Einfluß von Religion in der Öffentlichkeit ausschließt. Selbst in politischer Hinsicht könne nicht gesagt werden, daß Religion einfach bedeutungslos geworden wäre. Auch unter den Voraussetzungen der individuell und insofern privat wahrzunehmenden Religionsfreiheit können sich Menschen aus religiösen Motiven zusammenfinden, um gemeinsam und öffentlich wirksam zu werden. Für diese Form einer (gesellschafts-)kritischen Religion steht dann der Begriff der *Entprivatisierung* (deprivatization) von Religion. Beispiele hierfür finden sich ebenso im Bereich ökologischer Bewegungen wie im Umkreis christlich-konservativer Politik. Zu beachten ist allerdings, daß es sich bei der Entprivatisierung von Religion um begrenzte Gegenbewegungen handelt, die vor dem Hintergrund weitreichender gesellschaftlicher Privatisierungstendenzen zu sehen sind und sich von diesen gezielt abgrenzen. Vielfach bleibt für die Religion Erwachsener die Privatisierungstendenz bestimmend.

Weiterhin ist privatisierte Religion als *individualisiert* zu bezeichnen. Ihre Ausprägung folgt weder den sozialen Verhaltenserwartungen einer Religionsgemeinschaft noch den inhaltlichen Vorgaben kirchlicher Lehren. Im privaten Bereich werden vielmehr eigene Entscheidungen über Glaubensweisen getroffen, auch wenn dies keineswegs in reflektierter Weise geschehen muß. Gemeint ist ein auswählendes Verhalten, bei dem einzelne Elemente der religiösen Traditionen übernommen werden – jeweils nach dem Kriterium, was im eigenen Erfahrungszusammenhang „Sinn macht" (Berger 1980). Da hierbei der lebensgeschichtliche Zusammenhang eine wichtige Rolle spielt, kann auch von einer *Biographisierung* von Religion gesprochen werden (vgl. Wohlrab-Sahr 1995). Zum einen trägt die individualisierte Religion die Prägungen, die aus der jeweiligen Lebensgeschichte erwachsen. Zum anderen wird der Sinn religiöser Überzeugungen an deren Beitrag zum Gelingen der eigenen Lebensgeschichte bemessen (s.u., Abschnitt 3).

Eine gesellschaftliche Situation mit einem hohen Maß an religiöser Privatisierung und Individualisierung schließt auch eine Tendenz zur religiösen *Pluralisierung* ein. Wenn die individuellen Ausprägungen von Religion nicht durch eine übergreifende institutionelle oder inhaltliche Ordnung zusammengehalten werden, führt dies mit Notwendigkeit zu einer pluralen Situation im Sinne religiöser Vielfalt. Auch Kirchenmitgliedschaft bedeutet in dieser Situation, wie etwa die o.g. EKD-Mitgliedschaftsuntersuchungen zeigen, keine Gleichförmigkeit in Glaubensweise oder Lebensführung mehr (als Deutung EKD 1986, Matthes 1990).

Kann dies als *innere Pluralisierung* kirchlicher Religion oder jedenfalls des Christentums beschrieben werden, so kommt dazu noch die *äußere Pluralität* einer multikulturellen und multireligiösen Gesellschaft. Neben Christentum und Konfessionslosigkeit gibt es in Deutschland eine wachsende Zahl anderer Religionen, die wie vor allem der Islam in Deutschland auch quantitativ zu einer beachtlichen Größe geworden sind (Klöcker/ Tworuschka 1994, 1997). Von Anfang an steht den Menschen, die heute in Deutschland leben, eine Vielzahl anderer Möglichkeiten vor Augen. Eine bestimmte Religionszugehörigkeit versteht sich nicht mehr von selbst, und sie wird auch nicht mehr wie noch vor wenigen Jahrzehnten durch sozialen Anpassungsdruck verstärkt. Kennzeichnend ist vielmehr, mit dem Religionssoziologen P. Berger (1980) gesprochen, der Zwang zur eigenen Auswahlentscheidung – der „Zwang zur Häresie".

Von manchen wird diese Situation religiöser Vielfalt und Offenheit als Freiheitsgewinn erfahren. Im Unterschied zu früheren Zeiten, in denen religiöse Konformität sozial oder sogar politisch durchgesetzt wurde, sind jetzt tatsächlich in weit höherem Maße eigene Entscheidungen möglich. Für viele bedeutet dies freilich auch eine nachhaltige Belastung, eben weil sie eigene Entscheidungen jetzt treffen *müssen*. Die Flucht in eine Gewißheit, die von manchen – nicht nur fundamentalistischen – Bewegungen angeboten wird, kann als Beleg für Erfahrungen der Belastung und Überforderung angesehen werden.

Wichtig ist bei alldem, daß sich die beschriebenen Veränderungen von Religion keineswegs isoliert vollziehen. Sie sind vielmehr Teil eines allgemeinen gesellschaftlichen und kulturellen Wandels in der Situation von Moderne und Postmoderne. Individualisierung gilt als Signatur des Lebens in einer solchen Situation. Der Soziologe U. Beck (1986) versteht Individualisierung als einen zwiespältigen Prozeß: Er bedeute für den einzelnen eine befreiende „*Herauslösung* aus historisch vorgegebenen Sozialformen" wie Klasse, Schicht oder Herkunftskultur, damit aber auch einen „*Verlust von traditionalen Sicherheiten*" sowie eine „*neue Art der sozialen Einbindung*" und Kontrolle (ebd., 206). Der Hinweis auf Kontrolle macht dabei deutlich, daß Individualisierung nicht einfach eine Steigerung von Freiheit meint. In vieler Hinsicht stellt sie vielmehr eine Verschiebung des Kontrollniveaus dar – hin zu weniger persönlichen und dafür stärker systemischen Formen von Kontrolle.

Auch die neuere Diskussion über *Konfessionslosigkeit* in Deutschland kann mit den beschriebenen Tendenzen von Individualisierung und Pluralisierung verbunden werden. Die vorliegenden Daten und Deutungsversuche (Engelhardt u.a. 1997, Jörns 1997, Pollack 1994, Neubert 1996, als Sammelband Motikat/ Zeddies 1997) stimmen zunächst darin überein, daß zwischen Konfessionslosigkeit in Ost und West streng zu unterscheiden ist. Während im Westen viele der Konfessionslosen erst vor vergleichsweise kurzer Zeit aus der Kirche ausgetreten sind, stellt Konfessionslosigkeit im Osten eine bereits viel dauerhaftere Erscheinung dar. Dazu kommt, daß nur im Osten die atheistische Staatspropaganda als Ursache für Konfessionslosigkeit eine Rolle spielen konnte. Zum Teil wird Konfessionslosigkeit auch im Osten im Sinne der Säkularisierungsthese gedeutet, zum Teil aber auch im Horizont der o.g. Individualisierung gesehen. Ehrhart Neubert vertritt hier die These, daß Konfessionslosigkeit Ausdruck einer im Osten fehlenden Individualisierung sei – Folge nämlich einer Überanpassung an gesellschaftliche Vorgaben, Erwartungen und Konventionen. Während diese These gewiß noch der weiteren Diskussion bedarf, sind Neuberts Hinweise auf die biographischen Hintergründe und Dimensionen von Konfessionslosigkeit überzeugend. Auch hier zeigt sich die Bedeutung der im nächsten Abschnitt aufzunehmenden Biographieforschung.

In der jüngsten religionssoziologischen Diskussion werden die beschriebenen Veränderungen von Religion auch über die einzelne Gesellschaft hinaus mit dem Prozeß der *Globalisierung* in Verbindung gebracht. Globalisierung als der Prozeß, durch den die Welt „zu einem einzigen Ort" wird (Robertson 1991, 216), verändere auch das Bewußtsein der Menschen (zusammenfassend Beck 1997). Traditionen und Identitäten werden grundlegend relativiert angesichts der scheinbar zahllosen Möglichkeiten, die weltweit zu beobachten sind (Robertson 1992, bes. 8, Giddens 1991, 1996). Neben den Medien mit ihrer internationalen Vernetzung, den Fernreisen des Tourismus und der weltweiten Ökonomie spielen dabei auch verschiedene Formen der internationalen Migration eine wichtige Rolle. Die Anwesenheit von „Fremden" bedeutet vielfach auch die Anwesenheit von „fremden" Religionen, was deren Wahrnehmung verändern kann. Der Islam beispielsweise ist nicht mehr bloß die Religion eines fernen Arabiens, sondern längst auch des heimatlichen Deutschland.

3. Entwicklungspsychologie, Lebenslauf- und Biographieforschung

Eine entwicklungsbezogene Betrachtung des Erwachsenenalters sowie der Veränderungen von Religion im Erwachsenenalter besitzt einerseits Wurzeln, die bis ins Altertum zurückreichen. Andererseits ist es erst in den letzten Jahren und Jahrzehnten üblich geworden, von einer Entwicklungspsychologie nicht nur des Kindes- und Jugendalters zu sprechen, sondern den Blick auf die gesamte Lebensspanne zu richten (Baltes 1979). In der älteren Literatur finden sich vielfach Beschreibungen von Glaube und Religion in der Lebensgeschichte – etwa in Romanen oder autobiographischen Darstellungen. Besonders der Pietismus des 17. und 18. Jahrhunderts hat eine Form der lebensgeschichtlichen Beschreibung von Bekehrung und Heiligung hervorgebracht, die bis heute nachwirkt. Den bekanntesten literarischen Niederschlag bildet wohl die Lebensbeschreibung von Johann Jung-Stilling aus dem späten 18. Jahrhundert (vgl. als Überblick Sparn 1990).

Auch wissenschaftliche Darstellungen zum Lebenslauf, die religiöse Aspekte einschließen, finden sich schon lange vor dem 20. Jahrhundert. Comenius etwa, der große Theologe und Reformpädagoge des 17. Jahrhunderts, bietet eine nach Lebensaltern gegliederte Pädagogik der gesamten Lebensspanne (dazu Schweitzer 1992). Für die im heutigen Sinne wissenschaftliche und vor allem für die empirische Erforschung religiöser Veränderungen im Erwachsenenalter wurde dann aber die Entstehung der Psychologie als wissenschaftlicher Disziplin im 20. Jahrhundert maßgeblich. Als wichtiger Pionier wird mit Recht immer wieder C.G. Jung genannt, dessen religionspsychologische Arbeiten im Unterschied zu denen S. Freuds auch wichtige Entwicklungsaufgaben und Wendepunkte im Erwachsenenalter einschließen. Auf Grund seiner eigentümlichen Auffassung der menschlichen Psyche (sog. Archetypen) sowie seiner speziellen, manchmal eher mythischen Sprache hat Jung in der Psychologie des Erwachsenenalters aber eher als Impulsgeber gewirkt und weniger durch eine schulbildende Theorie zur Religionspsychologie heute (vgl. Fraas 1990, Schmitz 1992).

In der heutigen Diskussion fallen Zuordnungen der Biographieforschung zu einzelnen wissenschaftlichen Disziplinen oder Schulen ohnehin zunehmend schwer. In der Regel werden hier mehrere Zugänge und Disziplinen zusammengeführt, so daß Biographieforschung als interdisziplinäres Unternehmen beschrieben werden kann (s. etwa Krüger/ Marotzki 1995). Aus Gründen der Darstellung unterscheiden wir im folgenden zwischen Entwicklungspsychologie einerseits und Lebenslauf- bzw. Biographieforschung andererseits, machen aber darauf aufmerksam, daß die Grenzlinien durchaus fließend sind. Ziel ist auch in diesem Abschnitt nicht ein vollständiger Überblick. Es geht vielmehr um die Erschließung von Erkenntnissen und Perspektiven, die für religiöse Erwachsenenbildung hilfreich sind.

3.1 Religiöse Entwicklung im Erwachsenenalter: Entwicklungspsychologische Perspektiven

Einer der ersten, der die psychoanalytische Entwicklungstheorie konsequent auf das Erwachsenenalter ausdehnte, war Erik H. Erikson (1974, 1988). Seine „acht Stufen des menschlichen Lebenszyklus" (s. das Überblicksschema im folgenden) besitzen den Rang einer klassischen Darstellung, die im einzelnen zwar nicht mehr unverändert übernommen, im ganzen aber noch immer als hilfreich und orientierend bezeichnet werden kann.

		1	2	3	4	5	6	7	8
Hohes Alter	VIII								Integrität gegen Verzweiflung und Ekel
Erwachse- nenalter	VII							Generativität gegen Stagnation	
Frühes Erwachse- nenalter	VI						Intimität gegen Isolierung		
Adoleszenz	V					Identität gegen Identitäts- konfusion			
Schulalter	IV				Werksinn gegen Minderwertig- keitsgefühl				
Spielalter	III			Initiative gegen Schuldgefühl					
Frühe Kindheit	II		Autonomie gegen Scham und Zweifel						
Säuglings- alter	I	Grundver- trauen gegen Grund- mißtrauen							

Der menschliche Lebenszyklus (E.H. Erikson)
(Wiedergabe nach Schweitzer 1994a)

Für die Zeit nach der Adoleszenz unterscheidet Erikson zwischen drei großen Abschnitten: dem jungen Erwachsenenalter, dem „eigentlichen" Erwachsenen- alter sowie dem Hohen Alter. Die Zeit zwischen dem 20. oder 25. Lebensjahr – wenn hier das junge Erwachsenenalter enden soll – und dem 70. Lebensjahr – genaue Angaben lassen sich auch hier naturgemäß nicht machen – wird also re- lativ undifferenziert gesehen. Diese 45 bis 50 Jahre erscheinen einfach als das „Erwachsenenalter". Darin schwingt noch die ältere Entwicklungspsychologie mit, für die es nach dem Jugendalter keine Entwicklung mehr gab. Wichtig ist aber, daß Erikson den Entwicklungsgedanken zumindest prinzipiell auch auf das Erwachsenenalter ausdehnt. Damit hat er einen entscheidenden Schritt in Rich- tung einer „Psychologie der Lebensspanne" (Baltes 1979, vgl. bereits Brim/ Wheeler 1974) vollzogen.

Auch in religionspsychologischer Hinsicht bleibt Eriksons Verständnis des Er-

wachsenenalters einerseits noch vage, eröffnet andererseits aber doch die Perspektive auf religiöse Entwicklung als einen lebenslangen Prozeß (Wright 1982,
vgl. Fuller 1988). Prinzipiell sind für Erikson alle Lebensalter auch in religionspsychologischer Hinsicht bedeutsam. Die von ihm selbst gebotene Beschreibung
der religiösen Entwicklung ist aber noch sehr unausgeglichen: Während er für
Kindheit und Jugendalter sowie für das Hohe Alter zahlreiche religiöse Entwicklungsaufgaben und Dimensionen zu beschreiben weiß, scheint Religion im
sog. „eigentlichen" Erwachsenenalter kaum eine Rolle zu spielen (Schweitzer
1994, 71ff.). Insofern bleibt Eriksons inhaltlicher Beitrag zur Religionspsychologie des Erwachsenenalters beschränkt auf die Lebenskrisen im höheren Alter. Im
Bereich der psychoanalytischen Religionspsychologie haben erst spätere Arbeiten etwa von Ana-Maria Rizzuto (1979, 1991) auch genaueren Aufschluß über
den Fortgang der religiösen Entwicklung vor dem Hohen Alter erbracht. In Riz-
zutos Sicht wie auch sonst in der Psychologie der „Objektbeziehungen", einer
der jüngsten Richtungen in der Psychoanalyse, wird religiöse Entwicklung als
eine lebenslang andauernde dynamische Auseinandersetzung zwischen Mustern
aus der Kindheit einerseits und neuen Herausforderungen aus dem Erfahrungs-
raum des Lebens von Erwachsenen andererseits verstanden (Jones 1991, Finn/
Gartner 1992). Die Offenheit dieses Prozesses ist, wie Rizzuto am Beispiel des
Gottesbildes zeigt, eine wichtige Voraussetzung für eine lebendige Religiosität.

In Fortsetzung der Arbeiten Eriksons und mehr noch in Anknüpfung an die Psychologie Jean Piagets und Lawrence Kohlbergs hat seit den 70er Jahren eine
Gruppe von Autoren eine Anzahl von Stufentheorien vorgelegt, die auch die
Entwicklung von Religion und Sinnfindung im Erwachsenenalter genauer beleuchten. An erster Stelle zu nennen ist hier die – etwa in der religiösen Erwachsenenbildung in den USA (s.o.) – stark beachtete Theorie der Glaubensentwicklung von James W. Fowler (1989, 1991).

Auf eine Auseinandersetzung mit Fowlers Theorie im einzelnen müssen wir an
dieser Stelle verzichten (s. dazu Schweitzer 1994, 137ff.). Wichtig ist, daß Fowlers Glaubensbegriff sich nicht nur auf den christlichen Glauben bezieht, sondern
allgemein auf alle Formen des Konstruierens und Findens von Sinn, im religiösen wie im nicht-religiösen Bereich. Weiterhin sind seine sechs Stufen des Glaubens nicht durch einen bestimmten Altersbezug definiert, sondern durch die
Form, in der Sinn jeweils verstanden und konstruiert wird. Entsprechend ist im
Erwachsenenalter mit verschiedenen Stufen zu rechnen (s. nachstehendes Überblicksschema): Während die beiden Stufen des „synthetisch-konventionellen"
und des „individuierend-reflektierenden" Glaubens bei (amerikanischen) Erwachsenen am häufigsten anzutreffen sind, kommt auch im Erwachsenenalter der
„mythisch-wörtliche" Glaube noch vor. Bei wenigen Erwachsenen ist ein „verbindender" Glaube zu finden, der für die Erwachsenenbildung aber eine Art
Zielperspektive darstellen kann.

Anhand eines Beispiels aus einer Befragung in Bayern (Rothgangel 1996, 16) kann die Bedeutung solcher Stufen verdeutlicht werden. Eine 32jährige evangelische Gärtnerin blickt zurück auf frühere Stufen ihrer religiösen Entwicklung und beschreibt ihre Glaubensorientierung in der Gegenwart:

„Als Kind und Jugendliche hatte ich keine Probleme, an Gott zu glauben. Ich machte mir wenig Gedanken darüber und akzeptierte kritiklos, was im Religionsunterricht gelehrt wurde. Zu einem großen Bruch kam es durch den frühen Tod meines Vaters. Ich konnte nicht verstehen, daß es Gottes Wille ist, einem geliebte Menschen zu entreißen. Ich habe viel über den Tod nachgedacht und keinen Sinn gefunden, wieso es Gott zuläßt, daß es überall auf der Welt soviel Unglück und Leid, Kriege und Katastrophen gibt, daß so viele unschuldige Kinder sterben müssen, oft nur geboren werden, um kurz darauf zu verhungern. Wenn dann auch noch der Papst seine mir unverständlichen Thesen zur Geburtenregelung vertritt, fällt es mir sehr schwer, an Gott zu glauben. Im Moment glaube ich eher an die Kraft der Natur. Ich glaube, daß Menschen, Tiere, Pflanzen usw. kleine Teile eines riesigen Universums, eines ewigen Kommens und Gehens, sind. Ob derjenige, der das alles lenkt, Gott ist, weiß ich nicht. Ich bewundere und beneide aber jeden, der einen starken Glauben hat, denn ich denke, daß man damit leichter leben kann, wenn man nicht an allem zweifelt".

Ähnliche Brüche in der religiösen Biographie werden heute von vielen Erwachsenen berichtet. Der „Abschied vom Kinderglauben" (Schweitzer 1996a) gehört zu den wichtigen Erfahrungen einer religiösen Biographie – offenbar auch im Falle dieser Frau.

Hinsichtlich der von Fowler beschriebenen Stufen scheint sich diese Frau etwa auf dem Niveau des „individuierend-reflektierenden" Glaubens zu bewegen. Ihren (früheren) Gottesglauben „übersetzt" sie in begriffliche Strukturen („Kraft der Natur", „kleine Teile eines riesigen Universums" usw.). Der Grundtenor ist der eines kritischen Zweifelns. Die Frage, warum Gott das Böse in der Welt zulasse (sog. Theodizeeproblem), ist hier wie in vielen anderen Fällen (Nipkow 1987b) eng mit dem Zweifel an Gott verbunden – auch wenn sich dies bei der vorliegenden Studie, die sich auf eng mit der Kirche verbundene Menschen beschränkt, so nicht bestätigen ließ (Rothgangel 1996, 156).

Das vorliegende Beispiel läßt erkennen, daß eine produktive (Weiter-)Entwicklung für diese Frau kaum einfach hinter die einmal aufgebrochenen Fragen und Zweifel zurückführen könnte. Eben dies ist auch mit der Zielperspektive von Fowlers „verbindendem" Glauben gemeint – eine nur im Durchgang durch die kritische Reflexion zu gewinnende Wiederaneignung des Glaubens (sog. zweite – reflektierte – Naivität, Paul Ricoeur).

Eine parallele Theorie der religiösen Entwicklung stammt von dem Schweizer Psychologen und Pädagogen Fritz Oser (Oser/ Gmünder 1984, Oser 1988, Oser/ Reich 1996). Diese Theorie beschreibt die Entwicklung des „religiösen Urteils". Bei diesem Urteil handelt es sich, ähnlich wie bei Fowlers Begriff des Glaubens, um eine strukturell, nicht inhaltlich bestimmte Größe. Untersucht wird, wie

Aspekt Stufe	A. Form des Denkens (Logik) (Piaget)	B. Rollenübernahme (Selman)	C. Form des moralischen Urteils (Kohlberg)	D. Grenzen des sozialen Bewußtseins	E. Verortung von Autorität (Locus of Authority)	F. Form des Weltzusammenhangs (Form of World Coherence)	G. Symbolfunktion (Symbolic Function)
1 Intuitiv-projektiver Glaube	Präoperational	Rudimentäres Einfühlungsvermögen (egozentrisch)	Bestrafung – Belohnung	Familie, primäre Bezugspersonen	Bindungs/Abhängigkeitsbeziehungen, Größe, Stärke, sichtbare Symbole von Autorität	Episodisch	Magisch-Numinos
2 Mythisch-wörtlicher Glaube	Konkret-operational	Einfache Perspektivenübernahme	Instrumenteller Hedonismus (wechselseitige Fairneß)	»Die wie wir« (in familiären, ethnischen, Rassen-, Klassen- und religiösen Begriffen)	Inhaber von Autoritätsrollen, Bedeutung steigt mit persönlicher Verbundenheit	Narrativ-dramatisch	Eindimensional-wörtlich
3 Synthetisch-konventioneller Glaube	Frühe formale Operationen	Wechselseitig Interpersonal	Interpersonelle Erwartungen und Übereinstimmung	Gebilde von Gruppen, zu denen persönliche Beziehungen bestehen	Konsens von geschätzten Gruppen und persönlich wertvolle Vertreter von Glaubens- und Werttraditionen	Noch unreflektierte Systembildung (= tacit system), gefühlsmäßige Deutungen symbolisch vermittelt, allgemein vertreten	Mehrdimensionale Symbole, sinnstiftende Kraft wohnt Symbolen inne
4 Individuierend-reflektierender Glaube	Formale Operationen (dichotomisierend)	Wechselseitig, bezogen auf selbstgewählte Gruppe oder Klasse (Gesellschaftsperspektive)	Gesellschaftsperspektive, reflektierter Relativismus oder an Klassenschranken gebundener Universalismus	Ideologisch kompatible Gemeinschaften, die mit selbstgewählten Normen und Einsichten übereinstimmen	eigenes Urteil, das von selbst gutgeheißenen weltanschaulichen Perspektiven ausgeht. Autorität und Normen müs-	Explizite Systembildung begrifflich vermittelt, Klarheit über Grenzen und innere Verbindungen des Systems	Symbole getrennt von Symbolisiertem. Übersetzt in (zurückgeführt auf) ideelle Vorstellungen. Sinnstiftende

						sen damit übereinstimmen	Symbolische und begriffliche Vermittlung zwischen mehreren Systemen	Kraft wohnt der *Bedeutung* inne, die von den Symbolen übermittelt wird
5 Verbindender Glaube	Formale Operationen (dialektisch)	Wechselseitig, bezogen auf Gruppen, Klassen und Traditionen, die »anders« sind als die eigene	Der Gesellschaft vorgeordnete Perspektive, prinzipienorientiertes höheres Recht (universal und kritisch)	Überschreitet Klassennormen und –interessen, disziplinierte ideologische Verwundbarkeit durch »Wahrheiten« und »Ansprüche« von anderen Gruppen und Traditionen	Dialektisches Verbinden von Urteils-Erfahrungs-Prozessen mit begründeten Ansprüchen anderer und mit Ansprüchen, die aus verschiedenen Ausdrucksformen menschlicher Weisheit (wisdom) erwachsen			Nachkritisches Wiedervereinigen von nicht-reduzierbarer symbolischer Kraft und ideeller Bedeutung. Sinnstiftende Kraft wohnt der Realität in und jenseits der Symbole inne *und* in der Kraft von unbewußten Prozessen im Selbst
6 Universalisierender Glaube	Formale Operationen (synthetisierend)	Wechselseitig, bezogen auf die Gemeinschaft des Seins (Commonwealth of Being)	Loyalität gegenüber dem Sein (Loyality to Being)	Identifizierung mit der Gattung, transnarzißtische Liebe zum Sein (Love of Being)	In einem persönlichen Urteil, gewonnen aus den Erfahrungen und Wahrheiten der vorangegangenen Stufen, gereinigt von egoistischem Streben und verbunden durch disziplinierte Intuition mit dem Prinzip allen Seins		Verbindende Gegenwart, gefühlte und geteilte Einheit des »Einen jenseits des Vielen«	Sinnstiftende Kraft von Symbolen, aktualisiert durch ganzheitliche Realitätserfassung, vermittelt durch Symbole und das Selbst

Stufen des Glaubens (J.W. Fowler) (Wiedergabe nach Schweitzer 1994a)

Menschen das Verhältnis zu Gott oder, allgemeiner formuliert, zu einem Letzt-
gültigen (Ultimaten) konstruieren.

Stufe 1	Orientierung an einem Letztgültigen (Gott), das direkt ›macht‹, direkt in die Welt eingreift, den Menschen straft, belohnt, ihn leitet und führt, ihm Sinn und Vertrauen gibt, das alles erschafft. Der Mensch muß aber dafür richtig reagieren; er ist eher reaktiv, das Letztgültige hingegen, sei es in einem gütigen oder strafen-den Sinne, aktiv und fähig, selbst Artefakte hervorzubringen (Artifizialismus, Deus-ex-machina-Stufe).
Stufe 2	Orientierung an einer Sicht, die es dem Menschen ermöglicht, das Letztgültige (Gott) zu beeinflussen und dadurch für sich in Anspruch zu nehmen. Der Mensch muß etwas tun, um dafür in gleichem Maße die göttliche Gunst zu erhalten oder – nach Ver-fehlungen – mögliche Sanktionen zu mindern. Der Mensch pflegt mit dem Letztgültigen auf der Basis bipolarer Reziprozität gleichsam ein Do-ut-des-Verhältnis, das emotional positiv oder negativ besetzt sein kann (Do-ut-des-Stufe).
Stufe 3	Orientierung an der Vorstellung, daß der Mensch für sein Leben nur eigene Verantwortung hat und alle Entscheidungen selbst fällt. Dem Letztgültigen (Gott) wird ein anderer, von der Welt ge-trennter Verantwortungsbereich zugeschrieben. Es handelt sich dabei um eine Art Zwei-Reiche-Lehre; ein Gleichgewicht zwi-schen dem, ›was Gottes und was des Menschen ist‹, wird herge-stellt (Deimus-Stufe). Beginnender Atheismus steht oft einer ›or-thodoxistischen‹ Ausprägung des Urteils gegenüber.
Stufe 4	Orientierung an Verantwortung und Freiheit des Menschen, die nun aber als etwas immer schon Vorgegebenes erfahren werden. Das Letztgültige (Gott) wird als transzendentaler Grund gesehen, der a priori die Bedingungen der Möglichkeit für menschliche Begegnungen, für die Freiheit, für die Verantwortung und für die menschliche Sozialität schafft. Meistens wird auch ein Plan ange-nommen, gemäß dem sich der Mensch ›gesetzesmäßig‹ auf ein Besseres, Vollkommeneres (auf ein Omega) hin entwickelt (Stufe des Apriori und der Korrelation). Er gibt die letzte Sicherheit.

Stufe 5	Orientierung an einer interaktiven Dynamik, in welcher das Un-bedingte und Letztgültige (Gott) stets und schon immer auf-scheint. Dort, wo der Mensch verantwortlich an der Gemeinschaft teilnimmt und teilhat, wird Transzendenz erfahren. Das Planmä-ßige ist in der Dynamik dieser Interaktion aufgehoben, ebenso das positive Gesetz in der menschlichen Kommunikation, in welcher das Ultimate stets vermittelt ist (Orientierung an religiöser Auto-nomie durch unbedingte Intersubjektivität). Keine äußere Sicher-heit oder Organisation mehr kann Religiosität und Moralität ga-rantieren. Religiosität ist immer universal gedacht, als ein Bezug, der andere Völker und Religionen miteinschließt.

Stufen des religiösen Urteils (F. Oser)
(Wiedergabe nach Oser 1992, 68)

Nach Osers Ergebnissen ist im Erwachsenenalter vor allem mit der Stufe des Deismus (Stufe 3) zu rechnen, daneben aber auch mit früheren und späteren Stu-fen (s. obenstehendes Überblicksschema). Bei diesem „Deismus" wird die Exi-stenz Gottes nicht bestritten, wohl aber die Möglichkeit, daß Gott aktiv in die Welt oder Geschichte eingreift, um sie zu verändern. Aktives Handeln im Sinne der Handlungsautonomie gehört in dieser Sicht allein zum Menschen, nicht aber zu Gott:

Der bereits erwähnte „Abschied vom Kinderglauben" schließt in vielen Fällen auch die ausdrückliche Distanzierung von Gott als „altem Mann mit Bart" ein. Was aber kommt danach? Eine 81jährige Frau blickt auf die Entwicklung ihres Gottesglaubens zurück:

„Die Wandlung meines Gottesbildes von meiner Kindheit bis heute ist eine grundsätzli-che. Das Bild des Allgegenwärtigen, Strengen und Strafenden ist für mich nicht mehr vorstellbar. Dieses Bild war mehr ein ‚Erziehungsobjekt', das von den Mächtigen in Kirche und Staat mißbraucht wurde. Wenn ich heute den Namen ‚Gott' höre, sehe ich den Unendlichen, den Schöpfer, den Barmherzigen, den Liebenden. An diesen Gott glaube ich. Er ist meine Hoffnung ...
Gott ist auch nicht der Deus ex machina, den ich bitten kann, alle Unebenheiten meines Lebens zu beseitigen. Er hat mir Gaben gegeben, die ich nutzen muß, und wenn ich's nicht schaffe, muß ich meine Schwäche oder Machtlosigkeit akzeptieren" (Rothgangel 1996, 71).

Diese Frau hat sehr deutlich die Stufe einer Austauschbeziehung zwischen Gott und Mensch hinter sich gelassen (Stufe 2). Sie bemüht sich, eine darüber hinaus-gehende Form des Glaubens zu formulieren. Dabei wird die dem Menschen ver-

Ausge-wählte Alterskl.	Kognition (bei fortschreitender Entwicklung)	Affekt (bei fortschreitender Entwicklung)	Wichtiges selbst-gesetztes Ziel der Entwicklung	Elemente alters-gemäßer Glau-bensweitergabe
Etwa 7–9 Jahre	Konkrete Opera-tionen; artifiziali-stisch finalisti-sches Weltbild; Fabulieren. Stufe 1 oder 2 des religiö-sen Urteils (RU).	Ausgelöst durch konkrete Situatio-nen; drückt sich spontan körperlich oder sprachlich aus.	Groß und stark werden; (magi-sche) Kräfte besit-zen, aber auch ‚spielen'/lernen, sich freuen.	Biblische Erzäh-lungen und Psal-men, die die Vor-stellungen und Ge-fühle der Kinder unmittelbar anspre-chen (z.B. Schöp-fung, Noach, Gleichnis vom ver-lorenen Sohn usw.)
Etwa 13–16 Jahre	Formale Operatio-nen; kritische Ein-stellung; Überprü-fung und Revision der ‚kindlichen' Vorstellungen. Denken in Ana-logien, in Kom-plementarität auf Niveau II oder III. Stufe 2 oder 3 des RU. Bewußtes epi-stemisches Denken.	Mehr Bewußtheit der eigenen Gefühle; Experimentieren mit neuen Situationen (Mopedfahren, Rau-chen, Rauschmittel usw.); sozial erlaub-ter Ausdruck von Gefühlen.	Wissen, wer ich bin; ‚Abnabelung' von den Eltern. Wahl eines Berufs: Auf den eigenen Füßen stehen.	Verwandeln des kindlichen Glau-bens und Weltbil-des hin zu einem ‚erwachsenen': Al-les, was Befreiung von traditionell Einengendem be-deutet, wie die ver-hinderte Opferung Isaacs, Exodus, die Perikope von der Sünderin etc.
Etwa 18–25 Jahre	‚Höhere' Denk- und Erkenntnis-formen; metalogi-sches und dialekti-sches Denken, Denken in Kom-plementarität III oder IV. Episte-mologisches Den-ken auf einer Me-taebene.	Entdeckung, daß ‚sozial erlaubtes' Ausdrücken eigener Gefühle diese z.T. unterdrückt; suchen nach persönlichen Ausdrucksformen, die der eigenen Identität gerecht werden. Intime Part-nerschaft.	Im Beruf Fuß fassen, bzw. sich dafür qualifizieren. Lebenspartner finden. Evtl. El-ternschaft. Welt-bild konsolidieren; eigene Religiosität selbständig abklä-ren.	Gelegenheiten zum Suchen, fragen, zuhören und mit-reden, bei denen das eigene Welt-bild, die eigenen Werte, die eigene Religiosität, die eigene Identität abgeklärt und befestigt werden.
Mitte des Lebens	Im Idealfall: Voll-besitz aller Denk- und Argumenta-tionsformen.	Volle Kenntnis menschlicher Ge-fühle; Fähigkeit, die eigenen ohne Verlet-zung der von ande-ren auszudrücken.	Überprüfen des bis-herigen Lebens-plans: Umstellung auf neue Lage/Er-kenntnis (Kinder aus dem Haus): Beruf und Partner-schaft gelungen oder nicht?; Weltbild befriedi-gend?; Ideen für Werte und Religion.	Gelegenheit zur Bilanz und evtl. Neuorientierung. Vergleich mit den Erfahrungen ande-rer; Erörterung von Möglichkeiten. Gelegenheit zur Erarbeitung neuer Auffassungen und Einstellungen.
Hoch-betagte	Bei Mangel an Übung Rückgang der ‚fluiden' In-telligenz, also der Fähigkeit, sich mit neuen Situationen zu befassen; im Idealfall Gewinn von Weisheit.	Im Idealfall: Hoch-schätzen menschli-cher Gefühle, be-sonders auch von Kindern. Unterstüt-zung von deren Entwicklung. Aber auch möglich: Ver-bitterung, Harther-zigkeit.	Fertigwerden mit eingeschränkten Möglichkeiten aufgrund verrin-gerter körperlicher und geistiger Kräfte. Bereit sein, Schmerzen zu ertragen und zu sterben.	Alles, was das Vertrauen stärkt, daß Gott den Men-schen nicht ver-läßt, in den schwe-ren Stunden und im Tod beim Men-schen ist.

aus: Böhnke/Reich 1992

liehene Handlungsautonomie betont (Stufe 3). Eine Vermittlung dieser Handlungsautonomie mit dem Glauben an Gottes Schöpfung ist angedeutet (Gott schafft durch seine „Gaben" die Voraussetzungen für menschliche Autonomie – das wäre Stufe 4), aber es bleibt noch undeutlich, ob und in welchem Maße diese Vermittlung gelingt. Hier läge ein Ansatzpunkt für eine biographiebezogene Erwachsenenbildung.

Um eine Verbindung zwischen den kognitiven Stufentheorien und emotionalen Aspekten hat sich u.a. im Blick auf die Erwachsenenbildung Helmut Reich (1992) bemüht. Der von Michael Böhnke und ihm (1992, 24) für die Erwachsenenbildung zusammengestellte Überblick, der auch die Frage einer „Glaubensweitergabe" einschließt (s. nebenstehendes Schema), kann uns als Zusammenfassung dienen. Auch wenn unser Ansatz der religiösen Weiterbildung nicht auf die „Weitergabe des (kirchlichen) Glaubens" beschränkt sein kann, enthält die von Reich angestrebte Verbindung von religiöser Entwicklung und Erwachsenenbildung doch wichtige Hinweise.

Neben den direkt auf die Entwicklung von Glaube und Religion bezogenen Theorien verdient im vorliegenden Zusammenhang auch die Theorie der „Entwicklung des Selbst" von Robert Kegan (1986) besondere Beachtung. Kegan beschreibt die Entwicklung des Selbst nämlich im Horizont von Prozessen der Sinnkonstruktion, die er ähnlich wie Fowler als Abfolge unterschiedlicher Stufen versteht. Kegan weist darauf hin, daß jede Entwicklungsstufe ein eigenes System der Sinnfindung darstellt – eine Balance, die auch als eine Art entwicklungsspezifisches Weltbild angesprochen werden kann. Entsprechend sei jeder Übergang zu einer weiteren Stufe als *Sinnkrise* zu verstehen, bei der existentielle Grundlagen der Lebensorientierung erschüttert werden. Sinnfragen und religiöse Fragen werden demnach an die Entwicklung keineswegs erst von außen herangetragen – zumindest in existentieller Hinsicht wohnen sie bereits der menschlichen Entwicklung als solcher inne.

In seinen neueren Untersuchungen hat sich Kegan (1994) der Frage zugewandt, welche geistigen Orientierungsaufgaben einem Erwachsenen in Moderne und Postmoderne abverlangt werden. Diese Orientierungsaufgaben werden dann verglichen mit den Orientierungsmöglichkeiten, die heute bei Erwachsenen (in den USA) empirisch zu beobachten sind. Das ernüchternde Ergebnis dieser Analyse lautet so, daß Erwachsene heute vielfach in der Situation ständiger kognitiver Überforderung leben müssen. Besonders die Herausforderungen eines systemischen Denkens, das in modernen Gesellschaften fast durchweg gefordert wird, und noch mehr die Auseinandersetzung mit der radikalen Vielfalt der Postmoderne (sog. transsystemisches Denken) gehen weit über die kognitiven Möglichkeiten hinaus, die Kegan bei den von ihm untersuchten Menschen finden konnte. Im vorliegenden Zusammenhang kommt diesem Ergebnis insofern besonderes Interesse zu, als die von der Religionssoziologie beschriebene Situation religiöser Individualisierung und Pluralisierung (s.o., Abschnitt 2) ebenfalls vor Orientierungsaufgaben stellt, die ohne die Verarbeitungskapazität der höheren Stufen der religiösen Entwicklung angemessen kaum zu bewältigen sind. Folge sind dann Erfahrungen der Sinnlosigkeit, aber auch das Streben nach fragloser Gewißheit beispielsweise bei fundamentalistischen Gruppen.

In den letzten Jahren wird vermehrt die Frage aufgeworfen, ob die religiöse Entwicklung *geschlechtsspezifische Unterschiede* aufweist. Besonderes Interesse findet dabei – im Anschluß an die feministische Theologie – die religiöse Entwicklung von *Frauen*. Im Bereich der moralischen Entwicklung hat sich, ausgehend von den provozierenden Thesen und Befunden Carol Gilligans (1984), eine breite, z. T. kontroverse Diskussion über eine Ethik der Fürsorge und Verantwortung als weibliche Form von Moral entwickelt (Überblick bei Nunner-Winkler 1991). Grundlegend ist dabei die Behauptung, daß Mädchen und Frauen größeren Wert auf Beziehungen und Verbundenheit legen als Jungen und Männer (vgl. Belenky u.a. 1991). Für die religiöse Entwicklung hat besonders J.W. Fowler (1991, 19) die Anfragen Gilligans aufgenommen und eine Korrektur seiner eigenen Stufenbeschreibungen vorgeschlagen. Vor allem der Übergang zum „individuierend-reflektierenden" Glauben könne sich bei Frauen anders vollziehen als bei Männern – weniger unter Hervorhebung individueller Autonomie als vielmehr einer bleibenden Verbundenheit und als Selbständigkeit in Beziehungen.

Die Forschungslage ist jedoch nach wie vor als sehr vorläufig zu bezeichnen (vgl. Schweitzer 1993, 1995). Der Versuch, eine Theorie der weiblichen religiösen Entwicklung zu entwerfen, hat bislang nur zu eher impressionistischen Ergebnissen geführt (Anderson/ Hopkins 1991). Manches spricht dafür, Verbundenheit auch als Schwerpunkt der religiösen Entwicklung von Mädchen und Frauen anzusehen, doch ist der Streit über die Notwendigkeit einer besonderen, auf die religiöse Entwicklung von Frauen bezogenen Theorie noch nicht entschieden (zuletzt Reich 1997, Schweitzer 1997). Eindeutigere Ergebnisse beziehen sich auf die konkret-geschichtliche Ausgestaltung weiblicher Biographien (dazu unten, 3.2), weniger auf die allgemeine Entwicklung und deren theoretische Beschreibung.

Aus dieser – insgesamt offenen – Situation ist für die Praxis der Erwachsenenbildung zu folgern, daß im Blick auf geschlechtsspezifische Unterschiede bei der religiösen Entwicklung die eigene Aufmerksamkeit besonders gefordert ist. Die vorliegenden Theorien können für geschlechtsspezifische Unterschiede sensibel machen, lassen aber (noch) kaum verallgemeinerbare Erwartungen zu.

Zu den wichtigsten neueren Forschungsschwerpunkten einer (Religions-)Psychologie der gesamten Lebensspanne gehört sodann die Frage nach *Religion im höheren Alter*.

Schon E.H. Erikson (1974, 1988) verweist auf die Bedeutung von Fragen des

Lebenssinns in dem von ihm sog. Hohen Alter. Angesichts des Zurückschauens auf das unwiderruflich gelebte Leben breche die Frage nach gelungener Ganzheit auf, und zwar im Horizont der (Lebens-)Weisheit. Erst in den letzten Jahren haben diese Anstöße wirklich Eingang in die psychologische Forschung gefunden. Weisheit gilt nun als eines der Leitziele von Entwicklung im Erwachsenenalter (Sternberg 1990). Eine breite psychologische Forschung besonders aus den USA belegt die Bedeutung von Fragen der (religiösen) Sinnfindung im Alter (Dittmann-Kohli 1988, Utsch 1992, McFadden 1996). Eine in Deutschland im Zusammenhang von Seelsorge mit alten Menschen durchgeführte Studie von Karl Heinz Bierlein (1994, 167ff.) belegt, daß bei der „Lebensbilanz" auch ausdrücklich religiöse Momente ins Spiel kommen.

Solche Beobachtungen und Forschungsergebnisse weisen darauf hin, daß religiöse Bildung auch im Rahmen der Bildungsarbeit mit älteren Menschen verstärkt als Aufgabe wahrgenommen werden sollte.

Wie in Kapitel 1 bereits erwähnt, haben sich besonders Fowler und Oser auch um *erwachsenenbildnerische Anwendungsmöglichkeiten* ihrer psychologischen Theorien bemüht und entsprechende entwicklungsbezogene Bildungsansätze vorgelegt. Für Fowler (1989) enthalten die Stufen der Glaubensentwicklung vor allem eine Möglichkeit, sich angemessen auf die jeweiligen Verstehensvoraussetzungen von Erwachsenen einzustellen. Wenn es zutrifft, daß sich verschiedene Glaubensweisen im Erwachsenenalter nicht nur im Inhalt unterscheiden, sondern auch in ihrer strukturellen Form und in ihren kognitiven Voraussetzungen, dann muß sich die Erwachsenenbildung auf diese Formen beziehen. „Der Erwachsene" erweist sich in dieser Sicht einmal mehr als eine Kunstfigur, die so in der Realität niemals begegnet. Eben deshalb können Bildungsangebote nicht einfach auf „den" oder „die Erwachsenen" ausgerichtet sein, sondern müssen individuell auf ganz bestimmte Zielgruppen sowie für die Einzelpersonen in solchen Gruppen zugeschnitten sein (s.u. Teil 2).

Alle Stufentheorien besitzen einen hierarchischen Charakter – mit höheren und tieferen Stufen. Bei Piaget und besonders bei Kohlberg gilt deshalb für die pädagogische Arbeit: „The higher, the better – je höher, desto besser". Erwachsenenbildung wird dann zur Entwicklungshilfe. Auch Fowler und Oser halten prinzipiell an dieser psychologischen Sichtweise fest, schränken sie im Blick auf die pädagogische Praxis jedoch stark ein und ergänzen sie durch andere erwachsenenbildnerische Perspektiven. Auch wenn das Ziel am Ende religiöse Mündigkeit heißt, geht Erwachsenenbildung keinesfalls im permanenten Anstoß zur Weiterentwicklung auf! Statt dessen wird eine sensible Begleitung von Entwicklungsprozessen gefordert, die auch das vertiefende Verweilen auf einem erreichten Niveau oder den Ausbau und die Stabilisierung von Entwicklungsständen bedeuten kann.

Fowler hat sich in seinen späteren Veröffentlichungen auch um eine theologische

Begründung seines Bildungsansatzes bemüht (Fowler 1992, vgl. 1984). Im Zentrum steht dabei der Gedanke der „Berufung" des Menschen – des von Gott ausgehenden Auftrags, der dem Leben Richtung und Ziel geben kann. Der Beru-
fungsgedanke, der auch wichtige reformatorische Wurzeln besitzt, kann ein
christliches Verständnis von Erwachsensein bestimmen (s. auch unten Abschnitt
4).

Auch Osers Bildungsansatz bleibt nicht auf die individuelle Lebensgeschichte
begrenzt. Zum einen besitzt die von ihm als Zielstufe angesehene Form einer
Religiosität im Horizont universeller Solidarität eindeutig politische Implikationen. Sie kann etwa in der Nähe einer Befreiungstheologie oder allgemein des
Engagements für universelle Gerechtigkeit gesehen werden. Zum anderen wendet Oser (bes. 1992) seinen Bildungsansatz kritisch gegen die (katholische) Kirche, indem er fragt, wodurch bislang ein religiöses Erwachsenwerden im Sinne
religiöser Mündigkeit verhindert worden ist und die Kirche selbst dafür verantwortlich macht. Hier berührt sich Oser mit dem englischen Religionspädagogen
J. Hull und dessen Buch mit dem sprechenden Titel „What Prevents Christian
Adults from Learning? – Was hindert erwachsene Christen am Lernen?" (Hull
1985).

In unserer Sicht enthalten Stufentheorien der religiösen Entwicklung wichtige
Erkenntnisse für ein besseres Verständnis der religiösen Entwicklung im Erwachsenenalter. Damit geben sie der Erwachsenenbildung – zusammen mit anderen Theorien – Aufschluß über Bildungsbedürfnisse und -möglichkeiten der Erwachsenen. Ein unkritischer Umgang mit solchen Theorien wäre jedoch kaum
hilfreich. Es handelt sich auch in diesem Falle durchweg um vorläufige wissenschaftliche Theorien (Schweitzer 1994), um deren Ergänzungs- und Diskus-
sionsbedürftigkeit die Erwachsenenbildung wissen muß. Alleinige Grundlage für
eine religiöse Bildung Erwachsener können die Stufentheorien deshalb nicht sein
(vgl. Englert 1992b). Sie dürfen nicht als „Herrschaftswissen" in der Hand der
Lehrenden mißbraucht werden (Hull 1992), sondern sollten der Selbstreflexion
und Selbstaufklärung der Teilnehmerinnen und Teilnehmer dienen (vgl. Nipkow
1990, 576).

3.2 Lebenslauf- und Biographieforschung

Die Lebenslauf- und Biographieforschung ist heute als ein zunehmend bedeut-
sames Forschungsfeld über mehrere wissenschaftliche Disziplinen hinweg eta-
bliert (Fuchs 1984, Krüger/ Marotzki 1995). Im ganzen ist sie keineswegs auf
Fragen von Religion und Sinnfindung konzentriert, sondern auf zahlreiche
Aspekte von Lebens- und Alltagsgeschichte bezogen. Die Frage des Lebenssinns
stellt allerdings insofern eine für die gesamte Biographieforschung wichtige Pro-

blemstellung dar, als Lebensgeschichten stets auch an Fragen der individuellen Sinnerfahrung und Sinngebung rühren. Dies erklärt, warum allgemein auf die Biographie bezogene Untersuchungen häufig zu Ergebnissen führen, die auch im Blick auf Religion aufschlußreich sind.

In der Regel wird heute so zwischen *Lebenslauf* einerseits und *Biographie* bzw. *Lebensgeschichte* andererseits unterschieden, daß das Leben zum einen aus der Außen-, zum anderen aus der Innenperspektive betrachtet wird. Der Begriff Lebenslauf bezieht sich dann auf Veränderungen, die von außen beobachtet oder erschlossen werden können bzw. sogar müssen (dann nämlich, wenn sie dem Individuum nicht bewußt sind). Demgegenüber kann „Lebensgeschichte" am besten als Erzählung verstanden werden. Als solche besitzt sie einen Autor, der durch äußere Beobachter nicht ersetzt werden kann (vgl. Sparn 1990).

Im folgenden greifen wir zunächst die allgemeine Lebenslaufforschung auf und kommen dann zu religiösen Fragestellungen.

Als Beispiel für die *Lebenslaufforschung* kann uns zunächst das von D. Levinson (1979) vorgelegte Strukturmodell des Lebenslaufs dienen. Levinsons Theorie

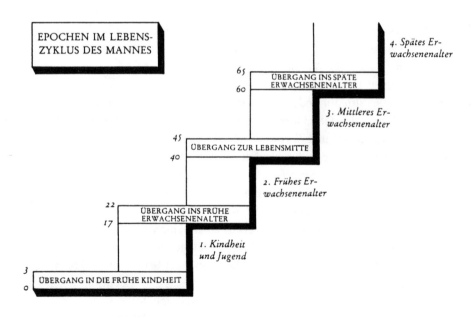

Aus: „Das Leben des Mannes" von Daniel J. Levinson
© 1979 by Verlag Kiepenheuer & Witsch Köln

kann dabei für eine Reihe ähnlicher, teils wissenschaftlich psychologischer, teils eher journalistisch populärer Darstellungen (Gould 1979, Sheehy 1976) stehen, die in vieler Hinsicht zu parallelen Aussagen gelangen. Levinsons Strukturmodell wurde zunächst für das „Leben des Mannes" entwickelt (Levinson 1979) und später im Blick auf das „Leben der Frau" überprüft (Levinson 1996).

Levinson unterscheidet zwischen übergeordneten „Lebenszeiten" und einzelnen „Entwicklungsperioden" innerhalb dieser Lebenszeiten (s. Abb.). Ein solcher Versuch, eine idealtypische Struktur heutiger Lebensläufe zu entwerfen, ist für die Erwachsenenbildung aufschlußreich. Zunächst unterstreicht diese Darstellung ein weiteres Mal, daß das Erwachsenenalter durch vielfache Übergänge und Krisen gekennzeichnet ist, so wie dies in früherer Zeit allein für Kindheit und Jugendalter angenommen wurde. Das Erwachsenenalter ist als Prozeß zu verstehen, nicht als statische Einheit. Sodann wird erkennbar, daß es bestimmte, für Krisen besonders anfällige Übergangszeiten gibt, die häufig auch mit bestimmten Entwicklungsaufgaben verbunden sind. So ist etwa nicht nur mit der inzwischen sattsam bekannten Mid-Life-Krise zu rechnen, sondern auch mit einer noch immer viel zu wenig beachteten Übergangskrise im jungen Erwachsenenalter sowie mit weiteren Krisen zu verschiedenen Lebenszeiten. Fragen, die das höhere Alter betreffen, werden bei Levinson allerdings kaum behandelt. Hier liegt eine Grenze des vorliegenden Modells.

Bedeutsam ist auch der Vergleich zwischen den Geschlechtern, den die beiden Untersuchungen Levinsons jetzt zulassen. Levinson (1996) vertritt die Auffassung, daß sein Strukturmodell für beide Geschlechter gilt. Erhebliche Unterschiede zwischen den Geschlechtern ergeben sich seiner Meinung nach aber aus der verschiedenen Art und Weise, in der die für beide Geschlechter parallelen Phasen und Krisen jeweils durchlaufen werden. Dies führt dann doch zu unterschiedlichen – geschlechtsspezifischen – Prägungen des Lebenslaufs. Es läßt sich zwar bezweifeln, daß die Lebensläufe zwischen den Geschlechtern tatsächlich nur bei der inhaltlichen Füllung variieren – hier werden weitere Untersuchungen vielleicht auch Unterschiede in der Lebenslaufstruktur von Frauen und Männern aufweisen können; schon Levinsons Untersuchungen machen aber deutlich, daß der Lebenslauf eine geschichtliche Größe ist und daß bei seiner konkreten Ausgestaltung Aspekte wie Geschlecht und Lebenslage – Levinson untersucht „Hausfrauen" und „Frauen mit Karriere" – eine wichtige Rolle spielen.

Dies verweist weitergehend auf den insgesamt geschichtlichen Charakter des Erwachsenenalters. Erst in der jüngeren Vergangenheit ist ja bewußt geworden, wie stark die menschlichen Lebensalter vom geschichtlichen Wandel beeinflußt sind. Zugespitzt kann behauptet werden, daß die Lebensalter im Laufe der Geschichte allererst „erfunden" werden mußten. Diese These gilt in erster Linie für die modernen Vorstellungen von Kindheit und Jugendalter, in abgeleiteter Form aber auch für das Erwachsenenalter. Wie die bahnbrechenden Untersuchungen von Philippe Ariès (1975) und Jan Hendrik van den Berg (1960) gezeigt haben, herrschte bis in die Neuzeit eine wenig differenzierte Mischung der Lebensalter vor, die erst allmählich durch schärfere Abgrenzungen aufgelöst wurde. Neben dem Wandel der Sitten spielten dabei die Veränderungen im Bereich von Arbeit und Bildung eine wichtige Rolle. Das Bild des berufstätigen Mannes beispielsweise, wie es bis heute noch landläufige Vorstellungen vom Erwachsensein prägt, kann für breitere Schichten der Bevölkerung erst einleuchten, nachdem eine von der Familie abgetrennte Arbeitswelt entstanden ist.

In Aufnahme von Erkenntnissen zur geschichtlichen Herausbildung des Erwachsenenalters spricht der Soziologe Martin Kohli (1985, 2) von der „Institutionalisierung des Lebenslaufs". Der historische Wandel habe „zu einer Lebensform geführt, zu deren zentralen Strukturprinzipien der Ablauf der Lebenszeit gehört". Dadurch habe der Lebenslauf eine immer größere gesellschaftliche Bedeutung gewonnen und sei das Lebensalter zu einem wichtigen Kriterium der gesellschaftlichen Orientierung geworden. Für den einzelnen bringt dies dann Erwartungen mit sich, wie sie etwa mit dem Stichwort „Normallebenslauf" auf den Begriff gebracht werden.

In der Gegenwart unterliegt allerdings gerade die sog. Normalbiographie einem starken Wandel, der nicht nur die Lebensformen, sondern auch die Vorstellung von Erwachsensein miteinbezieht. Eine ganze Reihe von Faktoren sind an diesem Wandel beteiligt:

- Die Arbeitsgesellschaft erweist sich immer mehr als ein Entwurf, der nur einen Teil der Gesellschaft einschließt. Dauerhafte Arbeitslosigkeit läßt jeden Lebensentwurf, der nur auf bezahlte Arbeit ausgerichtet ist, zutiefst fragwürdig erscheinen.
- Die Vorstellung von Lebensberufen, die ein ganzes Leben bestimmen, wird zunehmend von Erwartungen der beruflichen Neuorientierung, des mehrfachen Umlernens und der Mobilität überlagert. Die innere Gestalt des Erwachsenenalters kommt in Bewegung. Krisen und einzelne Lebensabschnitte gewinnen an Gewicht und stellen das Erwachsenenalter als übergreifende Einheit in Frage.
- Frauen sind nicht mehr bereit, eine vor allem an einem männlichen Lebenszuschnitt der Berufstätigkeit abgelesene Idealvorstellung von Erwachsensein für sich zu akzeptieren. Der Vorwurf, daß die herkömmliche Psychologie von Entwicklung und Lebensalter Frauen als nie ganz erwachsen – als „ewige Kinder" also – behandele, gehört zu den zentralen Motiven feministischer Psychologiekritik (vgl. Gilligan 1984).
- Die Grenzen des Erwachsenenalters werden fließend. Das Jugendalter dehnt sich immer weiter aus. Längst scheint auch das dritte (und manchmal sogar das vierte) Lebensjahrzehnt nicht mehr dem Erwachsenenalter anzugehören, sondern der Adoleszenz oder Postadoleszenz. Die Zeit nach dem Austritt aus

dem Berufsleben gewinnt immer mehr das Gesicht einer eigenen Lebensphase – mit eigenen Chancen und Herausforderungen.

Die Umstellungen und Herausforderungen, die mit dem Wandel des Erwachsenenalters verbunden sind, schließen immer wieder auch religiöse Fragen und Sinnprobleme ein. Arbeitslosigkeit kann ein Zerbrechen nicht nur der wirtschaftlichen Grundlagen, sondern auch der Sinnentwürfe bedeuten. Religiöse Erwachsenenbildung kann daran nicht vorbeigehen.

Dazu kommt, daß die geschichtliche Entwicklung des Erwachsenenalters auch unmittelbar religiöse Aspekte aufweist. So besteht beispielsweise ein geschichtlicher Zusammenhang zwischen Reformation, Schriftkultur und Status des Erwachsenseins. Der Kommunikationswissenschaftler Neil Postman (1983) hat herausgearbeitet, daß erst die durch die Reformation motivierte allgemeine Schriftkultur eine Grenze des Wissens aufrichtete, die eine deutliche Zäsur zwischen Kindheit und Erwachsenenalter markierte. Umgekehrt sieht er in der Aufweichung dieser Grenze durch den wachsenden Einfluß visueller Medien das „Ende der Kindheit" und zugleich das des Erwachsenenalters – der ewige „Kind-Erwachsene" löse beide ab. – Auch die Vorstellung eines Lebensberufs besitzt insofern christliche Wurzeln, als der Beruf vielfach als Verwirklichung einer christlichen Ethik im Alltag der Welt verstanden wurde. Auch daraus ergeben sich Fragen für die Erwachsenenbildung: Was beispielsweise bedeutet es für das christliche Verständnis von Biographie, wenn das Berufsverständnis in seiner bisherigen Gestalt grundlegend in Frage gestellt wird?

Zu den für die Erwachsenenbildung wichtigsten Ergebnissen der Lebenslauf- und Biographieforschung gehört der Hinweis auf die hohe Bedeutung, die heute viele Menschen der *lebensgeschichtlichen Religion* beimessen. Lebensgeschichte ist zu einem zentralen Ort religiösen Fragens und Suchens geworden. Lebensgeschichtliche Religion reicht weit über das kirchliche Teilnahmeverhalten hinaus.

Zum genaueren Verständnis der Bedeutung von Religion in der Lebensgeschichte ist es hilfreich, auf die o.g. Unterscheidung zwischen Lebenslauf und Lebensgeschichte zurückzugreifen: Religion steht gleichsam zwischen dem auch von außen beobachtbaren Lebenslauf und der von der Person selbst entworfenen Lebensgeschichte. Sie betrifft die Frage, wie der Lebenslauf immer wieder in eine als sinnvoll erfahrbare Lebensgeschichte überführt werden kann (vgl. Grözinger/Luther 1987, Sparn 1990, Wohlrab-Sahr 1995, Drehsen u.a. 1997).

Im Horizont des spannungsvollen Verhältnisses von Lebenslauf und Lebensgeschichte läßt sich beispielsweise das in den Kirchenmitgliedschaftsuntersuchungen festgestellte nachhaltige Interesse an einer *religiösen Biographiebegleitung* erklären (Matthes 1975). Besonders an den Krisen- und Wendepunkten des Lebens brechen – im Verhältnis von Lebenslauf und Lebensgeschichte – Fragen auf, die offenbar ohne religiöse Deutungshilfen nicht ohne weiteres zu bewältigen sind. Die sog. Arbeit an der Lebensgeschichte besitzt deshalb immer auch religiöse Aspekte.

In den letzten Jahren hat sich auch in der Biographieforschung ein besonderes Interesse an geschlechtsbezogenen Fragen herauskristallisiert. Im Mittelpunkt steht dabei die *biographische Erfahrung von Frauen.* Die biographietheoretischen Untersuchungen haben noch nicht zu einer eigenen Theorie der religiösen Entwicklung und Sozialisation von Mädchen und Frauen geführt (vgl. oben, Abschn. 3.1), wohl aber in beachtlichem Maße Erfahrungen zusammengetragen und Schwerpunkte herausgearbeitet. Zu nennen sind hier zunächst die Sammelbände von Martha Heizer/ Elisabeth Anker (1993) und Sybille Becker/ Ilona Nord (1995), die den Stand dieser Diskussion dokumentieren. Dazu kommen Beiträge, die anhand einzelner oder mehrerer Lebensgeschichten und biographischer Berichte aus Literatur und eigenen Befragungen den Zusammenhang von Biographie und Religion bei Frauen auszuleuchten versuchen (vgl. Vierzig 1987, Pahnke 1990, Klein 1994, Maaßen 1993, Hess 1997). Ihrer ganzen Ausrichtung nach sind diese Studien vor allem an der Einzelbiographie interessiert und weniger an Verallgemeinerungen. Dennoch läßt sich eine Reihe allgemeinerer Gesichtspunkte beschreiben, die auch für die religiöse Bildung Erwachsener bedeutsam sind:

– Die biographische Erfahrung von Frauen, wie sie in der Forschung zur geschlechtsspezifischen Sozialisation erhoben wird, beeinflußt auch das Verhältnis zu Religion und Kirche. Beispiele sind etwa die Rollenerwartungen hinsichtlich Familie, Haushalt, Kindererziehung usw.

– Religiöse Bildungsbedürfnisse und -möglichkeiten sind eng mit der biographisch bedingten Situation von Frauen verbunden. Religiöse Erwachsenenbildung muß auf diese Situation kritisch – im Interesse von Mündigkeit und Subjektwerdung – bezogen sein.

– Auf Grund ihrer besonderen lebensgeschichtlichen Erfahrungen nehmen Frauen religiöse Inhalte auch in besonderer Weise wahr. Diesen geschlechtsspezifischen Wahrnehmungsweisen ist bei der religiösen Bildung Erwachsener Raum zu geben.

In ähnlichem Sinne formuliert S. Klein (1995, 182) ihre u.a. erwachsenenbildnerischen Konsequenzen aus der Biographieforschung:

„Will Kirche Raum sein für den genuinen Glaubensvollzug von Frauen, dann muß sie ein Raum sein,

– wo lebensgeschichtlich gewachsene geschlechtsspezifische Erfahrungen ernstgenommen und im Glauben reflektiert werden können,

– wo Frauen ihre genuinen Glaubensüberzeugungen und -aufgaben (Berufungen) entdecken und leben können, ohne daß diese mit gesellschaftlich vorgegebenen (und benötigten) Frauenrollen identifiziert werden,

– wo die aus den Erfahrungen von Frauen erwachsene Glaubenssprache, die Glaubensbilder und -vorstellungen zur Sprache kommen und in den kirchli-

chen, liturgischen und theologischen Sprach- und Symbolschatz aufgenommen werden,

– wo die bislang unsichtbaren Glaubenserfahrungen und Glaubenstraditionen
von Frauen sichtbar werden und die gleiche Anerkennung und Institutionalisierung erfahren wie die Glaubenserfahrungen und -traditionen von Männern".

Schließlich ist darauf hinzuweisen, daß sich auch im Anschluß an die Lebens-
lauf- und Biographieforschung eigene *Ansätze biographiebezogener Erwachsenenbildung* entwickelt haben. Neben allgemeinen Ansätzen lebensgeschichtlicher
Bildung, die nicht auf Religion bezogen sind (vgl. Gudjons u.a. 1986, Hoerning
u.a. 1991), gibt es auch gezielt auf Religion in der Lebensgeschichte gerichtete
Modelle (s. dazu unten, Kap. 10).

4. Erwachsenenalter in christlicher Sicht

Das Verhältnis zwischen Erwachsenwerden und christlichem Glauben stellt sich
heute für viele Menschen spannungsvoll dar. Zum einen ist dies auf die weitver-
breitete Auffassung zurückzuführen, daß der Glaube eine Sache der Kindheit und
dann vielleicht noch des Hohen Alters sei, nicht aber des „eigentlichen" Erwachsenenalters selbst. Zum anderen wird dem Christentum immer wieder vorgehalten, daß es ein mündiges Erwachsensein eher verhindere als fördere – ein Vorwurf, der auch in der Erwachsenenbildung diskutiert werden muß.
Der Abschied vom Kinderglauben gilt als Voraussetzung des Erwachsenwerdens. Er wird vielfach bereits im Jugendalter vollzogen (Schweitzer 1996a).
Schwierigkeiten für eine über Kindheit und Jugendalter hinausreichende Verbindung von Glaube und Erwachsenwerden bereitet dabei häufig die Frage, was
nach dem Kinderglauben kommen soll: nur die entmythologisierende Kritik an
nicht mehr nachvollziehbaren Vorstellungen von „Gott im Himmel" oder auch
eine neue Form des Glaubens, wie er dem Denken und der veränderten Erfah-
rungswelt Erwachsener entspricht? In diese Richtung weisen ja die Untersuchungen zur religiösen Entwicklung (s.o., 3.2). Ein wesentliches Motiv für religiöse
Erwachsenenbildung liegt hier darin, daß bislang die Begleitung von Erwachsenen bei ihrer Suche nach neuem Glauben weithin unterbleibt.
Die Dringlichkeit einer solchen Begleitung ergibt sich auch aus der in der Öffentlichkeit u.a. durch die psychoanalytische Religionskritik verstärkten Klage
über das Christentum als Hindernis für gesunde psychische Entwicklung. In seiner Darstellung zu „Christentum und Erwachsenenalter" beschreibt beispielsweise William Bouwsma dies so: In dieser Sicht gehört zu „christlicher Reife" eine
„Person, die ihr eigenes schlechtes Gewissen und ihr Schuldgefühl auf Grund der
fortwährenden Attraktivität niedriger Dinge so sorgfältig kultiviert hat, daß sie

mit ihrer Existenz nur durch ein entschieden strenges Programm von Selbstdisziplin und Selbstverneinung im Interesse der eigenen Seelenrettung zu Rande kommen kann" (1978, 82f.). Was dies für eine Lebensgeschichte bedeuten kann, haben publikumswirksam die autobiographischen Abrechnungen mit Religion und religiöser Erziehung aus der Feder von Autoren wie Tilmann Moser (1976), Fritz Zorn (1977), Jutta Richter (1985) gezeigt: lebenslange Belastungen, die – in der Sicht der Betroffenen – aus einer verfehlten (religiösen) Erziehung resultieren.

Solche Vorstellungen „christlicher Reife" stehen freilich nicht nur im Gegensatz zu psychologischen Vorstellungen von gesunder Entwicklung. Sie widersprechen auch zutiefst den Einsichten von Theologie und christlichem Erziehungsdenken (zum folgenden vgl. Schweitzer 1992). Bereits in der Reformationszeit hat insbesondere der Genfer Theologe Jean Calvin den engen Zusammenhang zwischen Glaube und Erwachsenwerden hervorgehoben. Der kirchlich-katholischen Tradition hält er vor, daß sie diesem Zusammenhang nicht gerecht geworden sei und Kirchenglieder in unfreiwilliger Unmündigkeit belassen habe. Eine solche theologische Sicht des Erwachsenenalters im Sinne von Mündigkeit und selbständiger Urteilsfähigkeit, so etwa die Begriffe F. Schleiermachers, besitzt ihren klassischen biblischen Anhalt im Epheserbrief (Eph 4, 13ff.).

Es wäre allerdings verfehlt, diese Mündigkeit im Sinne einer Verabsolutierung religiöser Rationalität verstehen zu wollen. Zutreffender ist die von Schleiermacher beschriebene Auffassung einer „zweiten Kindheit" oder, wie der Philosoph Paul Ricoeur formuliert, einer „zweiten (reflektierten) Naivität" (dazu Nipkow 1990, 174ff.). Religiöse Mündigkeit erschöpft sich nicht in der kritischen Destruktion mythologischer Bilder und religiöser Sprachformen. Sie schließt vielmehr die Einsicht in die bleibende Notwendigkeit und Unersetzlichkeit solcher Ausdrucksformen ein. Damit entbindet sie über alle bloß intellektuellen Rationalitätsvorstellungen hinaus auch Elemente der Kreativität und des Spiels – einer neuen Freiheit zum Sein, die aus dem Glauben als Kritik an beengenden Selbstidealisierungen, Selbststilisierungen und Selbstzwängen erwachsen kann.

Zum christlichen Verständnis des Erwachsenwerdens gehört als weitere Dimension die der ethischen Verantwortung. J.W. Fowler (1989) hat dies mit Hilfe des Begriffes „Berufung"/„Beruf" nachdrücklich in Erinnerung gerufen. Ethische Verantwortung verwirklicht sich in christlicher Sicht in einem Leben, das seinen Sinn in der Entsprechung zu Gottes schöpferischem, erhaltendem und befreiend-erneuerndem Handeln finden will. Konkret verweist dies heute auf den Einsatz gegen alle gesellschaftlichen und kulturellen Tendenzen, die Menschen in der ganzen Welt in Unfreiheit und Armut festhalten, die die Natur zerstören oder den Frieden bedrohen usw. Auch hier ist freilich vor naiven ethischen Selbstüberforderungen zu warnen. Nicht der Hang zur ethischen Perfektion entspricht dem christlichen Glauben, sondern die Befreiung und Befähigung zu einem ethischen Handeln, das um seine eigene Begrenztheit weiß.

Auf die theologische und pädagogischen Problematik linearer Wachstums- und Entwicklungsmodelle für das Erwachsenenalter hat besonders eindrücklich G. Moran (1979, vgl. 1992) aufmerksam gemacht. Solche Vorstellungen werden der Realität nicht gerecht. Sie führen mit Notwendigkeit zu Überforderung, Enttäuschung und letztlich, angesichts unausweichlicher Alterungsprozesse, zur Verzweiflung an sich selbst. Morans Alternativvorschlag erwächst aus dem Ideal einer „Integration der Gegensätze", von „Reife" und „Ganzheit". Alle drei stellen keine ein für allemal realisierbaren Ziele dar. Sie sind vielmehr als Perspektiven zu verstehen, die das ganze Leben über offen bleiben können und sollen. Gerade durch diese Offenheit ermöglichen sie ein Leben in Humanität. An die Stelle überfordernder Selbstperfektion tritt die Aufgabe der Integration, insbesondere im Verhältnis von Rationalität und Irrationalität, von Abhängigkeit und Unabhängigkeit sowie von Leben und Tod.

Am Ende dieses Abschnitts ist daran zu erinnern, daß heute kaum mehr im einfachen Sinne normative Vorstellungen von Erwachsensein möglich sind. Die beispielsweise noch von Psychologen wie S. Freud als plausibel angesehene Vorstellung des gesunden Erwachsenen, der sich in „Liebe und Arbeit" selbst verwirklicht, muß inzwischen als überholt bezeichnet werden. Wenn der Gesellschaft jedenfalls die bezahlte Arbeit auszugehen scheint, dann kann Erwachsensein kaum auf die Gruppe derer beschränkt werden, die über einen Arbeitsplatz verfügen. Die gesellschaftliche Individualisierung hat darüber hinaus auch die Lebensalter in so hohem Maße in Bewegung gebracht, daß die herkömmlichen Erwartungen und Idealbilder kaum mehr realitätsgerechte Hilfen zu bieten vermögen.

So können auch in theologischer Sicht heute nur solche Normen oder Idealvorstellungen noch als hilfreich angesehen werden, die zu einem sinnvollen und verantwortlichen Umgang mit den Erfahrungen und Herausforderungen heutigen Lebens im Erwachsenenalter befähigen. Dazu sind weniger konkrete Vorbilder und Lebensbeschreibungen hilfreich als vielmehr Fähigkeiten, mit der Pluralität von Sinnangeboten, Religionen, Weltanschauungen und Lebensentwürfen reflektiert und kritisch umzugehen. Die Unterstützung bei der Ausbildung entsprechender Fähigkeiten wird damit zu einer zentralen Aufgabe der religiösen Erwachsenenbildung.

Weiterführende Literatur

Karl-Fritz Daiber: Religion unter den Bedingungen der Moderne. Die Situation in der Bundesrepublik Deutschland, Marburg 1995. – Eine knappe zusammenfassende Darstellung der Situation von Religion in Deutschland aus religionssoziologischer Perspektive.

James W. Fowler: Stufen des Glaubens. Die Psychologie der menschlichen Entwicklung und die Suche nach Sinn, Gütersloh 1991. – Maßgebliche Darstellung der Theorie der Glaubensentwicklung unter ausführlicher Berücksichtigung des Erwachsenenalters in religionspsychologischer Sicht.

Friedrich Schweitzer: Lebensgeschichte und Religion. Religiöse Entwicklung und Erziehung im Kindes- und Jugendalter, Gütersloh ³1994. – Eine Einführung in religionspsychologische Entwicklungs- und Sozialisationstheorien, mit Schwerpunkt auf dem Kindes- und Jugendalter, jedoch unter Einschluß von Aspekten der Entwicklung im Erwachsenenalter, mit kritischer Würdigung und religionspädagogischen Reflexionen.

Kapitel 3
Religion als Thema und Dimension von
Erwachsenenbildung: Konturen eines
Grundangebots religiöser Bildung

Im ersten Kapitel haben wir die Frage diskutiert, warum religiöse Bildung Erwachsener als Aufgabe der Erwachsenenbildung gelten kann und welche Ziele dabei leitend sein sollen. Antworten auf diese Frage haben wir in drei Richtungen gefunden: in der Lebensgeschichte des Individuums, in der religiösen Situation der Gesellschaft sowie im kirchlichen Zusammenhang. Im zweiten Kapitel haben wir dann mit Hilfe soziologischer und psychologischer Untersuchungen die empirische Gestalt von Religion im Erwachsenenalter, soweit dies auf Grund des Forschungsstands möglich ist, weiter zu klären versucht. Vor diesem Hintergrund muß jetzt noch geprüft werden, welche Form religiöse Bildung Erwachsener im Sinne eines konkreten *Bildungsangebots* annehmen kann und soll. Vier Teilfragen werden den Gang unserer Darstellung bestimmen:

- In Praxis und Wissenschaft wird häufig von der Theologie und also nicht von *Religion* her gedacht. Deshalb ist zunächst zu fragen, was demgegenüber unser Ansatz *religiöser Bildung* für die Gestalt des Bildungsangebots bedeutet.
- Bei ersten Gesprächen über unser Vorhaben ist uns der Einwand oder sogar Verdacht begegnet, bei der religiösen Bildung Erwachsener gehe es doch offenbar um eine Art nachgeholten Religionsunterrichts – ein fremdbestimmtes „Nachsitzen", das wohl vor allem durch kirchliche Trägerinteressen bestimmt sei. Für die Erwachsenenbildung komme nur eine Berücksichtigung religiöser Aspekte im Rahmen anderer Themen, die den Erwachsenen selbst wichtig sind, in Frage, nicht aber eine eigenständige Bearbeitung religiöser Themen. Deshalb soll im folgenden eigens gefragt werden, ob religiöse Bildung wirklich *Thema* oder eben nur eine *Dimension* anderer Themen der Erwachsenenbildung sein soll.
- Die dreifache Begründung religiöser Erwachsenenbildung im individuellen, gesellschaftlichen und kirchlichen Zusammenhang führt weiter zu der Frage, wie die *Struktur eines Bildungsangebotes* aussehen muß, die einer solchen differenzierten Begründung gerecht wird. Bildungsinteressen, die in der Lebensgeschichte erwachsen, lassen sich nicht ohne weiteres mit einem auf Kirche bezogenen Bildungsangebot aufnehmen. Ähnlich werden gesellschaftliche Erwartungen bei Bildungsangeboten, die auf die Lebensgeschichte bezogen sind, nur am Rande berücksichtigt. Wie also lassen sich Angebote beschreiben, die den unterschiedlichen religiösen Bildungsbedürfnissen gerecht werden?

– Über die Struktur des Bildungsangebots hinaus führt schließlich die übergreifende Frage nach einem *Grundangebot religiöser Erwachsenenbildung.* Welche Bildungsangebote sollen beispielsweise in einer Stadt oder in einer Region verfügbar sein, damit religiöse Bildung für alle in einem räumlich wie zeitlich zumutbaren Abstand erreichbar ist?

1. Theologisches oder religiöses Bildungsangebot?

Vor allem in der katholischen Erwachsenenbildung wird gerne von *theologischer Erwachsenenbildung* gesprochen (Hungs 1991). Auch im evangelischen Bereich ist dieser Begriff gebräuchlich. Deshalb soll zunächst noch einmal verdeutlicht werden, warum wir von *religiöser Bildung Erwachsener* sprechen (vgl. oben, Kap. 1).

Im heutigen terminologischen Gebrauch ist der *Religions*begriff erheblich weiter als der der *Theologie.* Religion und Religiosität schließen alle Formen der Suche nach Transzendenz, der Erfahrung von letztem Sinn und der Orientierung an letzten Werten ein (vgl. z.B. Luckmann 1963). Deshalb können auch nicht nur die Glaubensweisen des Christentums oder anderer Religionsgemeinschaften als Religion bezeichnet werden, sondern eben auch entsprechende Erfahrungen oder Orientierungen von einzelnen oder Gruppen – beispielsweise also auch in Esoterik oder New-Age. Religion wird dabei selten als Selbstbezeichnung verwendet. Es sind zumeist andere, die, etwa in den Wissenschaften, in der Außenperspektive den Religionsbegriff anwenden. Die praktische Bedeutung eines solchen weiten Religionsbegriffs auch für das Christentum liegt darin, daß er den Blick nicht vorschnell auf diejenigen verengt, die sich an ein kirchliches Christentum halten (vgl. Feige 1990a, Schweitzer 1994). Unter den Voraussetzungen der gesellschaftlichen Pluralisierung sowie der Volkskirche müssen auch kirchenferne Formen des Christentums wahrgenommen werden – eine Forderung, die freilich nicht bedeutet, daß alles, was sich religiös nennt oder genannt werden kann, kritiklos zu akzeptieren wäre.

Unter *religiöser Erwachsenenbildung* sind diesem Verständnis zufolge – ohne Anspruch auf eine allgemein akzeptierte Definition, die beim Religionsbegriff nicht zur Verfügung steht – all jene erwachsenenbildnerischen Angebote und Aktivitäten zu verstehen, die sich im weitesten Sinne mit Fragen von letzter Bedeutung bzw. letztem Sinn oder letzter Werterfahrung beschäftigen. Demgegenüber ist der Begriff *theologische Bildung* enger, aber auch mißverständlicher, besonders in bildungstheoretischer Hinsicht.

Theologie ist heute in erster Linie als eine *(Fach-)Wissenschaft* anzusprechen – nämlich als das Gesamt der Disziplinen, die in theologischen Fachbereichen oder Fakultäten von Universitäten sowie anderer Hochschulen gelehrt werden, ange-

fangen bei der biblischen Exegese über Kirchengeschichte, Dogmatik und Ethik
bis hin zur Praktischen Theologie, zu der dann auch die Theorie der religiösen
Erwachsenenbildung gehört. Eine von der akademischen Theologie her bestimmte bzw. abgeleitete theologische Bildung kann schwerlich als Erwachsenenbildung verstanden werden. Außerhalb eines im engen Sinne wissenschafts-
orientierten Ansatzes, der Bildung überhaupt von der Wissenschaft her definieren
möchte und der heute in der Pädagogik kaum mehr vertreten wird, ist eine solche
unvermittelte Verbindung zwischen Erwachsenenbildung und wissenschaftlicher
Theologie wohl auch selten angestrebt worden. In ihrer heutigen Gestalt wird die
Theologie durch die Erfordernisse des Wissenschaftsbetriebs bestimmt, nicht
einfach durch Fragen, wie sie sich allen Christen stellen (dazu kritisch Farley
1983). Der Schwerpunkt der akademischen Theologie liegt, jedenfalls in der
Lehre (im Unterschied zur Forschung), bei der Ausbildung für Berufe im Bereich
von Kirche und Religionspädagogik, nicht aber bei der Erwachsenenbildung.

Nun kann freilich der Begriff Theologie – zweitens – auch den Bereich von
Themen oder Gegenständen bezeichnen, die dann als Inhalte der theologischen
Erwachsenenbildung aufgefaßt werden sollen, ohne daß auch die wissenschaftlichen Methoden übernommen werden. Als theologisch anzusehen sind dann diejenigen Themen oder Fragen, die von der Theologie als Wissenschaft behandelt
werden. In diesem Sinne kann auch Religion als „theologisch" bezeichnet werden – nämlich als ein Gegenstand, der theologisch erforscht wird. Auch hier
stellt sich aber die Frage, ob die Themen der akademischen Theologie und die
der Erwachsenenbildung deckungsgleich sein können.

Dies ist – drittens – anders bei der sog. *Laientheologie.* Dabei geht es um das
selbständige Denken und Urteilen von Laien in theologischen oder religiösen
Fragen. Zu einer solchen, thematisch freilich nicht durch den theologischen Diskurs einzuschränkenden Form von Theologie besitzt die Erwachsenenbildung
eine besondere Nähe, insbesondere dort, wo sie sich als Laienbildung versteht.
Eine solche Laienbildung ist zugleich als kritisches Gegenüber zu den Fachwis-
senschaften oder anderen Gestalten der Professionalisierung anzusprechen, eben
weil sie sich an *alle* wendet, nicht nur an die Fachleute.

Viertens schließlich kann „theologisch" auch auf eine *Norm oder Bekenntnistra-
dition* verweisen und dadurch den Begriff der Religion christlich präzisieren und
einschränken. Als Religion ist ja nicht nur das Christentum anzusprechen, sondern beispielsweise auch der Islam oder der Hinduismus. Insofern ist der Begriff
Theologie klarer als der der Religion, eben weil die inhaltlich-normativen Bezügen offen liegen. – Auch bei dieser Verwendung des Begriffs „theologisch" können allerdings Unklarheiten bleiben, da – mit gewissen Einschränkungen – auch
von einer islamischen oder hinduistischen Theologie gesprochen werden kann.

Wenn wir uns hier für den Begriff der *religiösen Bildung* entscheiden, so wollen
wir vor allem deutlich machen, daß es uns nicht einfach um eine Übertragung

wissenschaftlich-theologischer Ergebnisse oder Themen in die Erwachsenenbildung geht. Die akademische Theologie ist als Ausgangspunkt für eine Strukturierung erwachsenenbildnerischer Angebote wenig geeignet. Dies gilt jedenfalls dann, wenn die Theologie in der Manier einer simplen Abbilddidaktik zum Vorbild für erwachsenenbildnerische Angebote gemacht werden soll. Eine solche Abbilddidaktik würde beispielsweise dazu führen, daß nun auch in der Erwachsenenbildung die klassischen Einzeldisziplinen der Theologie, wie sie oben genannt wurden, aufgenommen und jeweils für sich angeboten werden müßten! Für diesen Zweck sind diese Disziplinen jedoch nicht geschaffen, woran die Abbilddidaktik im Grunde bereits scheitern muß. Zudem bestünde bei einem solchen Vorgehen die Gefahr, daß die Erwartungen und Lernmöglichkeiten der Teilnehmer und Teilnehmerinnen nicht mehr erreicht werden.

Im Gegensatz zu einer solchen theologischen Abbilddidaktik wollen wir bei den religiösen Fragen heutiger Menschen ansetzen – im Sinne der Teilnehmer- oder Lebensweltorientierung (s.u., Teil 2). Dabei ist allerdings zu bedenken, daß es nicht möglich ist, allein von der in der gegenwärtigen Gesellschaft vorhandenen Religion auszugehen. Religion im oben beschriebenen Sinne ist ein im Prinzip unendliches Feld von Phänomenen, dem sich keine Struktur für ein Bildungsangebot entnehmen läßt. Unser eigenes Vorgehen verstehen wir daher als eine Art kritischer Korrelation zwischen den religiösen Fragen und Antworten in der Gegenwart und den religiösen Fragen und Antworten der christlichen Tradition (vgl. Baudler 1984, Tracy 1975). Religiöse Bildung Erwachsener steht für uns im Schnittpunkt von Religion und Theologie: Einerseits erwachsen die thematischen Bezüge aus der Religion, andererseits ist von der Theologie erst eine auf diese Religion bezogene Strukturierungsleistung zu erwarten. Dabei ist die Theologie gerade nicht in einem abbilddidaktischen Sinne gefragt, sondern – gleichsam funktional und interpretatorisch – in bezug auf eine von ihr zu erbringende Strukturierungs- und Klärungsleistung.

Eine solche Strukturierung des Themenfeldes religiöser Erwachsenenbildung ist heute freilich nicht mehr von der Theologie allein zu leisten. Wie bereits im letzten Kapitel geschehen, sind andere Zugänge zu Religion besonders aus den Human- und Sozialwissenschaften zu berücksichtigen, auf die sich die Theologie heute auch sonst in weiten Bereichen stützt. Auch die psychologischen, soziologischen, historischen usw. Zugänge geben Deutungen, die besonders dann wichtig werden, wenn Religion über den kirchlichen Bereich hinaus in ihrer lebensgeschichtlichen und gesellschaftlichen Gestalt in den Blick kommen soll.

Die Frage nach Theologie und Religion in der Erwachsenenbildung kann auch unter dem Aspekt des *Elementaren* aufgenommen werden. Dabei kann die Unterscheidung zwischen *Elementartheologie* auf der einen und *Elementarisierung* auf der anderen Seite zur weiteren Klärung dienen, weshalb wir diese Unterscheidung am Ende dieses Abschnitts aufnehmen. Im folgenden beziehen wir uns zugleich auf frühere Veröffentlichungen (bes. Schweitzer u.a. 1995, 144ff., dort weitere Literaturhinweise), aus denen wir auch einzelne Formulierungen übernehmen.

In der neueren Elementarisierungsdiskussion hat es sich als klärend erwiesen, konsequent zwischen „Elementartheologie" und „Elementarisierung" zu unterscheiden. Eine Vielzahl von Mißverständnissen liegt offenbar in einer Vermischung und Verwechslung dieser beiden Kategorien. Eine der klarsten Beschreibungen von Elementartheologie in neuerer Zeit verdanken wir der Darstellung von Hans Stock (1987). Als Grundanliegen der Elementartheologie wird dort eine „zugängliche Orientierung ohne Substanzverlust" beschrieben. Es gehe um eine „konsensfähige Grundorientierung" in Kirche und Christentum angesichts einer generellen Gewißheitskrise, die über die Frage nach Wesen und Bedeutung von Christentum und Religion weit hinausgeht. „Wer nach Elementarem fragt, erwartet eine Erfahrung von Lebensnotwendigem, zugleich Einfachem und Sinnstiftendem". Stock kann auch sagen, es gehe um „das theologische Konstitutive" (452f.). – Das Interesse an einer solchen Elementartheologie kommt nach Stock aus der Praxis selbst. Unter heutigen Voraussetzungen sei die Praxis darauf angewiesen, „sich auf das entscheidend Christliche, auf das Unaufgebbare am Christentum" zu konzentrieren (455) – offenbar deshalb, weil sich das Christliche anders nicht (mehr) vermitteln läßt. Elementartheologie, so läßt sich demnach sagen, folgt einem Interesse an Vereinfachung und Konzentration, sowohl sprachlich als auch inhaltlich – und stets zugunsten einer Vermittlung des Christentums unter schwierig gewordenen Bedingungen.

Mit diesem Verständnis von „elementar" als einfach und grundlegend ist eine Auffassung formuliert, die heute wohl weithin zustimmungsfähig ist. Schon H. Stock hat jedoch deutlich gesehen, daß zwischen einer solchen *theologischen Elementarisierung* im Sinne von *Elementartheologie* und einer *didaktischen Elementarisierung* im Sinne der Pädagogik und Religionspädagogik bzw. Erwachsenenbildung noch einmal deutlich unterschieden werden muß. Auch die Elementartheologie entsteht zwar auf Grund von Herausforderungen der Praxis, aber sie soll doch ganz Theologie bleiben. Die Elementartheologie soll ganz der theologischen Wahrheit verpflichtet sein, über die „in einer sich verselbständigenden Praxis allein schwerlich entschieden werden" könne (457). Anders gesagt ist Elementartheologie für Stock eine Herausforderung der pädagogischen Praxis, aber eben gerade keine Aufgabe, die von dieser Praxis her bearbeitet werden kann.

Demgegenüber hält der Ansatz der *Elementarisierung* von Anfang an daran fest, daß die Aufgabe einer theologischen und pädagogischen Elementarisierung als Einheit und Zusammenhang anzusehen sei (Schweitzer u.a. 1995, 144ff., weitere Informationen bei Schweitzer 1991). Von Elementarisierung ist demnach noch gar nicht zu sprechen, wenn lediglich innerhalb der Theologie nach Vereinfachung und Konzentration gefragt wird. Der Elementarisierungsansatz wendet sich ausdrücklich gegen die Vorstellung, als bestehe Elementarisierung aus einer verdinglicht gedachten Reduktion von Unterrichtsstoffen und deren Vermittlung. Es geht bei der Elementarisierung – diese zunächst im Blick auf Kinder und Jugendliche formulierte These sei hier im Blick auf die Erwachsenenbildung wiederholt (vgl. Schweitzer u.a. 1995, 24f.) – sehr um die Sache, aber ebenso um die Personen, und zwar nicht beides für sich genommen, sondern eben im Prozeß der Aneignung, Verbindung, wechselseitigen Erschließung. Anders formuliert handelt es sich bei der Elementarisierung um eine Doppelbewegung zwischen den lernenden Personen und den Inhalten – eine zweipolige didaktische Aufgabe, die nur gemeinsam von Pädagogik und Theologie zu bewältigen ist. Angestrebt wird ein dialogisches Verhältnis zwischen Didaktik und Theologie: Weder sollen theologische Erkenntnisse der pädagogischen Praxis bloß angepaßt noch sollen pädagogische Kriterien übergeordneten theologischen Erwartungen zum Opfer gebracht werden. Ein solches Verständnis von Elementarisierung konkretisiert sich im konstitutiven Einbezug von Lebenswelt und -erfahrung, Lebensgeschichte und religiöser Entwicklung. Elementare Bedeutung kann demnach einer Sache nur dann zugesprochen werden, wenn sie in elementarer Weise die Erfahrungen der Erwachsenen berührt und wenn sie diese in ihrem lebensgeschichtlichen Zusammenhang anzusprechen vermag. Dies ist der Sinn der Rede von Elementarisierung im Unterschied zur Elementartheologie, die durchaus auf die elementare Bedeutung einer Sache „an sich" gerichtet sein kann. Noch einmal zugespitzt: Religiöse Bildung Erwachsener meint nicht lediglich Vermittlung einer Elementartheologie als Vereinfachung und Konzentration, sondern zielt auf Elementarisierung als Ermöglichung religiöser Lernprozesse, deren elementare Bedeutung sich abgesehen von den lebensweltlich und lebensgeschichtlich bestimmten Fragen und Interessen heutiger Erwachsener gar nicht bestimmen läßt.

Was bedeuten diese Überlegungen zum Verhältnis von Theologie und Religion in der Erwachsenenbildung nun für das gesuchte *thematische Angebot*? Zusammenfassend läßt sich die These vertreten, daß religiöse Bildung Erwachsener ein Themenangebot verlangt, das der *religiösen Lebenswelt und Interessenlage* der Teilnehmerinnen und Teilnehmer entspricht. Zugleich ist aber auch deutlich geworden, daß damit kein Ausschluß von *Theologie* gemeint sein kann. Ohne Rückgriff auf die Interpretationsmöglichkeiten von Theologie (oder einer anderen wissenschaftlichen Disziplin) kann aus religiöser Vielfalt kein verantwortliches Bildungsangebot abgeleitet werden (was besonders nicht-kirchliche Träger bei religiöser Bildung vor weitreichende Fragen stellt, s.u., Kap. 4). Für die religiöse Erwachsenenbildung bezeichnen Religion und Theologie keine Alternative. Statt dessen geht es um ein fruchtbares Zusammenspiel beider Perspektiven.

2. Religion als Thema und als Dimension der Erwachsenenbildung

Vor dem Hintergrund des beschriebenen Verständnisses religiöser Bildung Erwachsener fällt es nun leichter, auch eine Antwort auf die Frage zu finden, ob Religion *Thema* oder *Dimension* der Erwachsenenbildung sein soll. Das Plädoyer für Religion als Dimension kann sich auf eine Reihe von Gründen stützen. Da eine Auseinandersetzung mit diesen Gründen zugleich unser Verständnis religiöser Erwachsenenbildung weiter klären kann, wollen wir einige davon etwas genauer betrachten.

Idealtypisch verdichtet lauten die Gründe für Religion nur als Dimension der Erwachsenenbildung etwa so:

– Religion soll nicht isoliert thematisiert werden, sondern mit Bezug auf den Alltags- und Lebenszusammenhang der Teilnehmerinnen und Teilnehmer. Deshalb ist in der Erwachsenenbildung immer dann, aber auch *nur dann* von Religion zu sprechen, wenn solche Fragen aufbrechen.

– Erwachsenenbildung darf nicht verschult werden, auch nicht im Sinne eines Religionsunterrichts für Erwachsene.

– Trägerinteressen beispielsweise der Kirche oder kirchlicher Verbände dürfen den Umkreis der Themen der Erwachsenenbildung nicht umschreiben, da sonst der Bildungsanspruch von Erwachsenenbildung verletzt würde.

U.E. sprechen diese Gründe tatsächlich dafür, Religion als Dimension der Erwachsenenbildung zu verstehen: Religiöse Fragen sollten dort aufgenommen werden, wo sie aufbrechen. Aber spricht dies wirklich *gegen* ein eigenständiges Angebot mit religiöser Thematik? U.E. ist dies zumindest nicht zwingend. Denn zum einen steht es den Teilnehmerinnen und Teilnehmern ja auch bei solchen Angeboten frei, sie wahrzunehmen oder nicht. Ein schulartiger Zwang muß nicht aufkommen. Zum anderen ist zumindest bei dem von uns vertretenen Verständnis religiöser Bildung, wie es oben dargestellt wurde, von vornherein deutlich, daß die entscheidenden Kriterien von Lebenswelt-, Subjekt- oder Teilnehmerorientierung gewahrt sein sollen.

Zur Begründung eines eigenständigen religiösen Themenangebots reicht es freilich nicht aus, sich nur mit möglichen Gegengründen auseinanderzusetzen. Es muß auch geklärt werden, was *für* Religion als Thema der Erwachsenenbildung spricht. Neben der allgemeinen – individuellen, gesellschaftlichen und kirchlichen – Bedeutsamkeit eines solchen Angebots ist dies vor allem die Beobachtung, daß religiöse Fragen in der Praxis oft nicht recht zum Zuge kommen, solange sie nur am Rande anders ausgerichteter Veranstaltungen ihren Platz finden sollen. Dies liegt nicht nur an einer möglicherweise mangelnden religionspädagogischen Aufmerksamkeit der in der Erwachsenenbildung Tätigen. Es liegt vielfach auch an einer Zurückhaltung oder Scheu der Teilnehmerinnen und Teilnehmer, von sich aus religiöse Fragen und vielleicht auch Zweifel offen zu äußern. In manchen Fällen kann dies auf eine privatisierte und intimisierte Religiosität zurückgeführt werden, die Religion zu einer Art Tabu werden läßt. In Amerika wird manchmal gesagt, daß es heute leichter sei, mit Menschen über ihre sexuellen Erfahrungen ins Gespräch zu kommen als über ihren Glauben oder ihre Praxis des Betens. In anderen Fällen, nicht zuletzt bei Menschen, die im Osten, aber auch im Westen konfessionslos oder ohne ausdrücklich religiöse Erziehung aufgewachsen sind, mag es bereits an Worten fehlen, um nach Religion oder Glaube zu fragen.

Ein weiteres Argument für Religion als eigenes Thema der Erwachsenenbildung erwächst daraus, daß bestimmte Themen soviel Zeit in Anspruch nehmen, daß sie angemessen nur in eigenen Veranstaltungen aufgenommen werden können. Wer beispielsweise in der Frage nach dem „wirklichen" (historischen) Jesus über das Zeitungsniveau hinausgelangen und den Stand der exegetisch-historischen Forschung bedenken will, wird an einer eigenen Veranstaltung dazu nicht vorbeikommen. Ähnliches gilt für die Frage nach einem Leben nach dem Tode oder auch allgemein für eine Auseinandersetzung mit den Weltreligionen usw.

U.E. stellt auch die Frage nach Religion als Thema oder Dimension der Erwachsenenbildung am Ende keine Alternative dar. Die Konsequenz aus den dargestellten Überlegungen kann nur lauten, daß beides sinnvoll ist: eine Beachtung religiöser Fragen in allen Zusammenhängen der Erwachsenenbildung, wann immer sie aufbrechen – daneben und zugleich aber auch eine eigenständige Thematisierung religiöser Fragen. Beide Ansätze können sich wechselseitig unterstützen und korrigieren: Die eigenständige Thematisierung von Religion kann verhindern, daß das religiöse Gesprächsklima in anderen Zusammenhängen verlorengeht – umgekehrt halten die Prinzipien eines Ansatzes bei Religion als Dimension das Bewußtsein dafür wach, daß Erwachsenenbildung keinesfalls auf ein verschultes religionsunterrichtliches Angebot reduziert werden darf.

3. Strukturen eines religiösen Bildungsangebots zwischen Lebensgeschichte, Gesellschaft und Kirche

Wenn sich religiöse Bildung Erwachsener tatsächlich aus individuellen, gesellschaftlichen und kirchlichen Bezügen begründen läßt (s.o. Kap.1), dann muß dies auch erkennbare Folgen für die Struktur des Bildungsangebots einschließen. Es muß sich zeigen lassen, daß die unterschiedlichen Bezüge bildungspraktisch aufgenommen werden können. Andernfalls läge beispielsweise der Vorwurf nahe, es werde auf die individuelle Lebensgeschichte oder auch auf die Gesellschaft lediglich in dem Interesse verwiesen, dadurch ein kirchliches Angebot zu legitimieren. Wir schlagen deshalb vor, die Unterscheidung zwischen individueller, gesellschaftlicher und kirchlicher Religion als strukturierende Matrix für ein religiöses Bildungsangebot zu verwenden. Auf diese Weise kann sichergestellt werden, daß den unterschiedlichen Begründungsmöglichkeiten ein entsprechend vielfältiges Bildungsangebot korrespondiert.

Wenn wir die drei genannten Bezüge im Blick auf ihnen entsprechende Bildungsangebote betrachten, ergeben sich u.a. folgende Themen:

Individuum:
- Lebenszyklus: Elternschaft (Taufe, religiöse Erziehung, Konfirmation, Umgang mit dem eigenen Kinderglauben bzw. der eigenen religiösen Erziehung und Sozialisation); junges Erwachsenenalter (religiöse Mündigkeit nur außerhalb von Kirche leben?); Religion in der Krise der Lebensmitte (Sinnkrisen des mittleren Erwachsenenalters, das „leere Nest-Syndrom", die Sorge für die Eltern); Religion und Alter (Verlust des Partners oder der Partnerin, „Weisheit", Sterben und Tod)
- Religiöse Entwicklung: Entwicklungsorientierte Erwachsenenbildung
- Aktuelle Lebenspraxis und -krisen: Krankheit, Verlust nahestehender Menschen, Sinnkrisen

Gesellschaft:
- Erwartungen der Gesellschaft an Religion: Verständigung und friedliches Zusammenleben, ökumenisches, interkulturelles, interreligiöses Lernen, Unterstützung für Werte
- Erwartungen der (christlichen) Religion an die Gesellschaft: Frieden, Gerechtigkeit, Bewahrung der Schöpfung

Kirche:
- Erneuerung der Kirche: Allgemeines Priestertum, Laientheologie, religiöse Bildung für ehrenamtliche Tätigkeiten
- Katechetische Aufgaben (sofern als Bildungsangebot ausgelegt): Kircheneintritte im Erwachsenenalter, Kenntnis der kirchlichen Tradition, Erwachsenenkatechismus
- Kirche und Gesellschaft: Bildungsdilemma der Kirche (s.o., Kap. 2).

Nicht alle Themen religiöser Bildung lassen sich nur einem dieser drei Bezüge zuordnen. Die *Bibel* beispielsweise kann ebenso für den einzelnen bedeutsam sein wie für Kirche oder Gesellschaft. Und ähnliches gilt auch für ein Thema wie *Weltreligionen,* die in allen drei Hinsichten von Interesse sein können. Es geht also nicht um getrennte Bereiche religiöser Bildung, sondern um verschiedene Herausforderungen. Daß manche Themen mehrere Bezüge übergreifen, unterstreicht dies erneut.

Auch mit der Unterscheidung zwischen individuellen, gesellschaftlichen und kirchlichen Themen sind nun aber erst die *materialen* Hinsichten oder Inhalte religiöser Bildung bezeichnet. Die Struktur eines Bildungsangebots kann aber, bildungstheoretisch gesehen, niemals allein material bestimmt werden, sondern muß stets auch *formale* Kriterien einbeziehen, d.h. solche Kriterien, die die auf Bildung gerichteten Ziele der Erschließung von Inhalten zur Geltung bringen. Nach dem Gesagten sind dabei sowohl theologische als auch pädagogische Aspekte zu berücksichtigen. Deshalb schlagen wir ein theologisches und ein pädagogisches Kriterium vor:

– Als *theologisches Kriterium* religiöser Erwachsenenbildung soll gelten, daß die *dreifache Gestalt des neuzeitlichen Christentums* in seiner Spannung von Differenzierung und Integration wahrgenommen werden muß. Die Differenzierung der unterschiedlichen Gestalten des Christentums ist einerseits als legitim anzusehen, andererseits aber auch auf Grund der jeweils nur bedingten Lebensfähigkeit jeder dieser Gestalten kritisch zu überschreiten. Kirchliches Christentum ohne Bezug auf Individuum und Gesellschaft wird steril – individuelles Christentum ohne Bezug zu Kirche und Gesellschaft wird privatistisch – gesellschaftliches Christentum ohne Rückbezug auf Kirche und Individuum tendiert zu einer Zivilreligion der Anpassung. In diesem Sinne muß zur Differenzierung die Integration der verschiedenen Gestalten des Christentums hinzutreten.

– Ein *pädagogisches Kriterium* ergibt sich aus dem *Bildungsbegriff* selbst, insbesondere aus seiner Neuformulierung seit den 80er Jahren (vgl. Klafki 1985). Entscheidend ist dabei ein doppelter Bezug – der Bezug auf ein kritisch-reflexives Subjekt im Sinne der individuellen Freiheit auf der einen und der Bezug auf Schlüsselprobleme als Fragen des Lebens und Überlebens der Gesellschaft auf der anderen Seite. Beide Bezüge müssen auch von der religiösen Erwachsenenbildung wahrgenommen werden.

Eine ähnliche Strukturierung des Themenfeldes religiöser Erwachsenenbildung hat auch R. Englert (1992a) vorgeschlagen. Am Ende dieses Abschnitts wollen wir deshalb unseren eigenen Vorschlag mit dem von Englert vergleichen. Da Englert ein übersichtliches Schema vorgelegt hat, wollen wir den Grundgedanken seines Ansatzes an diesem Schema erläutern.

	antimodernist. Perspektive	moderne Perspektive	transmoderne Perspektive
gesellschaftsgeschichtliche Sinnbezüge			
christentumsgeschichtliche Sinnbezüge			
individualgeschichtliche Sinnbezüge			

aus Englert 1992a

Englert unterscheidet zwischen drei Perspektiven, die jeweils eine bestimmte
Sicht der Moderne implizieren: *antimodern – modern – transmodern*. Aus jeder
dieser Sichtweisen erwächst eine bestimmte Auffassung von Erwachsenenbildung. Für jede dieser Auffassungen wird dann wiederum gefragt, wie sie auf die
verschiedenen Herausforderungen in *Gesellschaft, Christentum* und *Individual-
geschichte* bezogen ist. Das Schema, das aus der Gegenüberstellung solcher Perspektiven und Sinnbezüge erwächst, führt dann zu einer Typologie der Erwachsenenbildung und erlaubt so eine vergleichende Betrachtung. Zugleich verweist
es auf die komplexen Horizonte, in denen erwachsenenbildnerische Bestimmun-
gen eines Bildungsangebots gefunden werden können und müssen.

Die uns bereits mehrfach aufgenommene Unterscheidung D. Rösslers (1994)
zwischen kirchlichem, individuellem und gesellschaftlichem Christentum besitzt
gegenüber Englerts Einteilung den Vorteil, daß sie Christentum und Kirche nicht
einfach miteinander identifiziert. Bei Rössler wird damit deutlicher, daß das
Christentum auch in der Gesellschaft und im Leben der einzelnen zu suchen und
zu finden ist, während Englerts Einteilung jedenfalls das Mißverständnis nicht
ausschließt, das Christentum komme nur in seiner sog. Eigengestalt in den Blick
und dies bedeute: letztlich nur als (katholische) Kirche. Möglicherweise haben
wir es hier mit einem Rest konfessioneller Differenzen zu tun: Für die katholische Tradition ist es schwieriger, eine legitime Gestalt von Christentum außerhalb der verfaßten Kirche wahrzunehmen und anzuerkennen.

Die jeweilige Perspektive hat Folgen auch für die Zielsetzung von Bildungsangeboten. Wenn das Christentum auch in der Gesellschaft und im Leben der einzelnen gesehen wird, dann besitzt es dort einen ebenfalls legitimen Ort. Wird es
hingegen ausschließlich mit seiner kirchlichen Gestalt identifiziert, so können
gesellschaftliche und individuelle Formen von Christentum nicht gleichermaßen
als legitim angesehen werden.

4. Zur Frage eines Grundangebots religiöser Bildung für Erwachsene

Die in diesem Kapitel bislang entwickelten Perspektiven zu Religion als eigenem
Thema von Erwachsenenbildung und zur inhaltlichen Strukturierung des Angebots sollen in diesem Abschnitt noch einen Schritt weiter ausgezogen werden.
U.E. ergibt sich aus diesen Überlegungen nämlich die These, daß sich eine Art
Mindestangebot religiöser Bildung benennen läßt, das nicht unterschritten werden sollte. An diesem Standard sollten sich einzelne Bildungseinrichtungen oder
auch die Zusammenarbeit zwischen verschiedenen Einrichtungen in einer Region
bei der Programmplanung orientieren. Darüber hinaus liegen hier Anstöße für
Kirchen und andere Träger, sich für die Gewährleistung eines solchen Angebots
einzusetzen und auch selbst in der Pflicht zu sehen.

Nach dem Gesagten kann sich ein Mindeststandard religiöser Bildungsangebote nur mit Hilfe einer Kombination materialer und formaler Kriterien bestimmen lassen. In materialer Hinsicht geht es um die Berücksichtigung individueller, gesellschaftlicher und kirchlicher Themen, in formaler Hinsicht um gelebte Religion in theologischer und bildungstheoretischer Rekonstruktion. In Anlehnung an R. Englert (1992a, dazu oben, Abschnitt 3) und in Weiterführung seines Ansatzes zur Strukturierung der Erwachsenenbildung fassen wir dies in nachfolgendem Schema zusammen:

	Lebenswelt	Theologie	Bildungstheorie
Individuum			
Gesellschaft			
Kirche			

An welche *Trägerschaft* ist bei einem solchen Grundangebot religiöser Bildung zu denken? Zwei Überlegungen sind hier entscheidend: Zum einen ist deutlich, daß die Einzelgemeinde mit einer solchen Trägerschaft von vornherein überfordert wäre. Wenn es zutrifft, daß alle drei Gestalten des neuzeitlichen Christentums bei einem Grundangebot religiöser Erwachsenenbildung gleichermaßen berücksichtigt werden müssen, dann kann dies eine Einzelgemeinde schon vom erforderlichen Umfang her nicht leisten. Sie wäre aber auch als Subjekt eines solchen Angebots nicht geeignet. Andernfalls müßte sich das kirchliche Christentum zum Subjekt auch des gesellschaftlichen und des individuellen erklären, was in der differenzierenden Sicht des Christentums gerade nicht anzustreben ist. Zum anderen kommen die auf die verschiedenen Gestalten des Christentums bezogenen Bildungsangebote in der Realität bereits vor, allerdings in selektiver Weise. Bestimmte Angebote sind stärker präsent als andere. Dabei besitzen die verschiedenen Angebote auch einen je besonderen Sitz im Leben: Das Spektrum reicht von den Bildungswerken über gemeindebezogene Angebote bis hin zu freien Initiativen und Initiativgruppen. Diese unterschiedliche Trägerschaft entspricht wohl den unterschiedlichen Interessen und Lebenszielen der jeweils daran Beteiligten. Als problematisch kann dies insofern angesehen werden, als die Zugänglichkeit solcher Angebote dadurch ebenfalls selektiv wird. Dennoch sind wir der Meinung, daß die Einrichtung eines Grundangebots religiöser Erwachsenenbildung bestehende Trägerschaften in ihrer Pluralität achten, nicht aber sie ersetzen sollte.

In der Konsequenz ergibt sich daraus, daß die Frage nach der Trägerschaft eines solchen Grundangebots mit dem Hinweis auf ein *offenes – plurales – Modell* beantwortet werden sollte – wie es der Erwachsenenbildung in Deutschland entspricht. Die Frage nach einem Mindestangebot darf nicht zu einer institutionellen

Vereinheitlichung führen. Recht verstanden besitzt sie vor allem orientierenden Charakter. Sie kann eine Planungshilfe sein, sowohl für die Kirchenleitung als auch für Gremien der Erwachsenenbildung, und sie kann aufzeigen, in welchem Bereich Defizite bestehen. Als ein solches kritisch-reflexives Instrument, das dann auf einzelne Regionen oder Kirchenbezirke bzw. Dekanate oder kommunale Bereiche angewendet werden sollte, kann es eine hilfreiche Funktion erfüllen. Ziel ist die Gewährleistung seines sich wiederholenden Regelangebotes, das in den Einzugsbereichen zwischen den verschiedenen Bildungseinrichtungen abzustimmen ist.

Weiterführende Literatur

Arbeitsstelle für Erwachsenenbildung (Wolfgang Lück) i.A. d. Arbeitsgemeinschaft für Erwachsenenbildung der EKHN: Theologie im Angebot – die Fragen nach einem Grundangebot religiöser/ theologischer Bildung für Erwachsene, Darmstadt (Arbeitsstelle für Erwachsenenbildung, 64276 Darmstadt) o.J. – Dokumentation einer Tagung zur Frage des Grundangebots religiöser/theologischer Bildung für Erwachsene, aus der zahlreiche Anregungen für das vorliegende Kapitel übernommen wurden.

Volker Weymann: Evangelische Erwachsenenbildung. Grundlagen theologischer Didaktik, Stuttgart u.a. 1983. – Diese wissenschaftliche Darstellung bietet eine (kritische) Erörterung unterschiedlicher Ansätze theologischer Didaktik in der Erwachsenenbildung (Korrelationsdidaktik, Bibelorientierung, Themenorientierung).

Franz Josef Hungs: Handbuch der theologischen Erwachsenenbildung, München 1991. – Eine leicht zu lesende Einführung in Fragen der Didaktik theologischer Erwachsenenbildung vor dem Hintergrund der katholischen Tradition.

Kapitel 4
Religiöse Bildung Erwachsener auch in nicht-
kirchlichen Bildungseinrichtungen und Gruppen?

In den ersten Kapiteln haben wir mehrfach und aus unterschiedlichen Gründen die Auffassung vertreten, daß religiöse Bildung Erwachsener eine Aufgabe allgemeiner Bildung sei. Religiöse Bildung gehört demnach konstitutiv zur Bildung mit hinzu – aus anthropologischen, psychologischen und gesellschaftlichen Gründen ebenso wie auf Grund lebenspraktischer Bedürfnisse (vgl. Breloer 1973). Solange diese These nur in allgemeiner Form vertreten wird, mag sie wie eine Sonntagsrede klingen – wohltönend, aber folgenlos. Wird sie hingegen auf die Praxis von Erwachsenenbildung in nicht-kirchlichen Bildungseinrichtungen wie der Volkshochschule bezogen (Iber 1983, als Erfahrungsbericht Buttler 1991) oder wird nach religiöser Bildung in sog. sozialen Bewegungen oder Gruppen gefragt, wird es nach wie vor brisant, und dies sowohl für die nicht-kirchlichen Träger, die nun ihr Verhältnis zu Religion und Glaube klären müssen, als auch für Gruppen, deren Verhältnis zu Kirche und Gemeinde ein eigenes Problem darstellen kann.

Auf den ersten Blick weniger klärungsbedürftig erscheinen nicht-kirchliche Bildungsangebote für besondere Zielgruppen – etwa für Eltern, die mit dem Tod eines Kindes konfrontiert sind, oder für Berufsgruppen oder ehrenamtlich Tätige, beispielsweise in der Hospiz-Bewegung, die mit weitreichenden Sinnfragen und existentiellen Herausforderungen umgehen müssen. Bei genauerer Betrachtung brechen jedoch auch hier Fragen auf, die über die bloße Organisation entsprechender Kurse hinaus jedenfalls dann bearbeitet werden müssen, wenn Erwachsenenbildung bildungstheoretisch reflektiert geschehen soll.

Betrachten wir einige Beispiele:

– Für die Hand der „pädagogisch Tätigen" veröffentlichte das Ministerium für Arbeit, Gesundheit und Soziales des Landes Nordrhein-Westfalen eine Arbeitshilfe „Tod und Trauer im Umgang mit Kindern" (Ministerium 1997). Wie wird dabei mit den für die Eltern aufbrechenden Sinnfragen umgegangen?

– Ein Landesverband der Volkshochschule veröffentlicht eine Empfehlung im Blick auf „Grenzbereiche des VHS-Angebots in der Gesundheitsbildung und Psychologie". Dabei empfiehlt der Vorstand „den Mitgliedseinrichtungen des Verbandes, Veranstaltungen zum Erwerb esoterischer, astrologischer und vergleichbarer Techniken künftig nicht mehr in ihre Programme aufzunehmen" (Landesverband 1997). Welche Kriterien führen hier für diesen nicht-kirchlichen Träger zum Ausschluß von Angeboten, die zumindest in den religiösen Grenzbereich fallen?

– Eine besondere Herausforderung stellen immer wieder Anfragen von sciento-
logischen Organisationen im Blick auf die Nutzung von Räumen oder sogar
von Kurs- und Programmstrukturen örtlicher Erwachsenenbildungseinrichtungen dar. Wie sollen sich diese Einrichtungen dazu verhalten? Sollen entsprechende Angebote ermöglicht oder müssen sie umgekehrt tunlichst verhindert werden?

Die genannte Arbeitshilfe zum Umgang mit „Tod und Trauer" behilft sich in
dieser Situation mit dem Rückgriff auf die Psychologie, von der sie sich Orientierung für eine angemessene „Bewältigung" solcher Erfahrungen geben läßt.
Auf diese Weise wird die für ein staatliches Ministerium offenbar als problematisch empfundene Bezugnahme auf religiöse Traditionen vermieden, allerdings
um den Preis, daß vieles sehr allgemein und reichlich blaß bleiben muß. So
bricht nicht ohne Grund in der Handreichung selbst die Frage auf, ob der psychologische Leitsatz, der Tod sei eben als „Teil des Lebens" anzunehmen, den
Betroffenen wirklich weiterzuhelfen vermag. Und ähnlich wird auf die unab-
dingbare Bedeutung von Ritualen verwiesen, die es aber in weltanschaulich neu-
traler – staatlicher – Form jedenfalls im vorliegenden Zusammenhang kaum geben kann, weshalb die Handreichung erneut sehr vage bleibt. Auch wenn der
Sinn psychologischer Hilfen unbestritten und ein didaktischer Ansatz bei psychologischen Fragen auch in unserer Sicht religiöser Bildung Erwachsener vielfach zu bejahen ist, könnte ein ausdrücklich religiöses Bildungsangebot hier
deutlich weiterführen. Nicht *Neutralität* ist dabei anzustreben, sondern *Transparenz* der Hintergründe des jeweiligen Bildungsangebots. Die Teilnehmerinnen
und Teilnehmer müssen erkennen können, ob sie hier beispielsweise einer Neu-
interpretation der christlichen Tradition begegnen oder eher einer östlichen Lehre
der Seelenwanderung im Sinne der New-Age-Bewegung. Die ausdrückliche
Thematisierung religiöser Fragen kann dann auch verhindern, daß etwa begrenzte
wissenschaftliche Erkenntnisse aus der Sterbeforschung zu Glaubenssätzen er-
höht werden, was nicht nur dem Charakter von Wissenschaft widerspricht, sondern auch dem von Bildung.

Ähnliches gilt auch für die beruflich und ehrenamtlich bedingten religiösen Bildungsmotive. Bereits genannt wurden die Hospiz-Bewegung und die Situation
der Sterbebegleitung. Tätigkeiten bei Feuerwehr und Polizei, Katastrophenschutz
und Rettungsdiensten oder auch die Begleitung suizidgefährdeter Menschen konfrontieren fast regelmäßig mit Situationen von Leben und Tod, mit der Begegnung mit Angehörigen von durch Unfalltod Verstorbener oder mit anderen Extremsituationen. All dies kann den Wunsch nach einer umfassenderen Beschäftigung mit religiösen Fragen und Sinnproblemen hervorrufen – im engeren, direkt
tätigkeitsbezogenen Bereich oder auch darüber hinaus. Psychologisch-therapeuti-
sche Angebote und Erkenntnisse werden hier eine wichtige Rolle spielen. Angesichts der für die Teilnehmerinnen und Teilnehmer unausweichlich existentiellen

und religiösen Fragen sollte aber auch auf religiöse Bildungsangebote wiederum nicht verzichtet werden. Die entsprechenden Bildungsmotive unterstreichen erneut – jetzt aus spezieller Perspektive – die Bedeutung von Religion als Teil allgemeiner Bildung.

Interessant wäre hier auch eine genauere Analyse von Angeboten der Fortbildung in modernem Mangement. Immer deutlicher werden hier ethische Elemente einbezogen, die vermutlich auch religiöse Dimensionen besitzen – nicht zuletzt angestoßen durch den Einfluß des Konfuzianismus auf Werthaltungen und Arbeitsmotivation im Fernen Osten. Welche religiösen Orientierungen werden bei einer solchen Fortbildung vermittelt?

Am schwierigsten ist heute wohl die Frage nach dem Umgang mit solchen religiösen Themen zu beantworten, wie sie in der oben wiedergegebenen Empfehlung aus der Volkshochschule ausgeschlossen werden. Die Schwierigkeit liegt vor allem im Fehlen klarer Kriterien, die eine Einrichtung wie die Volkshochschule ja nicht einfach aus der Berufung beispielsweise auf den christlichen Glauben oder auf ein anderes religiöses Bekenntnis herleiten kann. Dazu kommt, daß eine klare Beurteilung entsprechender Anfragen und Angebote nicht leicht fällt. Die Grenzen zwischen akzeptablen und abzulehnenden Vorhaben sind fließend. Was kann in diesem Falle weiterhelfen?

Zunächst ist festzuhalten, daß religiöse Themen in der Erwachsenenbildung angesichts der in den vorausgehenden Kapiteln beschriebenen religiösen Individualisierung und Pluralisierung innerhalb und außerhalb der Kirchen aus guten erwachsenenbildnerischen Gründen in einer auf Leben und Alltag bezogenen Form angeboten werden. Nur so können Angebote für einen Großteil der heutigen Erwachsenen attraktiv werden (vgl. auch u., Teil 2). Dies gilt für kirchliche ebenso wie für nicht-kirchliche Einrichtungen. Eine solche Gestalt des Angebots ist in aller Regel im Blick auf ihre religiösen oder weltanschaulichen Hintergründe schwerer zu durchschauen als beispielsweise ein Kurs in Bibelkunde, christlicher Theologie oder Religionswissenschaft. Dennoch wäre es gewiß falsch, die Grenzen zu eng ziehen zu wollen, weil sonst neue Ansätze und Versuche, beispielsweise mit kirchenfernen oder atheistisch geprägten Menschen in Kontakt zu kommen und auch ein ihnen zugängliches religiöses Bildungsangebot zu machen, allzu leicht dem Verlangen nach theologischer Eindeutigkeit zum Opfer fallen.

Andere Fragen stellen sich freilich dort, wo – um mit der Enquete-Kommission des Deutschen Bundestages (1997) zu sprechen – „sog. Sekten und Psychogruppen" Räume und Zeiten etwa in der Volkshochschule beanspruchen. Es kann nicht Aufgabe erwachsenenbildnerischer Einrichtungen sein, einer Organisation wie Scientology zum Durchbruch zu verhelfen.

Dennoch bleiben die Grenzen beweglich. Wenn in der zitierten Volkshochschul-Empfehlung beispielsweise darauf bestanden werden soll, daß die Offenheit für ein „rationalistisches Wissenschaftsverständnis" die Grenze der Zulassung markiere, kann ein solcher kritikloser Rationalismus weder auf Zustimmung in Erziehungswissenschaft, Philosophie oder Theologie noch auch in der Öffentlichkeit sonst hoffen. Überzeugend sind hingegen die Anforderungen an Transparenz und kritische Reflexionsfähigkeit der Lehrenden. Wiederum diskussionsbedürftig bleibt jedoch die Aufforderung, sich zu vergewissern, „daß den Teilnehmenden keinerlei Bekenntnisse und gläubige Zustimmungen abverlangt werden". Gewiß: Erwachsenenbildung ist nicht Mission und schon gar nicht Indoktrination. Aber ist ein lebendiger Umgang mit Religion denkbar, bei dem Bekenntnis und Glaube zwar nicht „abverlangt", aber doch immer wieder – schon in den entsprechenden Texten, Quellen und Dokumenten selbst – ins Spiel gebracht werden?

Wenn wir die Volkshochschul-Empfehlung in dieser Weise kritisch befragen, wollen wir damit keineswegs unsere Ablehnung des Anliegens dieser Empfehlung zum Ausdruck bringen. Im Gegenteil: Es ist ausdrücklich zu begrüßen, wenn im Bereich der Erwachsenenbildung ein öffentlicher und kritischer Diskurs über Fragen von Religion in Gang kommt, auch über Sinn und Grenzen entsprechender Angebote. Ein solcher Diskurs kann dazu beitragen, der gefährlichen Privatisierung und Tabuisierung von Religion entgegenzuwirken und weitere Klärungen der spezifischen Aufgaben und Möglichkeiten nicht-kirchlicher Träger in diesem Bereich zu erreichen.

Die Zusammenhänge und Orte für religiöse Bildung Erwachsener sind aber nicht nur im Blick auf die organisierte Erwachsenenbildung keineswegs auf die kirchliche Erwachsenenbildung beschränkt. Eine wichtige, zum Teil sogar programmatisch akzentuierte Rolle spielen besonders in den letzten Jahrzehnten Initiativgruppen im Kontext der sog. (neuen) sozialen Bewegungen (vgl. Orth 1990, Blasberg-Kuhnke 1992). Vor allem die Friedensbewegung, die Ökologiebewegung, Dritte-Welt-Gruppen und Asyl-Initiativen sowie allgemein an neuen Lebensformen orientierte Gruppierungen (mit alternativer Ernährung, therapeutischen und körperbezogenen Techniken und Praxen, spirituellen Übungen usw.) schließen häufig auch religiöse Aspekte ein. Das Spektrum reicht dabei von einer christlichen (Nachfolge-)Ethik etwa im Sinne der von Lateinamerika ausgehenden Basisgemeinden über die Wiederentdeckung regionaler Identitäten und Traditionen bis hin zu neureligiösen und zum Teil spiritualistisch-esoterischen Tendenzen. Religiöses Lernen erfolgt hier im Zusammenhang des jeweiligen Gruppeninteresses, oft auch im Horizont eines politisch-gesellschaftlichen Engagements. Es kann der eigenen Vergewisserung und Weiterentwicklung dienen, aber auch dem Kennenlernen anderer Kulturen und Religionen in anderen Kontinenten oder vor Ort bei der Asyl-Arbeit. In der früheren DDR haben solche Gruppen im Zusammenhang des Konziliaren Prozesses (*Frieden, Gerechtigkeit und Bewahrung der Schöpfung*) manchen Beobachtern zufolge (Neubert 1986) eine wichtige Rolle für die religiöse Sozialisation gespielt.

Auch wenn es manchmal zu einer Zusammenarbeit zwischen der organisierten Erwachsenenbildung und solchen Gruppen kommen kann (dazu unten,), ist das Lernen in diesem Falle in der Regel eher selbstorganisiert und alltagsnah (sog. natürliches Lernen im Unterschied zu formal geplanten Veranstaltungen, s.u. Kap. 6). Dennoch sollte dieser bedeutsame Bereich bei der religiösen Bildung Erwachsener nicht vernachlässigt, sondern auch in seiner Bildungsbedeutung ausdrücklich gewürdigt und unterstützt werden.

Als Ort oder Bereich religiöser Bildung Erwachsener außerhalb der kirchlichen Erwachsenenbildung sind schließlich auch die *Medien* zu nennen. In zahlreichen Hinsichten, die in Theologie und Religionsforschung erst allmählich bewußt werden, beeinflussen und bestimmen Fernsehen und Kinofilme, Video und Internet, Musik und (populäre) Literatur die Religion Erwachsener. Inwiefern sich hier von „Bildung" sprechen läßt, ist eine eigene Frage, die aber nicht vorschnell zugunsten einer generellen Abwertung „der Medien" beantwortet werden darf. Der zunehmende Mißbrauch von Religion in der Werbung sollte gewiß nicht als religiöse Bildung verbrämt werden. Anspruchsvolle Filme zu religiösen Themen (beispielsweise Filme zu biblischen Motiven oder Filme, die religiöse Themen verfremdend aktualisieren) oder auch ganz allgemein religiös gehaltvolle Filme, die Zugänge zu transzendenzbezogenen Fragen eröffnen (etwa der „Himmel über Berlin"), können gewiß auch für die religiöse Bildung bedeutsam werden. Auf jeden Fall aber stellen die Medien für die religiöse Bildung Erwachsener einen wichtigen Kontext dar, der in der Praxis beachtet werden muß.

Weiterführende Literatur

Volker Drehsen/Walter Sparn (Hg.): Im Schmelztiegel der Religionen. Konturen des modernen Synkretismus, Gütersloh 1996. – Dieser Band bietet aufschlußreiche theologische, religionssoziologische und religionswissenschaftliche Analysen zur modernen Religionskultur, die das Phänomen des Synkretismus neu beleuchten.

Heinz Streib: Entzauberung der Okkultfaszination. Magisches Denken und Handeln in der Adoleszenz als Herausforderung an die Praktische Theologie, Kampen 1996. – Eine theologische und religionswissenschaftliche Auseinandersetzung mit Fragen des Okkultismus, deren Zentrum bei Jugendlichen liegt, jedoch mit wertvollen Erkenntnissen auch für die Erwachsenenbildung.

Hans Tietgens: Psychologisches im Angebot der Volkshochschulen, Frank-
furt/M. 1994. – Eine Analyse psychologischer Angebote in Volkshochschulen, auch unter Berücksichtigung der Grenzbereiche zu Esoterik und
Religion.

Zweiter Teil
Anbieten, Planen, Lehren und Lernen

Die im Teil 1 angestellten grundlegenden Überlegungen sind für die praktische Arbeit in Planung und Durchführung von Angeboten religiöser Bildung Erwachsener nicht nur notwendige Voraussetzungen, sie stellen bestehende Praxis oft genug auch in Frage und bedeuten in vielen Fällen Herausforderungen. Auf ein paar Punkte sei hingewiesen. Für uns entstehen religiöse Fragen nicht nur im kirchlichen Kontext. Gelebte Religion muß auch – und vielleicht sogar vorwiegend – im individuellen und gesellschaftlichen Kontext gesehen werden (s.o. Kap. 1). In der Praxis nun wird der größte Teil der Angebote religiöser Bildung aber von kirchlichen Einrichtungen geplant und durchgeführt. Die Verantwortlichen sehen sich der Kirche verbunden. Wie können sie mit der sich ergebenden Spannung umgehen, daß sie einerseits für die Kirche arbeiten, andererseits aber ihre kirchlichen Erwartungen zurücknehmen müssen, damit ein den Menschen und der Sache angemessenes Angebot gemacht werden kann?

Wenn – wie im Kapitel 4 gefordert – religiöse Bildung nicht automatisch kirchliche Bildung, ja wenn religiöse Bildung überhaupt eine Dimension von Bildung sein soll, dann muß das Gespräch unter den Trägern von Erwachsenenbildung hergestellt bzw. selbstverständliche Zuordnungen müssen überwunden werden. Das bedeutet in der Praxis eine Herausforderung. In der Struktur des öffentlichen Weiterbildungssystems hat sich ein schiedlich-friedliches Nebeneinander der Träger herausgebildet. Religion wird dabei selbstverständlich als Sache der konfessionellen Träger angesehen. Wie kann es zu trägerübergreifenden Aktivitäten kommen, die es ermöglichen, daß religiöse Fragen nicht – arbeitsteilig gedacht – Spezialaufgabe der Kirche bleiben? Wie muß dafür Religiöses zur Sprache gebracht werden?

Die entsprechende Frage stellt sich auch für die Formulierung von Angeboten. Wie müssen Angebote religiöser Bildung konzipiert und ausgeschrieben werden, damit die Adressaten, auch wenn sie kirchenkritisch und einfach kirchenfern eingestellt sind, eine für sie wesentliche Problemstellung darin erkennen? Im Kapitel 4 hatten wir bereits vermutet, daß sich hierfür eine Verbindung mit allgemeinen Lebensfragen besonders eignen könnte. Aber es gibt auch explizit religiöse Themen, für die eine Sprache gesucht werden muß, die nicht sogleich als kirchliche Sprache abgelehnt wird oder fremd bleibt.

Diese Herausforderungen verweisen im Grunde auf das Handwerkszeug der Erwachsenenbildung, das in diesem zweiten Teil unter besonderer Berücksichtigung der Aufgabe der religiösen Bildung vorgestellt wird. Im Kapitel 5 fragen wir nach der Organisation von Lernprozessen. Was ist alles bei den Planungen von Veranstaltungen zu berücksichtigen? Im Kapitel 6 fragen wir nach den besonderen Formen des Lehrens und Lernens bei Erwachsenengruppen. Im Kapitel 7 geht es um Inhalte und im Kapitel 8 werfen wir einen Blick auf die methodischen Möglichkeiten.

Kapitel 5
Bildungsangebote organisieren

In diesem Kapitel wird überlegt, wie man zu einem Bildungsangebot kommt, welche Aspekte zu bedenken sind, welche Planungsschritte getan werden müssen, damit am Ende eine Veranstaltung zustande kommt, die ihre Teilnehmerinnen und Teilnehmer findet.

Bildungsangebote für Erwachsene – auch solche mit religiöser Thematik – müssen organisiert und attraktiv angeboten werden. Wer einen Kurs über das Lukasevangelium, ein Seminar über Formen des Glaubens, eine Vortragsreihe über Kirchenkritik anbieten möchte, kann sich nicht einfach zu Hause am Schreibtisch auf den Stoff vorbereiten und damit in die Klasse gehen. Bevor er oder sie zur ersten Zusammenkunft mit Teilnehmenden gehen können, müssen sie gewissermaßen die ganze Schule mit organisieren. Sie müssen ihr Angebot auf eine offene Frage hin konzipieren, müssen es so formulieren, daß die Adressaten sich angesprochen fühlen. Sie müssen werben. Sie müssen sich auch überlegen, zu welchen Zeiten die ins Auge gefaßte Zielgruppe das Angebot am besten wahrnehmen kann. Über den geeigneten Ort der Veranstaltung ist nachzudenken. Auch die Finanzierung muß geklärt werden. All das sind pädagogische Tätigkeiten, die man in Schule oder Konfirmandenunterricht in diesem Umfang nicht bedenken muß. Der hier angesprochene Unterschied läßt sich als der Unterschied zwischen Makro- und Mikrodidaktik beschreiben. Den ganzen Organisationsrahmen zu bedenken gehört zur Makrodidaktik. Die eigentliche Veranstaltung in ihrem Ablauf zu planen ist Sache der Mikrodidaktik (Schäffter 1984, Siebert 1996).

Makro- und mikrodidaktische Tätigkeiten müssen nicht von derselben Person wahrgenommen werden.

Die Kindergartenleiterin beispielsweise plant zusammen mit ihrem Team eine Serie von Elternabenden. U.a. lädt sie den Pfarrer ein, einen Abend über religiöse Kindererziehung zu gestalten. Sie nimmt die Verantwortung für den Gesamtrahmen wahr. Sie ist dafür verantwortlich, daß die Eltern das gesamte Angebot als

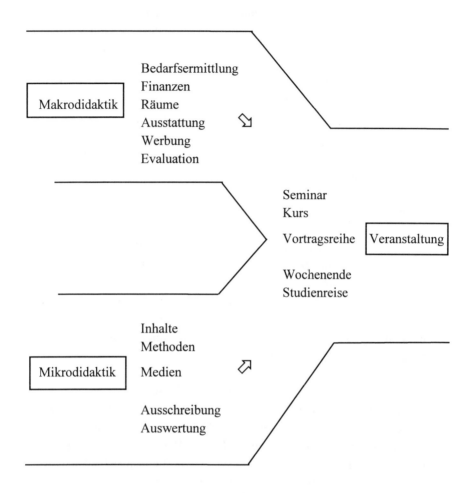

stimmig erfahren, daß alle Themen, die mit Eltern besprochen werden müssen, vorkommen usw. Darüber braucht sich der Pfarrer keine Gedanken zu machen. Er hat allein die Verantwortung für die eineinhalb Stunden seines Abends. Er muß überlegen, welche Fragen die Eltern womöglich bewegen werden, was von der Religionspädagogik her zu sagen ist, wie die Zeit am hilfreichsten strukturiert werden kann usw. Wer den Rahmen plant, muß nicht auch zugleich die Einzelveranstaltung verantworten.

1. Bedarf ermitteln

Die Leiterin der Familienbildungsstätte, der Leiter des Erwachsenenbildungswerks, der Fachbereichsleiter der Volkshochschule oder die Gemeindepfarrerin planen Veranstaltungen und führen sie nur zu einem geringen Teil auch selbst durch. Wie kommen sie zu den Veranstaltungen? Sie müssen eine Vorstellung davon haben, daß bestimmte Veranstaltungen nötig sind. Sie müssen sich darüber versichern, daß es Menschen gibt, deren Bedürfnisse damit befriedigt werden könnten. Oft wird dabei so verfahren, daß ein Angebot gemacht wird. Manchmal kommen Menschen. Dann kann man sich bestätigt sehen. Manchmal aber heißt es: Da kommt ja doch niemand. Hier sollte man nicht voreilig sein. Auch der Bedarf an religiöser Bildung muß sorgfältig untersucht und überlegt werden. Man muß sich fragen: Woraufhin lege ich mein Angebot eigentlich an? Man kann nicht alles mit demselben Angebot erreichen. Worum könnte es bei religiöser Bildung Erwachsener gehen?

Hier muß daran erinnert werden, daß wir im Kapitel 3 bereits grundlegende Forderungen erhoben hatten. Angebote religiöser Bildung sollen sich an den materialen Kriterien von Individuum, Gesellschaft und Kirche, sowie an den formalen Kriterien der Lebenswelt, Theologie und der Bildungstheorie orientieren. Die Planung eines Grundangebots hätte eine entsprechende Kombination zu berücksichtigen.

Im folgenden soll nun an der Bildungspraxis orientiert nach dem möglichen Bedarf an religiöser Bildung gefragt werden. Damit kommen Interessen und Bedürfnisse als weitere Faktoren für die Planung ins Spiel. Einige Gesichtspunkte seien ohne Anspruch auf Vollständigkeit genannt:

– Erwerb des klassischen Wissens im Bereich Religion.
  Vieles wird in der Kindheit gelernt. Erwachsene möchten dieses Wissen auffrischen, vertiefen oder ein neues Verständnis davon gewinnen. Sie wollen das Wissen vielleicht auch erweitern. Bei der Besichtigung alter Kirchen tauchen angesichts von Bildwerken Fragen auf, für die man sich als Konfirmand noch nicht interessierte. Manche haben einfach das Bedürfnis, auch in Religionsfragen gut informiert zu sein.

– Orientierung im Wandel der religiösen und kirchlichen Lage.
  Es tauchen neue Bewegungen auf. Neu in die Diskussion gekommen sind die Feministische Theologie oder der Konziliare Prozeß. Selbst für Fachtheologen sind das neue Themen gewesen, die sie in ihrem Universitätsstudium nicht kennengelernt haben. Durch Bevölkerungswanderungen, aber auch durch Reisen in ferne Länder kommt es für viele Menschen stärker als früher zur Begegnung mit anderen Religionen. Es besteht Bedarf an einer Klärung des Verhältnisses zwischen den fremden und der eigenen angestammten Religion.

– Erwerb an religiöser Kompetenz
  z.B. für die Kindererziehung, das Gespräch mit Sterbenden und Trauernden, die Wahrnahme eines Ehrenamts in der Kirche, die Mitarbeit in der Telefon-

seelsorge. Auch in bestimmten Berufen ist religiöse Kompetenz erforderlich z.B. in Pflegeberufen, bei Polizei und Feuerwehr. Hier begegnen Menschen Leid und Tod. Sie müssen mit Betroffenen sprechen können, stehen aber auch für sich selbst vor der Notwendigkeit, das Schreckliche zu verstehen und zu verarbeiten.

– Wissenschaftliche Erkenntnis
z.B. über den historischen Jesus, die Quellen von Qumran, die historisch-kritische Erforschung der Bibel und der Christentumsgeschichte.

– Religiöse Urteilsfähigkeit
z.B. Aufklärung über Mißbrauch des Glaubens und über Sekten oder Grundkenntnisse über die gegenwärtigen Formen des Christentums.

– Persönliche Klärung,
die sich aus der biographischen Entwicklung des einzelnen ergeben kann. Man versucht, seinen Standort neu zu bestimmen. Man möchte sich orientieren und sucht dazu die Auseinandersetzung mit unterschiedlichen Positionen. Der alte Glaube ist einem fraglich geworden. Auf der Suche nach neuen Gewißheiten kommen zahlreiche Fragen auf.

Wichtig ist, daß man sich bei der Planung einer Veranstaltung darüber Rechenschaft ablegt, auf welche Frage, welches Bedürfnis oder welches Interesse und Anliegen mit dem Angebot eine Antwort gegeben werden soll. Oft kann man diese Frage nicht so einfach und nur für sich entscheiden. Da ist es hilfreich, wenn man mit Kolleginnen und Kollegen spricht. Am sichersten ist es jedoch, wenn man mögliche Teilnehmende, also Menschen aus der vorgestellten Gruppe der Adressaten, zu einer Vorbereitungsgruppe gewinnen kann. In einer solchen Gruppe kann man ein Gefühl dafür entwickeln, welche Fragen wirklich wichtig sind, wie die Menschen darüber denken und wie sie davon sprechen.

2. Angebote präsentieren

Ist eine Veranstaltung konzipiert, dann kommt es ganz entscheidend darauf an, wie sie präsentiert wird. Oft ist die schriftliche Ausschreibung das einzige, was mögliche Interessenten zur Teilnahme motivieren kann. Hier ein Beispiel:

Ich sehe dich in tausend Bildern, Maria

So schrieb Novalis vor fast 200 Jahren. Wer war diese Frau – in der Bibel, in der Geschichte christlicher Kirchen, in der Volksfrömmigkeit? Welche Bilder hatten

Frauen, welche wurden ihnen vorgestellt und wozu? Warum wird Maria heute auch von protestantischen Frauen wiederentdeckt? Welche Bilder haben wir, brauchen wir? Diesen und ähnlichen Fragen wollen wir miteinander nachgehen und für uns eine Antwort suchen.

Das Thema wird ausführlich dargestellt, die Fragen sollen Menschen – in diesem Fall Frauen – zeigen, worum es in diesem Seminar gehen könnte. Das geschieht, weil erwartet wird, daß hier Leute neu und um des Themas willen zusammenkommen. Eine gewisse Rolle spielt auch, wer die Referentin ist und in welchem Rahmen das Seminar stattfindet.

Wichtig ist auch, daß alle Angaben zu Ort, Zeit und Geld gemacht werden, die zur Teilnahmeentscheidung maßgeblich sein können: Was muß die Leserin, der Leser, wissen, um sachgerecht über das Angebot informiert zu sein? Sich diese Frage stellen heißt, sich in die Adressaten hineinzuversetzen, aus ihrem Blickwinkel zu sehen.

Aus der Sicht möglicher Interessenten können auch bekannte Namen oder öffentlich diskutierte Reizthemen anziehend wirken: wenn zum Beispiel die Bischöfin Maria Jepsen, der katholische Dissident Rupert Lay und Eugen Drewermann für eine Vortragsreihe unter dem Obertitel „Immer Ärger mit der Kirche?" gewonnen werden, dürfte mit gutem Besuch zu rechnen gewesen sein. Doch Namen und Themen wechseln. Man muß ein Gespür dafür haben, was gerade zur Diskussion steht.

Zu bedenken sind auch soziale Gegebenheiten. Im kirchlichen Bereich wird das oft übersehen. Für viele Themen ist der Einzugsbereich einer Gemeinde auf dem Land oder in der Stadt zu klein. Unter ein bis zwei Tausend Menschen sind oft nicht soviel Interessenten für anspruchsvolle Themen, daß es für ein Seminar reicht. Gemeindeübergreifend in einem Dekanat oder einem Kirchenkreis kann das anders sein. Da mag ein Seminar über Gottesbilder mit 25 Personen, die aus 10 Gemeinden kommen, gut laufen. In jeder einzelnen Gemeinde geht das nicht. Eine einzelne Kirchengemeinde könnte sich auch keine Vortragsreihe mit bekannten Referenten leisten. Wo dennoch in der Regie einzelner Gemeinden solche Veranstaltungen durchgeführt werden, wird zusätzlich außerhalb des eigenen Gebiets geworben. Man ist stolz darauf, daß auch Leute aus anderen Gemeinden kommen. Das zeigt aber nur, daß für bestimmte Veranstaltungen Mindestzahlen im Einzugsgebiet nicht unterschritten werden dürfen. Es gibt auch Themen, für die die große Nähe, die in Gemeinden bei den Aktiven zu finden ist, abträglich ist. Es gibt peinliche Themen, Themen, die an Tabus rühren, die eher Distanz und Anonymität brauchen. Dazu gehören für viele auch Diskussionen über persönliche Glaubensgewißheiten oder Zweifel. Mancher möchte bei seinem frommen Nachbarn nicht als ungläubiger Mensch in Mißkredit geraten. Es muß also gut überlegt werden, welches Angebot religiöser Bildung wo angebracht ist.

3. Veranstaltungen planen

Für die konkrete Veranstaltungsplanung haben sich folgende Fragen bewährt:

Wem will ich ein Angebot machen?

Wer sind meine Adressaten? Will ich z.B. insbesondere Frauen ansprechen? Was muß für diese Zielgruppe bedacht werden? Will ich eine bestimmte Zielgruppe ansprechen, muß ich etwas über diese Menschen wissen. Woher kann ich etwas erfahren? Wen will ich auch nicht ansprechen? Wer alle anspricht, spricht niemand an! Grundsätzlich gilt: Ich muß „in den Schuhen des anderen gehen". Dann kann ich entscheiden, ob es für diese Gruppe von Leuten genug Interessenten gibt.

Was soll Inhalt oder Thema der Veranstaltung sein?

Auf welche Situationen, Bedürfnisse, Probleme, die ich bei den Adressaten sehe, soll geantwortet werden? Wie kann ich etwas darüber erfahren? Was könnte daran für Interessenten verlockend sein? Was ist die eigentliche Attraktion? Erwähnt wurden bereits bekannte Referenten. Vielleicht ist es aber auch ein Titel wie „Immer Ärger mit der Kirche". Was will ich den Leuten annoncieren über den Inhalt hinaus? Wo liegen auf der emotionalen Ebene Interessen?

Welches sind die Ziele der Veranstaltung?

Soll sie aufklären, bereichern, informieren? Was sollen die Menschen, die kommen, davon haben?

Wie kann der Lernprozeß gut gestaltet werden?

Welche Methoden und Medien sind geeignet?

Wo soll die Veranstaltung stattfinden?

Welcher Rahmen und welche Veranstaltungsform sind im Blick auf die Adressaten, das Thema und die Ziele geeignet? Wer kommt als Träger in Frage? Wer finanziert die Veranstaltung? Bekannt ist, daß es eine gewisse Schwellenangst bei Gemeinderäumen gibt. Nicht jeder kommt in ein Gemeindehaus, auch wenn ihn oder sie das Thema vielleicht interessiert. Für manches religiöse Angebot ist vielleicht die Volkshochschule besser geeignet. Doch grundsätzlich gilt: Mit Selbstbewußtsein auftreten! Es geht darum, Kompetenz zu zeigen. Die Menschen wollen nicht belehrt werden, aber sie können in Sachen Religion etwas lernen.

Wer führt die Veranstaltung durch?

Brauchen wir Referenten? Welche Mitarbeitende sind sonst notwendig? Moderatoren? Was kann der Pfarrer oder die Pfarrerin machen? Was besser nicht?

Wodurch wird die Veranstaltung bekannt?

Wie soll geworben werden? Soll die Seniorengruppe der Veranstaltungsort sein, braucht vielleicht nur beim vorausgehenden Treffen das Thema des nächsten Treffens bekannt gemacht zu werden. Das Seminar über die Offenbarung soll in den Räumen der Evangelischen Erwachsenenbildung stattfinden. Die Kursleiterin wird vielleicht in einem vorausgehenden Kurs schon werben. Aber dann muß der Text auch im Halbjahresprogramm erscheinen. Eine Zeitungsnotiz wäre gut. Da es sich um ein Seminar für Frauen handelt, müssen Handzettel auch im Frauenzentrum ausliegen. Texte müssen so formuliert werden, daß Interessenten wissen, daß sie gemeint sind. Ihnen muß deutlich werden, daß sie mit ihren Voraussetzungen ernst genommen werden. Man kann schon im Text Menschen ausschließen, z.B. wenn man schreibt: „Wir stehen alle unter dem großen Ja Gottes …“. Wer das nicht nachsprechen kann, wird sich kaum zu dem Seminar eingeladen fühlen.

Im Interesse der Weiterarbeit sollte eine Auswertung erfolgen.

Es muß überprüft werden, ob die Ergebnisse des Seminars, der Vortragsreihe usw. wie erwartet sind, was verbessert werden kann. Welche Formen der Auswertung bzw. Evaluation sind geeignet und entsprechen im Aufwand der Veranstaltung? Reicht es, wenn man am Schluß die Teilnehmenden ihre Meinung sagen oder aufschreiben läßt?
Bildungsarbeit ist grundsätzlich nicht an Einzelfällen interessiert, sondern an Kontinuität. Sie folgt einer sich wiederholenden Bewegung von Planen, Ausführen, Überprüfen, Verbessern, Planen usw.

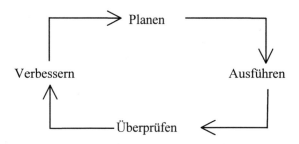

Unbewußt geschieht das in vielen Kirchengemeinden: Wenn sich Gruppen zusammenfinden, um ein theologisches Thema zu besprechen, dann zeigen sich im Laufe der Abende weitere Interessen und Fragestellungen. Am Schluß des Seminars wird eine Fortführung geplant, in der mit denselben Teilnehmenden die neuen Fragen bearbeitet werden. Man ändert womöglich auch den Wochentag, weil ein anderer besser paßt, sucht gemeinsam Referenten aus, von denen man sich mehr als von den alten verspricht usw.

Wer in Mitarbeit oder Planung für Erwachsenenbildungsprogramme verantwortlich ist, braucht nicht alles allein zu machen. Er bzw. sie kann auf ein Netz von Erfahrungen und Kompetenz zurückgreifen, das in der Region oder der Landeskirche vorhanden ist, und es bei der Planung bereits einbeziehen. Wie man Veranstaltungen am sinnvollsten plant, kann man mit der zuständigen Stelle für Erwachsenenbildung klären. Wenn es um Themen oder Zielgruppen geht, hat eigentlich jede Landeskirche eine Fülle von Spezialdiensten, die zu Rate gezogen werden können, z.B. der kirchliche Dienst in der Arbeitswelt (KDA), die Frauenarbeit, die Jugendarbeit, die Mission- und Ökumenearbeit, das Diakonische Werk. Die Erwachsenenbildungswerke helfen bei didaktischen und methodischen Fragen genauso wie bei der Finanzierung mit Hilfe von staatlichen Mitteln, die man auch für die religiöse Bildung Erwachsener in Anspruch nehmen kann. Sach- und Fachkundige finden sich auch außerhalb der Kirche in der Nachbarschaft, im Kreis möglicher Teilnehmender oder in Partnerorganisationen wie der Volkshochschule, der katholischen Erwachsenenbildung oder der Erwachsenenbildung der Gewerkschaften.

In Kirchengemeinden stellen sich Planungsfragen oft gar nicht so allgemein. Die Menschen kommen nicht zusammen, weil sie ein Thema interessiert, sondern weil sie zu der Jugend-, Frauen- oder Seniorengruppe gehören. Sie kommen auch zusammen, weil sie Kinder im Kindergarten, im Konfirmandenunterricht oder in der Jugendarbeit haben. Solche Gruppen möchten ihre Zusammenkünfte auch inhaltlich gestaltet haben. Der Inhalt muß deshalb so allgemein sein, daß er verschiedene Interessenlagen anspricht. Damit ist die Situation wie in der Schule. Man muß sich Gedanken über die Frage machen, wie man die Menschen motivieren kann, wie man die Zeit strukturiert und methodisch auflockernd arbeiten kann. Religiöse Bildung wird gewissermaßen als Beipack geliefert. Man spricht von aufsuchender Bildungsarbeit. So kann man etwa im Rahmen eines Konfirmandenelternabends in das neue Liedgut einführen, das die Konfirmanden einüben, oder in der Seniorengruppe die Zweiquellentheorie der Evangelien vorstellen. Vielleicht gelingt es, in der Gruppe Interesse für die Thematik zu wekken. Doch oft wird es dabei bleiben, daß man das Thema zur Kenntnis nimmt wie andere. „Darüber haben wir auch schon mal gesprochen", kann dann der Kommentar sein.

Zusammenfassend ist festzustellen, daß für Angebote mit religiöser Thematik im Prinzip keine anderen Regeln gelten als sonst in der Erwachsenenbildung; gleichwohl hat jedes Sachgebiet seine Spezifika, auf die natürlich eingegangen werden muß. Wir haben in diesem Abschnitt Planungsfragen in der Weise angesprochen, daß die Konkretionen jeweils aus dem Bereich der religiösen Bildung genommen wurden. Festzuhalten ist, daß in der Erwachsenenbildung auf Grund der offenen Situation mehr Faktoren bei der Planung berücksichtigt und entschieden werden müssen, als beispielsweise beim Schulunterricht oder einer Predigtvorbereitung normalerweise in Betracht gezogen werden.

Weiterführende Literatur:

Müller, Peter: Praxis der Erwachsenenbildung in der Gemeinde – Situationen, Ziele, Planung, Organisation, München 1986.

Müller wendet sich an Bildungsverantwortliche in katholischen Kirchengemeinden, denen er eine Einführung in die Praxis der Erwachsenenbildung im Rahmen der Kirchengemeinde geben will.

Schäffter, Ortfried: Veranstaltungsvorbereitung in der Erwachsenenbildung, Bad Heilbrunn 1984.
Schäffter hat Arbeit in der Volkshochschule bei hauptamtlichen und freien Mitarbeiterinnen und Mitarbeitern vor Augen. Ihm geht es darum, der im Vergleich zur Schule ungesicherten Situation von Kursangeboten in der Volkshochschule Rechnung zu tragen.

Siebert, Horst: Didaktisches Handeln in der Erwachsenenbildung. Didaktik in konstruktivistischer Sicht, Neuwied/Kriftel/Berlin 1996.

Siebert sieht von den gesellschaftlichen Rahmenbedingungen bis zur Gestaltung einer Unterrichtseinheit mehrere Ebenen didaktischen Handelns. Das gesamte Feld der Erwachsenbildung wird grundlegend und an vielen Stellen sehr konkret behandelt.

Kapitel 6
Formen des Lehrens und Lernens

Im vorigen Kapitel ging es um Planungsfragen für Veranstaltungen religiöser Bildung Erwachsener. Wir stellten Arbeitsschritte und Merkpunkte vor, wie sie in der allgemeinen Erwachsenenbildung üblich sind. Wir haben dann jeweils hinsichtlich der Praxis religiöser Bildung konkretisiert. Dadurch mußten wir für die Praxis der Erwachsenenbildung nicht auf weitere Literatur verweisen. Auch in diesem Kapitel soll so verfahren werden. Ausgangspunkt ist jeweils die allgemeine erwachsenbildnerische Überlegung. Beispiele und sonstige Konkretionen sind aus dem Bereich Religion und der religiösen Bildung genommen.

„Erwachsene sind lernfähig, aber unbelehrbar". Mit diesem Satz des Pädagogen Horst Siebert (1994, 46) ist das Grundproblem des Lehrens und Lernens bei Erwachsenen angesprochen, das natürlich auch in der religiösen Bildung Erwachsener anzutreffen ist, ja hier eine besondere Zuspitzung erfährt, insofern die „Lehre" in der Theologie eine große Rolle spielt. Die reine Lehre, das richtige Lehren mißt sich für die Theologie nicht an den Hörern oder Schülern, sondern an der Wahrheit der theologischen Aussage. Dem „Volk" sollte zwar aufs Maul geschaut, seiner Stimme (vox populi) jedoch nicht unbedingt getraut werden. Für viele Theologen entsteht die theologische Aussage nicht im Diskurs mit jedermann, sondern im Kreise der schon Gebildeten. Gegenüber den Adressaten der Lehre stehen die Inhalte eigentlich fest. Das bereitet mancher Theologin und manchem Theologen ein Unbehagen an der Erwachsenenbildung: Wenn Erwachsene lernen, bleibt das Gelernte nicht unberührt. Die Inhalte werden verändert. Erwachsene sind in eben diesem Sinne unbelehrbar, daß sie nicht einfach Vorgedachtes, Vorgesprochenes und Vorgegebenes übernehmen, sondern selbst denken, selbst sprechen und selbst urteilen wollen. Kann man so etwas zulassen? Lebt nicht der Glaube davon, daß er sich Dinge sagen läßt? Geht es nicht vor allem ums Annehmen und Gehorchen?

Damit ist die Frage nach dem Lehren und Lernen in Glaubensdingen angesprochen. Im folgenden soll verschiedenen Formen des Lernens nachgegangen werden. Dabei zeigt sich auch, daß die hier aufgeworfene Frage nach der Legitimität von Erwachsenenbildung im Zusammenhang mit dem Lernen in Glaubenseinsichten nicht ungedingt so alternativ beantwortet werden muß, wie es jetzt den Anschein hat. Der Streit über die richtige Beteiligung der Lernenden am Lernprozeß ist auch nicht auf Glaubensfragen beschränkt. Er gehört zur Pädagogik überhaupt.

Im folgenden Kapitel gehen wir davon aus, daß Lernen nicht als Reaktion auf Belehrung zu verstehen ist, sondern als Selbsttätigkeit des mündigen Erwachsenen. Das bedeutet nicht, daß die christliche Tradition keine Rolle spielt, aber

Informationen und Erfahrungen werden im Lernvorgang selbständig und kreativ verarbeitet. Insofern das Leben voller Anreize und Erfahrungsmöglichkeiten ist, geschieht das meiste Lernen völlig ohne ein ausdrückliches Lehrangebot. Man spricht von „natürlichem" oder „informellem" Lernen. Selbstverständlich wird auch da gelernt, wo gezielt dargebotene Information aufgenommen wird. Wir nennen diese Art des Lernens „Präsentationslernen". Daß Informationen aufgenommen und zueigen gemacht werden, hat eine größere Wahrscheinlichkeit, wenn für die Lernenden ein Bezug zum eigenen Leben erkennbar ist. Man kann Lehrangebote so strukturieren, daß sie „lebensoffen" sind. Am effektivsten jedoch ist nach heutiger Überzeugung der Lernvorgang, der aus den Bedürfnissen und Interessen der Lernenden selbst heraus entsteht und von dort her motiviert ist. Das Stichwort „selbstgesteuert" steht dafür (Dohmen 1996). Den Zusammenhang von Lehren und Lernen beschreiben wir anhand dieser vier Stichworte: „natürlich", „präsentationsorientiert", „lebensoffen" und „selbstgesteuert". Jede dieser Spielarten hat ihr eigenes Recht. Man kann sie nicht gegeneinander ausspielen. Sie haben ihre je spezifischen Möglichkeiten und Grenzen.

1. Natürliches Lernen

Auch religiöses Lernen beginnt wie alles Lernen nicht erst dort, wo mit Absicht ein Lehr-Lern-Prozeß in Gang gesetzt wird, also etwa im Kindergarten oder im Seminar der Volkshochschule. Zu etwa 75 Prozent wird im Lebenszusammenhang ganz informell gelernt. Es geschieht dadurch, daß Lebenserfahrungen verarbeitet werden. Es entsteht, wenn man sich Zusammenhänge klar macht, wenn man etwas wissen will und deshalb Kollegen, Freunde oder Familienmitglieder danach fragt. Solches natürliche, informelle Lernen, manche nennen es auch „Lernen en passant", hat seine besonderen Grenzen und Vorzüge: Es ist zufällig und unsystematisch. Es ist davon abhängig, daß sich die entsprechenden Situationen ergeben. Fragen drängen sich nicht überall auf. Wenn es aber zu neugierigen Fragen kommt, dann ist solches Lernen spannend und offen. Man möchte mehr wissen und sucht sich eigene Entdeckungswege. Damit ist solches Lernen auch nachhaltiger als das Nachdenken und Nachlernen von anderen vorgestellter Einsichten (Dohmen 1996, 32; Reischmann 1995).

Was bedeutet das für den Bereich des religiösen Lernens? Wo und wann geschieht religiöses Lernen en passant? Wir hatten im Kapitel 1 festgestellt, daß religiöse Bildung im individuellen, gesellschaftlichen und kirchlichen Zusammenhang gesehen werden kann, und hatten auch eine Reihe von Situationen benannt, die zu Bildungsbemühungen motivieren können. Zwar wird manchmal gesagt, daß man über den eigenen Glauben nicht spreche, Religiöses sei heute tabuisiert wie im 19. Jahrhundert die Sexualität. Gleichwohl aber gibt es auch die

Beobachtung, daß Religion „boomt". Zur persönlichen Lebensgestaltung und Krisenbewältigung gibt man sich Ratschläge und Tips religiöser Art. Man empfiehlt das Auspendeln der Schlafstelle. Heilkräftige Steine werden angepriesen. Die Zukunft wird mit Tarotkarten erforscht usw. Vielfach handelt es sich um okkultistische, magische Praktiken. Zur Welt- und Zeitdeutung wird gern auf esoterische Gedankengänge zurückgegriffen. Angesichts der Begegnung mit Leid und Tod tauchen religiöse Fragen auf. Plötzlich beginnt man sich dafür zu interessieren, was nach dem Tod kommt. Religiöse Fragen können auch von Kindern und Enkeln kommen: Wo wohnt Gott? Wer ist Gott? Warum beten wir nicht wie bei Fritz und Renate zu Hause? Natürliches Lernen in religiösen Fragen im gesellschaftlichen Kontext geht sicher überwiegend von den Medien aus: Was ist Fundamentalismus? Was sind die religiösen Ursachen der Kriege in Nordirland, Bosnien und Libanon? Was glauben eigentlich die Sunniten anderes als die Schiiten? Auch politische Debatten können religiöse Fragen anregen. Was bedeutet denn eigentlich das Kruzifix? Was steckt hinter der Scientology Church? Religiöses wird auch in der Werbung vermittelt. Viele Filme und Schlager behandeln Lebensfragen in Form von religiösen Bildern und Motiven (siehe o. Kap. 4).

Kirchlich Hochverbundene leben selbstverständlich in einem kirchlichen Kontext und haben deshalb viele Gelegenheiten zu informellem religiösem Lernen. Der sonntägliche Kirchgang und die tägliche Bibellese konfrontieren mit religiösen Fragen und lassen neue Fragen entstehen. Über diesen relativ kleinen Kreis hinaus stellen die Amtshandlungen aus Anlaß von Geburt, Hochzeit, Pubertät und Tod eine Gelegenheit zur religiösen Beschäftigung dar. Angehörige werden nach passenden Bibelsprüchen gefragt oder um ihre Liedwünsche gebeten. Nach der gottesdienstlichen Handlung wird über das Gesagte debattiert. Solches Lernen aus Anlaß kirchlicher Handlungen ist insofern in den zurückliegenden Jahrzehnten weniger geworden, als die einzelnen derartige Handlungen seltener erleben: Es gibt weniger Kinder; vielfach wird nicht kirchlich geheiratet; die Anreise zur Familienfeier ist zu weit usw.

In der Annahme, daß kirchliche Handlungen Lernwünsche geweckt haben könnten, werden Seminare für Paare und Taufeltern oder Gesprächsgruppen für Trauernde angeboten. Doch sollte man sich davon nicht zuviel versprechen. Das natürliche Lernen führt nicht automatisch zum Seminarbesuch. Gerade die persönliche Entdeckerfreude ist ja das Wesen dieses Lernens.

Im übrigen gehen die Lernenden selbst in Seminaren ihre eigenen Wege. Sie verarbeiten die gebotenen Materialien in eigener Regie. Es ereignet sich das, was Prediger erleben, wenn ihnen für etwas in der Predigt gedankt wird, was sie gar nicht gesagt haben.

2. Präsentationslernen

Gewissermaßen das Gegenstück zum natürlichen Lernen ist das Präsentieren von
zu Lernendem. Die Lernenden werden mit Lehre, mit Ergebnissen und Feststel-
lungen konfrontiert. In der Kirche hat dieses Muster eine gewisse Tradition.
Die Kirche wurde immer auch als lehrende Kirche, nicht nur als verkündigende
verstanden. Predigten sollen bis heute auch Lehre vermitteln. Die Kirche sieht
Glauben immer in Verbindung mit Wissen. Das Trauen des Herzens reicht nicht,
wenn nicht auch Auskunft über den Grund dieses Trauens gegeben werden kann.
So gehört zur kirchlichen Praxis von Anfang an auch die Organisation von Lernprozessen. Über die Inhalte bestimmen die Bischöfe, ein Lehramt, Synoden usw.
Die Kirche bestimmt über die Lehre. Sie grenzt Irrlehrer aus. Nach der Einführung der Kindertaufe trat die Lehrvermittlung bei Erwachsenen zurück zugunsten
der Belehrung der Kinder. Der Taufunterricht wurde bei den Heranwachsenden
nachgeholt. Luther sah in einer breiten Vermittlung elementaren Glaubenswis-
sens eine der wichtigsten Aufgaben. Seine Katechismen sind Ausdruck dieser
Schwerpunktsetzung. Es ging um Wissen. Bis heute lernen die Konfirmanden
Teile des Kleinen Katechismus auswendig.
Solches Lehren und Lernen ist in Verruf geraten.
Pädagogen problematisieren das Präsentationslernen. Rolf Arnold und Ingeborg
Schüßler halten es für eine Illusion, daß „gelernt wird, was gelehrt wird". Es
herrsche vielfach die Vorstellung, der Lehrende müsse die Rolle des Wissens-
vermittlers haben. „Als Repräsentant einer ‚objektiven Wirklichkeit' muß er vor-
geben, über das Wissen zu verfügen, welches sich die Lernenden anzueignen haben". Die Annahme sei: „Lernen wird durch Lehren erzeugt" (Arnold/Schüßler
1996, 10). Was tatsächlich passiere, sei vielmehr, daß nicht Lehren ein bestimmtes Lernen erzeuge, „sondern daß die Lehrtätigkeit einen Rahmen bzw.
Deutungsspielraum schafft, der es dem Lernenden ermöglicht, das für sich jeweils ‚Passende' zu rezipieren" (S. 11). Nicht die Lehrenden, sondern die Lernenden sind die Souveräne des Prozesses. Die Lernenden kommen niemals als
unbeschriebene Blätter oder leere Gefäße in den Lehr-Lern-Prozeß. Sie suchen
sich nur das aus, was zu ihrem Vorwissen paßt. Das ist auch bei der Vermittlung
religiösen Wissens nicht anders. Der frühere hessen-nassauische Kirchenpräsi-
dent Helmut Spengler faßte den Sachverhalt einmal dahingehend zusammen, daß
sich religiöses Lehren lächerlich mache, wenn es nach dem Motto verführe „Ich
habe was, was du nicht hast".
In jüngster Zeit nun gibt es wieder Stimmen für ein Präsentationslernen in Gestalt von Vortragsveranstaltungen oder Ausstellungen. Hier wird jedoch nicht
erwartet, daß die Teilnehmenden das Dargebotene annehmen und nachsprechen.
Vielmehr haben Vorträge die Funktion von Bausteinen, die die Individuen, die
ihren Lernprozeß selbst steuern und organisieren, für sich nutzen können. Die

Präsentationen sind Angebote, die in ihrer Bedeutung für die Lernenden offen sind und mehr oder weniger nur Anregungspotential enthalten.

Den Vermittlungsvorgang zwischen Lehre und Lernenden berücksichtigt die Vorstellung des „lebensoffenen Lernens" sehr viel bewußter.

3. Lebensoffenes Lernen

Religionssoziologisch gesehen kann man zwischen praktiziertem Glauben, „Mitgliederreligiosität (religion-as-practised)" einerseits und vorgeschriebenem Glauben, „den Normvorstellungen und den Normerwartungen der Theologen (religion-as-prescribed)" unterscheiden (Roosen 1997, 15). Die Mitglieder entwickeln oft andere Vorstellungen als die theologische Wissenschaft. Was in der Kirche als gute Lehre gilt, muß nicht unbedingt auch von den Mitgliedern nachvollzogen werden. Man kann die subjektive Seite des Glaubens unterscheiden von dem, was an Lehre gewissermaßen subjektübergreifend vertreten wird und damit für den einzelnen zur objektiven Seite des Glaubens wird. Glaubenssätze können je nach Situation unterschiedlich für den einzelnen Bedeutung erlangen. Luther hat bereits die subjektive Seite des Glaubens angesprochen, wenn er etwa das Glaubensbekenntnis in seinem Kleinen Katechismus aus der Perspektive des einzelnen auszulegen versucht und zum Glauben an Gott Kleider und Schuhe der Menschen in Beziehung setzt: „Ich glaube, daß mich Gott geschaffen hat … mir Leib und Seele, Augen, Ohren und alle Sinne gegeben hat und noch erhält; dazu Kleider und Schuh …". Aus dem Bekenntnis der Kirche wird das persönliche Bekenntnis des einzelnen. Die Bedeutung der Aussagen für das Individuum werden verstärkt in Pietismus und Aufklärung hervorgehoben. Es geht immer um die Frage, was das für *mich* zu bedeuten hat. Das eigene, persönliche Leben wird zum Auslegungshorizont der christlichen Lehre. Das ermöglicht es dann auch, daß der Staat jedem einzelnen erlauben kann, nach seiner „façon" selig zu werden.

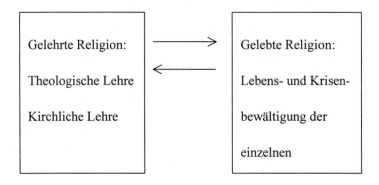

Neben präsentierende Formen treten deshalb auch Lernformen, die die subjektive Verarbeitung einbeziehen. Man trifft sich in den „Stunden", Bibelstunden, Hauskreisen usw., um die subjektive Seite des Textes bzw. der biblischen Geschichte miteinander zu klären. Dabei kann herauskommen, daß gelebter Glaube nicht mit dem gelehrten Glauben identisch sein muß. Es tritt eine Spannung auf, die nicht aufgelöst werden kann und soll. Gerade in pietistisch geprägten Gegenden findet man diese Spannung auch in der Spannung zwischen dem Pfarramt und den freien Gruppierungen abgebildet. Auf diese Zeit geht die Entwicklung zurück, die wir bereits im 1. Kapitel mit der Unterscheidung von individuellem, gesellschaftlichem und kirchlichem Christentum angesprochen haben. Damit beginnt neben der Sache der Theologie oder des Glaubens auch die Person der Glaubenden eine größere Rolle zu spielen. Lehren wird als ein Vermittlungsvorgang begriffen, bei dem es um Auseinandersetzung, Auswahl und auch Veränderung des Inhalts geht. Wenn Lehren die Teilnehmenden einbezieht, dann verwandelt sich der Lehr-Lern-Prozeß in einen gemeinsamen Suchprozeß (Tietgens 1986). Die Teilnehmenden bringen ihre Probleme, Fragen und Vorwissen mit. Sie können auch während des Lehr-Lern-Vorgangs selbst Erfahrungen machen. Über die Teilnehmenden kommt deren Welt mit ins Spiel. Man kommt zu einem „lebensoffenen Lernen" (Dohmen 1996).

Dem Konzept eines lebensoffenen Lernens sind verschiedene Ansätze verpflichtet. Immer geht es darum, bei dem Menschen anzusetzen. Man spricht von Erfahrungslernen, Alltagslernen oder lebensweltbezogenem Lernen. Wenn besonders in den Blick genommen wird, wie die Menschen ihre Welt, ihren Alltag, ihr Leben verstehen, wie sie auslegen, was sie erleben und erfahren, dann spricht man von Deutungsmustern, die sich die Menschen zueigen gemacht haben, denen sie in ihrem Leben ganz selbstverständlich folgen (Arnold 1985). Religiöse Bildung hat es in hohem Maße mit solchen Deutungen des Lebens zu tun. Religion selbst bietet Deutungen an. In der religiösen Bildung geht es um das Verstehen der Deutungsmuster, denen man folgt, und dann auch um deren Veränderung. Es kann darum gehen, die persönlichen Deutungsmuster mit denen der jüdisch-christlichen Tradition zu konfrontieren und damit neue Verstehensmöglichkeiten zu eröffnen. Lernziel ist dabei nicht Anpassung, sondern Eigenständigkeit. Im religiösen Lernen geht es so verstanden nicht um Gesinnungsschulung, sondern um den Erwerb religiöser Urteilsfähigkeit.

De facto lernen Erwachsene so, daß sie sich aus der Fülle der ihnen angebotenen Informationen und Meinungen das heraussuchen, woran sie auf Grund ihrer bisherigen Erfahrungen anknüpfen können und was sie bei der Bearbeitung individueller Problematiken unterstützt. „Die Beschäftigung mit einem neuen Thema und der Austausch mit anderen Erwachsenen wirkt dabei als eine Art Katalysator des Prozesses, in dem sich der Lernende mit eigenen ungelösten Problemen bzw. neuen Lebenssituationen auseinandersetzen oder aber sich der Stimmigkeit seiner bisherigen Lebensgeschichte versichern kann" (Arnold/Schüßler 1996, 10). Die Lernenden nehmen diejenigen Elemente auf, die für sie subjektiv bedeutsam sind. Nicht wie die Lehrenden auf die Lernenden einwirken, bestimmt das Lernen, sondern das, was die Lernenden bereits in ihrem Leben an Deutungs- und Handlungsmustern aufgebaut haben. Wenn sich Teilnehmende auf neue Theorien, Sichtweisen und Erklärungsmuster einlassen, kommt es dazu, daß die alten Deutungsmuster verändert werden. Rudolf Englert (1992a) sieht in solcher Transformation die eigentliche Aufgabe religiöser Bildung. Wenn Teilnehmende das neu Erfahrene mit ihren früheren Erfahrungen in Verbindung bringen können, dann mag aus einem ängstlichen Glauben ein fröhlicher und freier werden, aus einem wortgläubigen ein spiritueller, aus einem sehr ich-bezogenen ein sozialer. In der Praxis bedeutet das, daß lebensoffenes Lernen sehr subjektorientiert ist. Lernprozesse sollten die Lebens- und Glaubensgeschichte einbeziehen. Wer plant, muß sich darüber im klaren sein, daß Menschen unterschiedlich religiös geprägt und interessiert sind. Für die einen ist Religion gänzlich Privatsache und mag eine mystisch-meditative Ausrichtung haben. Für andere ist Religion eine Sache der Gesellschaft. Da geht es vielleicht vorwiegend um Ethik oder Welterklärungsfragen. Für wen Religion vor allem eine Sache der Kirche und Gemeinde ist, für den wird das gemeinschaftliche Feiern, vielleicht aber auch die Übereinstimmung in den Glaubensinhalten mit anderen wichtig sein. All das will bedacht sein bei der Planung und Ausschreibung, aber dann auch in der Veranstaltung selbst, im Umgang mit den Teilnehmenden. Im ersten Fall hinsichtlich einer Ausschreibung geht es um das Ansprechen der gewünschten Adressaten. Wir sprechen dann von Adressatenorientierung. Im zweiten Fall hinsichtlich der Durchführung der Veranstaltung geht es um die Teilnehmenden. Wir sprechen dann von Teilnehmerorientierung (Breloer u.a. 1980).

Adressaten- bzw. Teilnehmerorientierung in dem beschriebenen Sinn fordert von den Lehrenden bei der religiösen Bildung, daß sie selbst ihr Verhältnis zu religiösen Fragen geklärt haben. Wie Psychotherapeuten selbst in Therapien gewesen sein müssen, so müssen Lehrende in religiösen Fragen, die für sich in Anspruch nehmen, subjekt- oder teilnehmerorientiert arbeiten zu wollen, ihre subjektive Beziehung zu Religion bearbeitet haben. Dafür ist mehr bzw. anderes nötig als ein Theologiestudium. Der eigene biographische Bezug persönlicher Frömmigkeit bzw. Spiritualität und die Frage „Was ich denn wirklich glaube" gehören in die Auseinandersetzung mit hinein. Institutionen, die religiöse Bildungsangebote machen, sollten für ihre Mitarbeitenden entsprechende Fortbildung anbieten. Dies geschieht derzeit noch viel zu wenig. Auch und gerade in der Kirche ist eine Kommunikation ohne Diskriminierung über diese Fragen schwierig. Wir hatten bereits darauf hingewiesen (s.o. Kap. 4), daß jede Erwachsenenbildung, auch wenn sie Religion nicht ausdrücklich thematisiert, sich über ihr Verhältnis zur Religion Klarheit verschaffen muß. Religion kann nicht einfach ausgespart werden.

4. Selbstgesteuertes Lernen

Den begeisterten Anhängern der Erwachsenenbildung und oft auch der Idee des lebenslangen Lernens halten Skeptiker gelegentlich vor, daß es diesen Vertreterinnen und Vertretern nicht wahrhaftig um lebenslanges Lernen ginge, sondern eher um lebenslängliches Lernen. Lebenslanges Lernen wird natürlich vor allem von Bildungsinstitutionen vertreten. Pädagoginnen und Pädagogen sehen allenthalben Unkenntnis, Unvermögen und überhaupt Defizite, die durch Bildung behoben werden sollen. In religiösen Fragen geht es Theologinnen und Theologen nicht anders. Erwachsene aber wollen – natürlich auch wie die Kinder – nicht bei ihren Defiziten behaftet sein, schon gar nicht bei Defiziten, die sie selbst nicht als solche empfinden. Und vielen Menschen fehlt subjektiv überhaupt nicht das, was sie nach Ansicht der Fachleute eigentlich lernen sollten. Sie erinnern sich an ihre Lehrerinnen und Lehrer in der Schule, die jeweils ihr Fach auch für das wichtigste hielten. Ebenfalls in der Schule wurden sie nur zu oft an das erinnert, was sie nicht konnten. Das hatte schon damals nicht die Lernmotivation so besonders gefördert. Das macht es schwer, das Lernangebot so zu formulieren, daß es gern angenommen wird. Außerdem sind die Erwachsenen sehr verschieden hinsichtlich ihrer Lernwege. Die einen lernen am besten für sich allein, andere haben lieber den Gruppenzusammenhang und wieder andere suchen ein durchorganisiertes Angebot. Letztlich können die Lehrenden von sich aus kein garantiert erfolgreiches Lernprogramm anbieten. Im Grunde sind sie darauf angewiesen, daß die Teilnehmenden selbst aktiv sind. Auf Grund solcher Erfahrungen in der Bildungspraxis wird in jüngster Zeit wieder stark das selbstgesteuerte oder selbstorganisierte Lernen betont. Man geht dabei von der Erfahrung aus, daß Erwachsene das Leben ja überhaupt selbst steuern müssen. „Wenn aber Selbstregulierung das Wesen des Lebens ist, dann kann auch das Lernen als Grundfunktion des menschlichen Lebens seinem Wesen nach als ein selbstgesteuerter Prozeß zur Selbstbehauptung und Überlebenssicherung der Menschen verstanden werden" (Dohmen 1996, 44).
Selbstgesteuertes Lernen ist nicht identisch mit einem völlig autonomen Lernen. Der Mensch ist nicht das an sich freie, mündige und seiner selbst und aus sich selbst heraus mächtige Subjekt. Und doch muß er sein Leben selbst gestalten – insbesondere in einer Situation, in der die überkommenen Vorgaben dafür ihre Prägekraft verlieren. In der Auseinandersetzung mit der Umwelt und mit anderen Positionen muß der einzelne seinen eigenen Weg finden, ohne dabei zu Vollkommenheit und einem wie auch immer gearteten Abschluß zu kommen (Meueler 1993, Luther 1992). Die Auseinandersetzung mit der Umwelt nimmt kein Ende. Sie ist es, die in Gestalt von Erlebnissen, Anregungen und Anreizen Erfahrungen vermittelt, die verarbeitet werden müssen. Bildungshilfen in Gestalt von

Bildungsangeboten vermitteln die dafür nötigen Lernwege, vermitteln auch den Mut und die Lust zu eigenen Anstrengungen.

Auch im Bereich der Religion haben die Traditionen ihre eindeutige Kraft als Vorgaben für die einzelnen eingebüßt. Im Kapitel 2 haben wir auf die Vielfalt und die daraus für den einzelnen sich ergebende Notwendigkeit wählenden Verhaltens hingewiesen. Der einzelne muß auch in Sachen Religion nach Unabhängigkeit streben. Von daher gesehen ist selbstgesteuertes Lernen für die gegenwärtige religiöse Situation ein besonders geeigneter erwachsenenbildnerischer Ansatz. Er ist allerdings nicht erst in jüngster Zeit zu beobachten.

Man könnte als Beispiel für selbstgesteuertes Lernen schon den Bauern anführen, der nach der Überlieferung Griechisch hinter dem Pflug lernte. Die erweckten Gemeinden im Siegerland des 19. Jahrhunderts trauten ihren Pfarrern nicht die angemessene Bibelauslegung zu. Das Lernen dieses Bauern war nicht in dem Sinne autonom, daß er auf die Impulse von außen hätte verzichten können. Vielmehr waren es gerade die Impulse von außen, die ihn zum Lernen reizten, weil er sich ein eigenes Urteil bilden und sich nicht auf die Amtsautorität verlassen wollte. Solche Lernprozesse jedoch von Amts wegen initiieren zu wollen ist schwierig und wird oft auch nicht gewollt.

Wenn nicht einzelne, sondern Gruppen in einen selbstgesteuerten Lernprozeß eintreten, spricht man von selbstorganisiertem Lernen. In Betrieben werden oft Gruppen von Mitarbeitenden eines Bereichs zusammengesetzt, die ihren Betriebsteil kritisch durchleuchten und Möglichkeiten von Verbesserungen erarbeiten sollen. Solche „Qualitätszirkel" kann man als selbstorganisierte Lerngruppen verstehen. Sie entwickeln sich aufgrund eigener Lernschritte. So mancher Kreis in den Kirchengemeinden dürfte einer ähnlichen Dynamik folgen. Für die Verantwortlichen in den jeweiligen Bereichen kann das ein Grund zur Unruhe sein. So empfiehlt die Ordnung des Kirchlichen Lebens der Evangelischen Kirche in Hessen und Nassau zwar einerseits die Einrichtung von Gemeindekreisen, weil sie Gelegenheit zur Vertiefung und Klärung in den Fragen des christlichen Glaubens und des Lebens gäben; andererseits aber weiß sie offenbar um die mögliche Dynamik in solchen Kreisen und versucht die Pfarrerin bzw. den Pfarrer zu beruhigen: „Alle diese Kreise wollen die Gemeinde nicht aufspalten, sondern die Gemeindeglieder erst recht mit ihrer Gemeinde verbinden. Dies sollte auch durch gemeinsame Veranstaltungen der Gemeindekreise zum Ausdruck kommen". Die Sorge, daß Gemeindekreise sich selbständig machen und in die Irre gehen könnten, führt auch bei Gemeindeaufbaukonzepten dazu, daß eine ständige Begleitung durch die Pfarrer und Pfarrerinnen oder einen von ihnen geschulten Mitarbeiterstab empfohlen wird. Die Sorgen der Pädagogen sind ähnlich. Heinrich Dauber berichtet von einer internationalen Konferenz. Er zitiert einen Teilnehmer: „Selbstorganisierte Lerngruppen sind schon recht, aber sie schaffen es nicht, den Horizont ihrer eigenen Zielsetzungen zu hinterfragen und zu überschreiten" (Dauber 1980, 120). Pädagogen wie Theologen können sich schwer mit dem Gedanken anfreunden, daß sie etwa nicht gebraucht würden. Aber so ist der Gedanke des selbstgesteuerten oder selbstorganisierten Lernens auch nicht zu verstehen. Vielmehr werden die Professionellen nur anders gebraucht, als sie es sich vorstellen.

Wenn es beim selbstgesteuerten Lernen vor allem darum geht, die sich ständig ändernde Welt besser zu verstehen, sich selbst im Laufe des Lebens zu verstehen, die eigenen Vorstellungen kritisch zu hinterfragen usw., damit man erfolgreich handeln, kommunizieren und Probleme lösen kann, dann ist klar, daß einem niemand dieses Lernen abnehmen kann. Für meinen Weg gibt es keine vorschreibbaren Muster. Ich muß mir meine Vorstellungen selbst machen. Das gilt auch hinsichtlich des Glaubens. Lebensdienlich ist nur der Glaube, der durch die eigene Erfahrung hindurchgegangen ist. Davon leben beispielsweise die Hauskreise mit religiös-theologischer Thematik. Davon leben auch die zahlreichen Gruppen, die sich in den zurückliegenden Jahrzehnten um die Grundprobleme der Moderne gebildet haben: Frieden, Bewahrung der Umwelt, Gerechtigkeit für die Dritte Welt usw. Das besondere des Lernprozesses solcher Gruppen ist, daß die Gruppen ausgehend von ihren Erfahrungen schrittweise ihre Handlungsziele entwickeln. Sie folgen keinen von außen vorgegebenen Zielen.

Wie können Institutionen selbstgesteuertes und selbstorganisiertes Lernen unterstützen? Sie können Menschen mit gleichen Interessen zusammenbringen, Räume zur Verfügung stellen, Organisationshilfe geben, Lernmaterialien vermitteln, Kontakte zu anderen Gruppen herstellen usw. Die Hilfen beschränken sich auf Dienstleistungen für die Gruppe und auf Anregungen. Die inhaltlichen Anregungen können Informationen sein, die einzelne oder Gruppen für sich nutzen und annehmen können oder auch nicht. Dazu können Literaturhinweise gehören und Buchbesprechungen. Dazu kann aber auch die Organisation von Vortragsveranstaltungen und Ausstellungen oder anderen thematischen Kampagnen gehören. Bei solchen Angeboten bleibt für den Veranstaltenden offen, wie die Adressaten die Informationen nutzen. „Streng genommen kann man nicht von Wissensvermittlung, sondern nur von aktiver Wissensaneignung sprechen. Mitgeteilt werden Informationen, die erst dadurch zu brauchbarem Wissen werden, daß das Subjekt ihnen eine Bedeutung verleiht und sie in vorhandene kognitive und emotionale Schemata integriert" (Siebert 1996, 91). Von seiten der Dozenten oder der Institution wird nicht vorherbestimmt, was beim Teilnehmenden ankommt. Hier ist, so der Pädagoge Siebert, didaktisches Handeln „weniger Lehre als vielmehr Animation" (1996, 91). In diesem Sinne animierend wirkt es, wenn man unterschiedliche Menschen miteinander ins Gespräch bringt. Muslime, Buddhisten usw. können zu einer bestimmten Fragestellung aus ihrer Sicht referieren. Zeugen Jehovas kann man als Interviewpartner gewinnen usw. Man kann auch Erkundungen im Stadtteil oder bei anderen religiösen Gruppen vorsehen.

Unterschiedliche Darstellungsformen können ebenfalls animierend wirken. Wichtig ist in jedem Fall die Zurückhaltung der Pädagoginnen und Pädagogen. Selbststeuerung muß bei allen Angeboten, die gemacht werden, möglich bleiben.

5. Strukturen der Lehr-Lern-Beziehungen

In den genannten Grundformen des Lernens und Lehrens stecken spezifische Möglichkeiten. Sieht man einmal vom natürlichen Lernen ab, das sich in dieser Weise nicht organisieren läßt, so haben die Formen vom Präsentationslernen über das lebensoffene Lernen bis zum selbstgesteuerten Lernen ein Gefälle. Man kann es als ein Kontinuum zwischen dem abnehmenden Raum der Lehrenden und dem zunehmenden Raum, den die Lernenden einnehmen, darstellen.

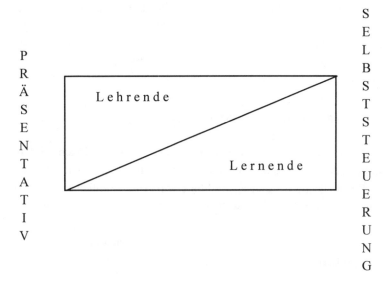

Wer sich für die eine oder andere Form entscheidet, will jeweils für den Lehrenden einen bestimmten Raum reklamieren und den Lernenden den übrigbleibenden Raum überlassen. Die Entscheidung über den Raum von Lehrenden und Lernenden muß nicht unbedingt an der Einzelveranstaltung ablesbar sein. Präsentationslernen kann vorherrschen, weil Bibelstunden immer als Vortrag oder Schulung abgehalten werden. Präsentationslernen kann aber auch auf Grund eines Wunsches der Teilnehmenden eines selbstorganisierten Hauskreises geschehen. Man bittet den Pfarrer oder die Pfarrerin, doch einmal eine theologische Frage, auf die man gestoßen ist, ausführlich darzustellen. Präsentationslernen kann auch bewußt in Gestalt von Vortragsveranstaltungen angeboten werden, die aber im Sinne des selbstgesteuerten Lernens den Teilnehmenden als Lernbausteine angeboten werden, als Möglichkeit zur Auseinandersetzung. Dabei muß nicht die Erwartung bestehen, daß die vorgetragenen Ansichten übernommen werden. In der jeweiligen Sequenz der Veranstaltungen haben dann die Vortragenden allen, die Lernenden keinen Gestaltungsspielraum. Im Gesamt des Lehr-Lern-Prozesses mag das dann durchaus anders aussehen.

In unseren bisherigen Überlegungen zum Anbieten, Planen, Lehren und Lernen in der religiösen Erwachsenenbildung sind Prinzipien angesprochen worden, die hier noch einmal ausdrücklich benannt werden sollen.

Bildungsangebote richten sich angesichts der Vielfalt von Personengruppen und Lebenslagen niemals einfach an alle. Wer alle anreden will, redet niemanden an, heißt das bereits erwähnte geflügelte Wort bei Erwachsenenbildnerinnen und Erwachsenenbildnern. Wenn sich Menschen angesprochen fühlen sollen, müssen sie erkennen können, daß gerade sie gemeint sind. Weil es keine allgemeine Erwachsenenbildungspflicht gibt, kommen die Lernenden freiwillig und müssen demzufolge wirklich angesprochen sein. Die Planung von Bildungsangeboten richtet sich deshalb immer an bestimmte Zielgruppen oder Adressaten, Menschen in besonderen Lebenslagen, mit erkennbaren Interessen oder Problemen (Schäffter 1981). Wir sprechen vom Prinzip der

- Zielgruppen-/Adressatenorientierung.

Die Menschen werden auf ihre Welt hin angesprochen. Ihnen wird in Aussicht gestellt, daß Fragen und Probleme ihres Lebens Gegenstand der Veranstaltung sind. Evangelische Erwachsenenbildung will lebensdienlich sein. Um das sein zu können, muß sie die Lebenswelt ihrer Adressaten erkunden, muß herausfinden, welchen Bedarf an Klärung, Orientierung usw. es da wohl geben mag. Der Lehrplan ist in diesem Fall die Lebenswelt der Menschen und der darin erkennbare Bedarf an Lernen. Wir sprechen deshalb vom Prinzip der

- Lebenswelt-/Bedarfsorientierung.

Evangelische Erwachsenenbildung geht davon aus, daß Bildung immer nur Selbstbildung sein kann. Die Teilnehmenden müssen selbst bestimmen, was sie lernen und wie sie lernen wollen. Die Lehrenden sind Lernbegleiter, die nicht besser wissen, was zu lernen ist. Lehrende und Lernende befinden sich auf einem gemeinsamen Entdeckungsweg bzw. in einer gemeinsamen Suchbewegung. Deshalb gilt für die konkrete Durchführung von Veranstaltungen, daß die Lehrenden an die Lernenden gewiesen sind und umgekehrt. Wir nennen dieses Prinzip

- Teilnehmerorientierung.

Ein Unteraspekt der Orientierung an den Teilnehmenden ist, daß sich das Lernen in der Gruppe an dem Weg orientiert, den die Gruppe gemeinsam geht. Wir sprechen von

- Prozeßorientierung.

Und natürlich sind die Dinge, die die Teilnehmenden vorrangig beschäftigen, auch die vorrangigen Gegenstände des Lernens. Wir sprechen von

- Problemorientierung.

Da die Lernenden in der Erwachsenenbildung als sich selbst Bildende angesehen werden, ist es nötig, die Fragen und Probleme, um die es geht, nicht von außen – gewissermaßen objektiv – zu betrachten, sondern aus der Sicht der Betroffenen – also gewissermaßen subjektiv. Die Personen selbst müssen das für sie Lebensdienliche annehmen. Weil es in dieser Weise um die Subjektperspektive geht, sprechen wir von

- Subjektorientierung.

Diese Prinzipien finden sich auch in den nachfolgenden Überlegungen zu den Inhalten und Methoden religiöser Bildung Erwachsener in der evangelischen Erwachsenenbildung.

Weiterführende Literatur:

Dohmen, Günther: Das lebenslange Lernen. Leitlinien einer modernen Bildungspolitik. Bonn 1996.
(Bundesministerium für Bildung, Wissenschaft, Forschung und Technologie)

In diesem Gutachten sind in kurzer Form die verschiedenen Ansätze und Grundpositionen zum lebenslangen Lernen dargestellt und kritisch gewürdigt. Dohmen plädiert insgesamt für ein aktives, lebensoffenes, selbstgesteuertes Lernen, das der Zielvorstellung eines mündigen Lerners gerecht wird.

Meueler, Erhard: Die Türen des Käfigs. Wege zum Subjekt in der Erwachsenenbildung, Stuttgart 1993.

Meueler skizziert die Emanzipationsgeschichte des Subjekts. Dieser Prozeß ist für ihn unabgeschlossen und unabschließbar. Angesichts immer neuer Bedrohungen für das Subjektsein wird zum Widerstand, auch wenn er aussichtslos erscheint, aufgerufen.

Tietgens, Hans: Erwachsenenbildung als Suchbewegung. Annäherungen an eine Wissenschaft von der Erwachsenenbildung. Bad Heilbrunn 1986.

Lernen ist für Tietgens die Arbeit des Menschen an sich selbst in der Auseinandersetzung mit seiner Umwelt. Dieser Vorgang ist tendenziell unabschließbar und auf Näherungen angewiesen. Deshalb hat alle Erwachsenenbildung prozessualen Charakter, sie ist in allem Suchbewegung.

Buttler, Gottfried/Strunk, Gerhard/Würmell, Klaus (Hg.): Lernen und Handeln. Bausteine zu einer Konzeption Evangelischer Erwachsenenbildung, Gelnhausen/Berlin/Stein 1980.

Der Sammelband enthält u.a. Beiträge zu Lebensweltorientierung (Strunk) und Teilnehmer- und Problemorientierung (Buttler). Er dokumentiert das Selbstverständnis der Deutschen Evangelischen Arbeitsgemeinschaft für Erwachsenenbildung.

Kapitel 7
Inhalte – Lehrangebot

Im Kapitel 3 haben wir gefordert, daß das Themenangebot der Lebenswelt und der Interessenlage der Teilnehmerinnen und Teilnehmer entsprechen müsse. Als weiteres Kriterium hatten wir benannt, daß die Unterscheidung von individueller, gesellschaftlicher und kirchlicher Religion das Bildungsangebot strukturieren solle. Wir nannten u.a. Lebenskrisen, Begegnung der Generationen, Suche nach Orientierung oder auch Auseinandersetzung mit Kirche und Theologie für den Ansatz beim einzelnen. Ethik, kulturelles Erbe oder Zusammenleben von Menschen unterschiedlicher Religionszugehörigkeit sind im gesellschaftlichem Zusammenhang zu nennen. Im kirchlichen Kontext könnte es um das Erwachsenwerden im Glauben gehen und um die Bildung der Laien. Mündigkeit und Individualität nannten wir im Kapitel 1 als Ziele der Bildung, die gegen Nützlichkeitserwägungen und andere Zielvorstellungen ins Spiel gebracht werden müssen. Wir stellten ein Schema vor, das die unterschiedlichen Faktoren in Beziehung zueinander bringt und als Grundlage für die Planung eines Grundangebots religiöser Bildung dienen soll (Kap. 3). Aus solchen Überlegungen lassen sich Ansatzpunkte für die Auswahl von Themen und die Struktur eines Lehrangebots gewinnen. In diesem Kapitel jedoch soll nicht in dieser Weise deduktiv, sondern induktiv von der Praxis der Erwachsenenbildung aus vorgegangen werden. Die grundsätzlichen Überlegungen zu einem Grundangebot werden uns als Bewertungsgrundlage für die Analyse der Praxis dienen. Explizit geschieht dies im Kapitel 9.

1. Themenfindung

Bildungsangebote werden u.a. als Brückenschläge zwischen Person und Sache, zwischen den Menschen, ihrem Geprägtsein, ihren Interessen und Fragen auf der einen Seite und den Sachen, Themen, Traditionen auf der anderen Seite verstanden (Siebert 1996). Ich kann also von einer konkreten Gruppe von Menschen ausgehen und von dort aus mögliche Themen betrachten. Vielleicht gibt mir die Gruppe auch Themen an die Hand, wenn ich mit ihr ins Gespräch komme. Bei einem Seniorenkreis könnte das z.B. so aussehen:

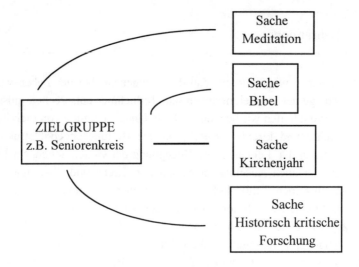

Wenn ich von einer konkreten Gruppe von Menschen ausgehe, weiß ich schon, mit wem ich reden kann. Schwebt mir aber eine noch nicht sozial verfaßte Zielgruppe vor wie etwa „Junge Eltern", dann muß ich zuerst eine Vorstellung von diesen Menschen gewinnen. Dafür ist es gut, wenn ich mir einige Fragen stelle:
– Welche konkreten Personen, die man dieser Zielgruppe zurechnen könnte, fallen mir ein?
– Wie ist das alltägliche Leben dieser Leute beschaffen? Haben sie Zeit? Wieviel?
– Worin könnten besondere Anknüpfungspunkte für ein Angebot liegen? Tauchen für diese Leute religiöse Fragen auf? Bei welchen Gelegenheiten?
– Mit welchen Schwierigkeiten und Problemen müssen sich die Leute herumschlagen? Ergeben sich daraus Ansatzpunkte für religiöse Bildung?
– Mit welchen Fragen beschäftigt man sich besonders? Ist Religiöses eher naheliegend oder eher fern?
– Welche Lernbedürfnisse mögen die Leute hinsichtlich Religion haben?
– Was kann ich voraussetzen? Wie elementar müßte ein Angebot sein?

Vielleicht ergeben sich bei solchen Überlegungen schon Inhalte, Themen, Fragestellungen für ein Angebot.
Vielleicht ist es aber auch angezeigt, erst einmal mit ein paar Menschen zu sprechen und mit ihnen im Gespräch die vorgenannten Fragen zu beantworten. Dann ist man nicht auf Vermutungen angewiesen.
Manchem wird dieses Vorgehen als viel zu kompliziert erscheinen. Das trifft sicher dann zu, wenn Lehrende und Lernende, Anbietende und Teilnehmende im selben Kollektiv leben, ganz selbstverständlich Werte und Deutungsmuster teilen, zwischen ihnen ein Verhältnis des Vertrauens und der Übereinstimmung in

Sprache und Grundüberzeugungen herrscht. Dann ist den Anbietenden intuitiv klar, worauf es ihrer (Ziel-)Gruppe ankommt, was da nötig ist, welche Themen man bieten kann und welche man besser vermeidet. Auf die Verhältnisse der Kirchengemeinde zugeschnitten: Wer mit der Kerngemeinde lebt, braucht sie für die Angebote nicht lange zu erforschen. Wer hier intuitiv theologische Angebote macht, wird sich aber immer nach den theologischen Grundüberzeugungen der Kerngemeinde richten. Das ist das Geheimnis der Klage z.B. von Akademikern, daß Theologinnen und Theologen ihnen die Erkenntnisse der wissenschaftlichen Theologie vorenthielten. Der Vorwurf bezieht sich z.B. auf die historisch-kritische Erforschung der Bibel oder Dogmenkritik. Wo theologische Angebote gewissermaßen in der Symbiose mit der Kerngemeinde gemacht werden, werden automatisch nur Inhalte verhandelt, die den Überzeugungen der die Kerngemeinde bestimmenden Gruppe entsprechen. Will man andere Gruppen ansprechen, muß man die oben beschriebenen Schritte tun. Daß in Kirchengemeinden eher intuitiv auf die Kerngemeinde eingegangen wird, in gemeindeübergreifenden Einrichtungen und Erwachsenenbildungsstellen eher zielgruppenorientiert gearbeitet wird, erklärt auch den Unterschied in der Ausrichtung der Themen in beiden Bereichen (s.u. Kapitel 9).

Die Masse der Angebote in Kirchengemeinden bewegt sich auf dem sicheren Boden von biblischen Themen, des Kirchenjahrs, der Kirche und der Kirchengeschichte. Theologiekritische Tendenzen wird man nicht finden. Die sind auf der gemeindeübergreifenden Angebotsebene sichtbar wie z.B. Themen der feministischen Theologie, Auseinandersetzung mit anderen Religionen, Einführung in Meditation oder die politische Ausrichtung bei den Weltgebetstagen der Frauen.

Geht man nun nicht von einer Zielgruppe aus, sondern von einem Thema, sind die Überlegungen von der anderen Seite her anzustellen:

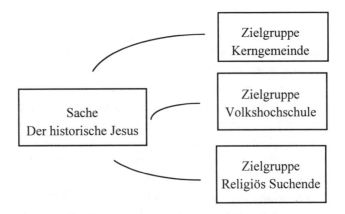

Wenn das Angebot nicht nur als eine Art intellektuelles Unterhaltungsprogramm für eine Gruppe gedacht sein soll, sondern wirklich auf Fragen antworten, Lern-

bedürfnisse befriedigen und überhaupt „ankommen" soll, dann sind wiederum eine Reihe von Fragen zu stellen:
- In welchen Zusammenhang gehört für die meisten Menschen dieses Thema?
- Was ist daran eigentlich für mich und für wen sonst noch interessant oder wissenswert?
- Wie wird das Thema gerade, u.a. auch in der Öffentlichkeit, diskutiert?
- Was möchte ich selbst bei dem Thema eigentlich herausbekommen?
- Welche Erfahrungen habe ich bereits mit dem Thema? Was weiß ich? Was könnte ich beitragen?
- Wo fehlt es mir an Kenntnissen?
- Welche Vorbehalte habe ich? Welche Schwierigkeiten sehe ich?

Von diesen Fragen her werde ich vielleicht etwas klarer sehen, auf welche Menschen ich mit meinem Thema zugehen kann. Möglicherweise werde ich die nicht in meiner normalen Umgebung finden.

Wo Anbietende sie selbst interessierende und reizende religiöse Themen bearbeiten, tun sie es oft nicht in dem Kreis ihrer Berufstätigkeit etwa als Pfarrerin oder Gemeindepädagoge, sondern sie warten mit solchen Angeboten in privaten Hauskreisen auf, gehen in die Volkshochschule, in Nachbargemeinden, in die Citykirche, das regionale Bildungszentrum usw. Einmal ist die Thematik für die jeweilige Kerngemeinde vielleicht zu anstößig. Zum anderen aber liegt das in der Natur dieses Vorgehens: Wenn ich vom Inhalt ausgehe, muß ich die dazu passende Zielgruppe suchen. Sie ist nicht automatisch in meiner Kirchengemeinde oder sonstigem Kreis gegeben.

2. Anknüpfungsmöglichkeiten

Im Kapitel 6 haben wir von selbstgesteuertem Lernen, von den Prinzipien der Teilnehmer- oder Subjektorientierung gesprochen. Im Kapitel 3 forderten wird, daß Angebote religiöser Bildung den Interessenlagen der Teilnehmenden entsprechen sollen. Wie sieht die praktische Umsetzung solcher Forderungen aus? Es geht darum, Anknüpfungspunkte zu finden. Die Inhalte müssen für die Teilnehmenden relevant sein, sie müssen lebensdienlich sein und auch einen gewissen Neuigkeitswert haben. Sie müssen aber vor allem in das bereits bestehende Denksystem integrierbar sein (Siebert 1996. 141). Auf Angebote religiöser Bildung angewendet könnte das heißen:
Systematisch-theologische Entwürfe können Menschen gedanklich reizen und für ihre Welterklärung als hilfreich und sinnvoll erfahren werden. Anderen sind solche Fragestellungen aber nichts als belanglose Glasperlenspiele. Manchen Menschen mögen klare dogmatisch-ethisch abgesicherte Normen Halt geben und

darin ausgesprochen lebensdienlich sein. Andere werden nur moralische Anmaßung und Bevormundung finden. Manchmal sind auch die Inhalte des Konfirmandenunterrichts durchaus interessant, wenn Erwachsene sich damit beschäftigen. Anschlußfähigkeit herzustellen dürfte leicht sein, wenn wir es mit Menschen aus dem eigenen Milieu, mit vergleichbarem Bildungsstand und in ähnlichen beruflichen Situationen zu tun haben. Dann können wir den Interessenhorizont gut abschätzen. Was aber ist für Menschen aus anderen Bildungsschichten theologisch interessant? Mit welchen Glaubenssätzen können Bauhandwerker etwas anfangen? Welche religiösen Probleme beschäftigen die Vorarbeiterin in der Näherei? Was die südamerikanischen Indios als Befreiungsbotschaft erleben, ist für wohlsituierte Bürger in Deutschland oft eher eine Drohbotschaft. Was sinnvoll, lebensdienlich, neu und anschlußfähig ist, muß also jeweils neu erarbeitet werden.

Die Teilnehmenden sind in Sachen Christentum, Glaube, Religion keine unbeschriebenen Blätter. Auch wer in der ehemaligen DDR groß geworden ist und keinerlei religiöse Unterweisung erfahren hat, ist religiös nicht völlig ahnungslos. Daß es eine Kirche gibt, wissen alle. Im Marxismus-Leninismus wurde die Religion bekämpft. Zumindest negative Darstellungen haben so auch die jungen Menschen vielfach bekommen. Es wird darauf ankommen, dieses Vorwissen, die Vorurteile und Vorüberzeugungen zur Sprache bringen zu lassen. Dann erst läßt sich entscheiden, für welche Inhalte überhaupt eine Offenheit gegeben sein mag. Kulturell interessierte Menschen aus den neuen Bundesländern wird man nicht einfach auf einen persönlichen Glauben hin ansprechen können, wohl aber auf ihr Interesse an Literatur oder Kunst. Hier wird man Interesse finden an der Erarbeitung der vielen biblischen Motive, die sich in Literatur und bildender Kunst finden.

Vielleicht finden sich auch Interessenten für eine Veranstaltungsreihe, die die Bibel als Literatur präsentiert. Vätergeschichten, Prophetengeschichten oder Wundergeschichten können als Erzählungen betrachtet und als solche in einem evangelischen Erwachsenenbildungsprogramm ausgeschrieben werden:

> „Neben großen literarischen Werken und klassischen Literaturformen wie Roman, Novelle, Lyrik, Geschichtsschreibung – die in der vorausgegangenen Reihe vorgestellt wurden – enthält die Bibel eine Fülle vorliterarischer, volkstümlicher Formen und Textgattungen: Sagen, Legenden, Lieder, Sprüche, Parabeln, Anekdoten, Briefe, Reden politische Pamphlete.
> Quer durch die Fülle der Sprachformen werden wir in dieser ‚Bücherei‘ geführt.
>
> Auch die kleine Form, die nicht so sehr literarischen Ansprüchen genügen will als vielmehr aus dem *Erzähl-Motiv* entspringt, ist bedeutsam in ihrer Aussagekraft.
>
> In bescheidener Gestalt und ohne großen künstlerischen Anspruch, ist sie gleichwohl Kunst. Sie hat ihre eigene Ästhetik, die sich aus anderen Quellen speist und anderer Mittel bedient als die hohe Literatur. usw."

Man sollte sich an der Sprache der Teilnehmenden orientieren. Auch das ist für die Anknüpfung eine notwendige Voraussetzung. Zur praktischen Durchführung sei noch einmal auf die Notwendigkeit einer Vorbereitungsgruppe hingewiesen, in der auch künftige Teilnehmende beteiligt sind.

3. Sachgerechtigkeit

Im Kapitel 3 haben wir darauf hingewiesen, daß religiöse Bildung notwendig auch theologisch oder anders wissenschaftlich verantwortete Überlegungen einbeziehen müsse.

Neben der Verantwortung gegenüber den Teilnehmenden bei der Auswahl der Inhalte gibt es aber auch eine Verantwortung gegenüber der „Sache" Religion. Es gibt eine Sachstruktur und eine Sachlogik. Religion begegnet in vielerlei Gestalt (s.o. Kapitel 2). Man kann zwischen ausgeprägten Religionen mit Kultus, Lehre usw. einerseits und religiösen Elementen im Alltag der Menschen andererseits unterscheiden. Religiosität zeigt sich in so mancher Spielart von alternativer Heilkunde oder Psychologie.

In einem Volksbildungswerk wird beispielsweise eine „Einführung in die Bachblütentherapie" mit folgenden Sätzen angeboten:

> „Wer sich … öffnet, mag spüren, daß hier qualitative Impulse in Gang gesetzt werden. Sie berühren oft nicht nur die Ursache einer Krankheit und Befindensstörung, sondern auch Sinn und Ziel des Lebens. Solche Impulse sind also final bezogen".

Wo von „Sinn und Ziel des Lebens" gesprochen wird, befindet man sich zweifellos im Bereich des Religiösen, wie es weithin verstanden wird, selbst wenn aus der Sicht des Anbietenden nur alternative Heilkunde angeboten werden soll. Deshalb ist auch zu fragen, ob dies eine lebensdienliche „Religion" ist oder nicht.

Wenn vergleichbare Angebote in kirchlichen Erwachsenenbildungsprogrammen gemacht werden, sollte man erwarten, daß hier ein kritisches Bewußtsein im Blick auf den religiösen Charakter solcher Angebote vorhanden ist und ausgesprochen wird. Das ist aber nicht selbstverständlich. Die folgende Ausschreibung eines Eutonie-Kurses in einem evangelischen Erwachsenenbildungsprogramm läßt keine kritische Einschätzung in dieser Hinsicht erkennen. Sie erscheint auch nicht in der Rubrik „Religion, Glaube, Kirche usw.", sondern bei „Gesundheit".

„Eutonie

Mensch sei gut zu deinem Körper,
damit Deine Seele Freude hat,
darin zu wohnen

Theresa von Avila

Die Eutonie arbeitet an und mit unserem Körper. Sie spricht seine Wahrnehmungs-
fähigkeit und seine innewohnende Ordnung an. Die aufmerksame Zuwendung eröffnet Kontaktfähigkeit, Fehlhaltungen beginnen sich zu lösen, in Dehnungen und
Bewegungen werden neue Räume frei. Sie ist ein Weg, sich neu zu finden im
‚Körperhaus‘. Zugleich geht es stets um unsere ganze Person, unseren inneren und
äußeren Lebensraum und Lebensplan.

Mitzubringen sind 1–2 Decken, ein Kissen und bequeme Kleidung."

Vielleicht kann man hier von unbewußter, unentdeckter Religiosität sprechen.
Für Fachleute ist aber klar, daß es sich hier um Religiöses handelt. Das ist anders
bei dem Kursangebot über das Böse. Hier ist offenbar auch den Veranstaltenden
der evangelischen Erwachsenenbildung einer Region bewußt, daß sie Religiöses
verhandeln:

„ Das Böse
Ein Angriff auf den lieben Gott

Wer sich auf die Suche nach Sinn in seinem Leben oder in der Geschichte überhaupt macht und wer nach Gott fragt, der stößt früher oder später auf die Frage
nach dem Bösen.
Was ist das Böse und woher kommt es?
Hat das Böse ein Ziel oder Zweck?

Einerseits geht es bei diesen Fragen um das Wesen des Menschen. Andererseits
entsteht daraus leicht eine anklagende Frage nach dem guten Gott, bzw. einer Ge-
genmacht. So aufregend tief das Thema ist, so vielschichtig sind die Antworten,
die Menschen sich darauf gegeben haben.
Im Lauf der Veranstaltungen werden markante Thesen zur Sache aus Theologie
und Philosophie anschaulich vorgestellt und wir werden gemeinsam prüfen, wie
überzeugungskräftig sie hier und heute für uns sind.
Vorkenntnisse sind nicht erforderlich."

Religiöse Bildung muß zweifellos wahrnehmen, wie die religiöse Lage gegenwärtig ist, welches die Hauptfragen sind. Sie muß subjektorientiert arbeiten. Sie
sollte allerdings dann auch in jedem Fall, wenn sie in kirchlicher Trägerschaft
geschieht, den Rückbezug auf die jüdisch-christliche Tradition vornehmen. Sie
muß mit dem Erbe der Mütter und Väter im Glauben konfrontieren. Sie wird
nicht zulassen, daß Grundfragen wie Leid, Sterben oder Tod unbearbeitet bleiben. Sie wird den gemeinschaftsstiftenden Charakter der Liebe betonen. Sie wird
nicht nur die hellen Seiten der Wirklichkeit, die hellen Seiten von Grundannah-
men, Thesen oder Theorien zum Glänzen bringen, sondern jeweils auch das aufzeigen, was im Schatten bleibt, was ausgeblendet werden soll oder wird. Sie ist
dafür verantwortlich, daß immer wieder neu Erinnerung geschieht bei aller
Hochschätzung des Neuen. Nur in einem ständigen Vergewisserungsprozeß können die negativen Seiten neuer Entwicklungen gesehen und kann ihnen entge-

gengearbeitet werden. Eine besondere Bemühung sollte hier dem Phänomen des Fundamentalismus gelten.

4. Individuelle, kirchliche und gesellschaftliche Perspektive

Bildung geschieht in dem Spannungsverhältnis von persönlichen Bedürfnissen, Organisationszielen und gesellschaftlichem Bedarf (Siebert 1996, 67). Auf die religiöse Bildung bezogen ergibt sich das Dreieck

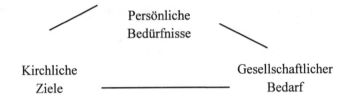

Persönliche
Bedürfnisse

Kirchliche   Gesellschaftlicher
Ziele   Bedarf

Aus der Sicht der Menschen bedeutet dies: Christlicher Glaube kann in seiner Bedeutung für den einzelnen, in seiner Gestaltung als Kirche oder als gesellschaftsprägende Kraft dargestellt und beschrieben werden. Damit sind auch wieder die drei von uns in Kapitel 1 und 3 und öfter angesprochenen Perspektiven oder Dimensionen religiöser Bildung in theologischer Hinsicht angesprochen. Im folgenden versuchen wir, ein Bild von möglicher Praxis in diesen drei Hinsichten zu zeichnen.

Persönliches Christentum kommt u.a. im Lebenslauf an besonderen Eckpunkten zur Geltung. Diesen Eckpunkten sind religiöse Handlungen zugeordnet: Taufe, Trauung, Konfirmation, Beerdigung. Diese Handlungen bieten Deutungsmöglichkeiten für die Übergangssituationen von Geburt, Eheschließung, Pubertät und Tod. In den verschiedenen Lebensphasen muß das eigene Dasein jeweils neu gedeutet werden. Andere Fragen werden wichtig. Die Menschen verstehen sich selbst anders als Jugendliche oder als Eltern oder als Ruheständler. Die Menschen haben nicht nur eine Lebens-, sondern auch eine Glaubensgeschichte. Religiöse Überzeugungen und Einstellungen können den jeweils erreichten Stadien des Lebens angemessen sein, sie können aber auch als einengend und nicht mehr passend erlebt werden. Religiöse Bildungsarbeit sollte dazu beitragen, daß es zu einem angemessenen Verstehen eigener und fremder religiöser Lebensgeschichten kommt. Thema religiöser Bildung ist in diesem Fall die religiöse Deutung von Lebenssituationen, Elternschaft, Berufstätigkeit, Krankheit, Sterben usw.
Für die Situation des „leeren Nestes" schreibt eine evangelische Familienbildungsstätte einen Studientag aus:

„Ich muß dich loslassen, mein Kind

Die Thematik ‚Loslassen‘ erreicht jede Mutter spätestens mit Beginn der Pubertät ihrer Kinder. Oftmals entsteht eine diffuse Zerrissenheit zwischen Kopf und Bauch. Während der täglichen Arbeit führen wir Selbstgespräche, bewegen oftmals unbewußt das Für und Wider des jeweiligen Geschehens in unseren Gedanken. Diese Selbstgespräche klären manchen Prozeß im Stillen, helfen das Maß der spontanen Überreaktion zu reduzieren und Brücken zu den Kindern aufrechtzuerhalten.

Wir nutzen die Methode der Selbstgespräche, um uns z.B. in Maria, die Mutter Jesu hineinzuversetzen und ihre mögliche Loslassproblematik zwischen Mutter und Sohn zu phantasieren, und kommen so fast spielerisch unseren eigenen Ängsten, Befürchtungen und Wünschen auf die Spur.

Es macht Sinn sich dafür einen ganzen Tag Zeit zu nehmen, um mit genügend Raum und Ruhe sich der Wahrnehmung der eigenen Thematik stellen zu können und damit der Aspekt ‚Ich lasse es mir gutgehen‘ nicht zu kurz kommt."

Wenig attraktiv ist es, vorgegebene Deutungsmuster aus einer traditionsorientierten dogmatisch geprägten Theologie zur Anwendung zu bringen. Hans-Joachim Petsch hat beobachtet, daß explizit kirchlich-theologische Themen rein quantitativ zurückgegangen seien. Angebote mit Introspektion, mit Selbst- und Fremdwahrnehmung, innerer Achtsamkeit, zur Ruhe kommen, Entspannung, Körperarbeit und anderen Formen, innere Erfahrungen und damit verbundene Veränderungen anzuregen, nähmen dagegen zu. Der Grund sei, daß die Menschen mehr nach Identität suchten und sich nicht mehr von außen prägen lassen wollten. Sie wollten ihr Inneres selbst gestalten (Petsch 1993, 253). Religiöse Bildung bestehe nicht mehr darin, Wissen zu vermitteln, sondern sei mehr Persönlichkeitsbildung geworden. Sie helfe, den „inneren" Menschen zu gestalten. Vielleicht ist es dieselbe Bewegung, die man an Volkshochschulprogrammen beobachten kann.

Die Angebote im Bereich von Philosophie und Theologie sind deutlich weniger geworden. Dafür nehmen die Angebote im Bereich der Psychologie und der Gesundheit zu. Das legt die These nahe, daß die Menschen sich nicht mehr zuerst um ihr Seelenheil sorgen, sondern eher um ihren Leib und um seelische Gesundheit. Leben wird nicht mehr definiert und erlebt als eine vornehmlich geistig-geistlich zu bearbeitende Sache, sondern als eine Sache des inneren Einklangs mit sich selbst sowohl hinsichtlich des Seelischen als auch hinsichtlich des Körperlichen. Eine zentrale Rolle spielen dann die Angebote von Meditation, Yoga usw. Die großen Themen geraten aus dem Blick. Die Fragen der Menschheit und des Menschseins werden nicht mehr in einem weltumfassenden oder metaphysischen Horizont reflektiert, sondern am eigenen kleinen Ich und an seinem Alltagsleben. Es geht nicht mehr so sehr um das Verstehen der Welt, des Kosmos, des Himmels und der Erde, sondern um das Verstehen meiner selbst. Wer bin

ich? Was ist Leben? Das sind Fragen, die die Menschen beschäftigen. Die religiösen Themen verschieben sich. Das Geschichtshandeln Gottes, ja die Vorstellung überhaupt eines die Weltgeschicke lenkenden Gottes wird immer weniger
als relevante Frage gesehen. Gott ist nicht mehr der mächtige, sondern allenfalls
der ohnmächtige, mit den Menschen mitleidende. Englert spricht von einer
„Verkleinerung" Gottes, die sich da auch bei den Christen unter der Hand ereignet habe (1995, 37). Gefragt dagegen sei die lebensgestaltende Kraft des Glaubens, seine Gehalte an Weisheit und seine therapeutischen Potentiale. Das muß
nicht immer explizit geschehen. Seminare mit Ärzten als Fachleuten finden auch
in Kirchengemeinden Zuspruch. Ein Seminar war unter dem Titel „S' könnt'
besser gehen" ausgeschrieben. Ärzte sprachen zu Paradontose, Haut und Sonne,
Herz und gesunder Ernährung. Die Ausschreibung enthielt zunächst keinen Hinweis auf eine religiöse Thematik. Doch in den langen Gesprächen im Anschluß
an die Kurzvorträge kamen entsprechende Äußerungen aus dem Kreis der über
50 Teilnehmenden. Es ist dann Sache der Gesprächsleitung, solche Fragen auf-
zugreifen und theologisch zu vertiefen. Die Kirchengemeinde ist als Veranstaltungsort schon an sich ein Ort, an dem Teilnehmende – wenn auch vorsichtig –
über religiöse Fragen zu sprechen bereit sind.

Im *kirchlichen Christentum* läßt sich eine Pluralisierung von Glaubensauffassun-
gen und Frömmigkeitsstilen beobachten. Neben die traditionellen Aussagen und
Formen treten andere, die oft als Abwertung, Widerspruch oder sogar als Un-
glaube erlebt werden. Eine sehr verbreitete Entwicklung sei kurz skizziert, weil
sie in der Tendenz der Entwicklung im Bereich des persönlichen Christentums zu
entsprechen scheint. Die großen Begriffe und hochtönenden Wendungen werden
immer weniger benutzt. Auch Pfarrerinnen und Pfarrer scheuen sich zunehmend,
von der Allmacht Gottes zu reden. Gott werde nicht mehr, so hat Klaus-Peter
Jörns in seiner Untersuchung in Erfahrung gebracht, nach dem Bild eines antiken
Kaisers geschmückt. Man sehe ihn vielmehr an der Seite der leidenden Menschen. Auch viele Pfarrerinnen und Pfarrer seien deshalb der Ansicht, daß Gott
und Menschen nicht mehr miteinander versöhnt werden müßten (1997, 222).
Wenn heute Heil erwartet werde, dann beziehe sich das auf die Bewahrung von
Leben und auf Geborgenheit (221). Tatsächlich dürften Bewahrung und Geborgenheit am häufigsten als Heilsaussagen gegenwärtig in den Predigten zu finden
sind. Auch der Zweck der Gemeinde wird mit der Vermittlung von Geborgenheit
angegeben. Nicht mehr die großen Transzendenzen sind das Leitmotiv, sondern
die schutzlosen, Geborgenheit suchenden Menschenkinder. Familiengottesdien-
ste mit Kindern, Krabbelgottesdienste, Gottesdienste mit Haustieren usw. zeigen
diesen Wandel an. Selbst in Jubiläumsgottesdiensten findet man gegenwärtig
Elemente, die den feierlichen Ernst durchbrechen und ein sich Wohlfühlen ermöglichen sollen.

Auch in der Gestalt des *gesellschaftlichen Christentums* lassen sich Veränderungen erkennen. Religion dient nicht mehr selbstverständlich als Legitimation staatlichen Handelns. Es gibt Debatten darum, ob in der Verfassung noch von Gott die Rede sein dürfe. Man streitet um das Kreuz in Schulklassenzimmern. Die Zeit des Konfessionalismus ist vorbei. Religions- und Konfessionsverschiedenheit werden nicht mehr als Hindernis für zwischenmenschliche Beziehungen erlebt. Die Anhänger unterschiedlicher Religionen sollen sich miteinander verbunden wissen. Gesellschaften, in denen nur eine Religion geduldet und andere ausgeschlossen werden, erscheinen als anachronistisch. Man glaubt mit Menschen aus anderen Religionen beten zu können, obwohl die Theologie unterschiedliche Gottesverständnisse festhält und deshalb ein gemeinsames Gebet ablehnt. Die weltweite Kommunikation läßt alle Menschen als gleich erscheinen. Kommunikationsbarrieren aus Glaubensgründen werden nicht mehr akzeptiert. Die weltweite Entgrenzung, Globalisierung im Wirtschaftsleben, bringt andererseits die Frage nach der eigenen Identität verstärkt mit sich. Man versucht sich der eigenen Identität u.a. dadurch zu vergewissern, daß man die engere Heimat erkundet, sich auf Sitten und Gebräuche besinnt und in vielerlei Richtungen Spurensuche unternimmt. Spurensuche und Spurensicherung im engeren Bereich sind durchaus akzeptierte Formen des gesellschaftlichen Christentums. Dazu gehört der Wiederaufbau der Dresdner Frauenkirche aus Spendenmitteln. Dazu gehören Veranstaltungen der Erwachsenenbildung, in denen alten Sitten und Gebräuchen, Liedern und anderen lokalen religiösen Zeugnissen nachgespürt wird. Hierher gehört aber auch das Aufblühen verschiedener Ausprägungen von Fundamentalismus. In einer unübersichtlich werdenden Welt sucht man nach Halt. Das Nebeneinander verschiedener Glaubensrichtungen und Religionen wird als Verlust der Wahrheit erfahren, gegen den man sich energisch zur Wehr setzt. Die Kehrseite der Pluralisierung der religiösen Landschaft in der Gesellschaft besteht so in der Konstruktion von religiösen Gegen- oder Eigenwelten. Sie sind auch der Kern dessen, was Sekten jeder Art attraktiv macht.

Themen und Inhalte der gesellschaftlichen Perspektive sind im Zusammenhang der religiösen Bildung auch die Fragestellungen des Konziliaren Prozesses: Frieden, Gerechtigkeit und Bewahrung der Schöpfung. Diese Themen sind die Antwort der christlichen Kirchen auf die globalen Herausforderungen des Krieges, der Ungleichentwicklung mit dem Hunger in den Ländern der Dritten Welt und der Umweltzerstörung. Mit diesen Schlüsselproblemen hat sich jede Erwachsenenbildung auseinanderzusetzen. Dohmen spricht von den „globalen Gefährdungen", Siebert von den „Sorgethemen". Eine religiöse Bildung, die sich diesen Fragestellungen entzieht, ist wie alle andere Erwachsenenbildung eine privatistische Verengung. Dabei gilt auch für die religiöse Bildung: „Aufgabe ... ist es nicht, politische Problemlösungen vorzuschlagen, sondern zu einem lernenden Umgang mit solchen Problemen zu befähigen" (Siebert 1996, 63). Orth fordert

ein „Verheißungslernen", das sich mit den Zuständen dieser Welt auseinander-
setzt und Veränderungen in Richtung Gerechtigkeit, Frieden und Bewahrung der
Schöpfung intendiert (1990, 227–235). Blasberg-Kuhnke verweist auf die Ansätze der Befreiungstheologie, die sich ebenfalls nicht mit dem Gegebenen abfinden
wollen (1992, 295–321). Ein gutes Beispiel für solche Bildungsarbeit ist die Vorbereitung jeweils der Weltgebetstage. Jährlich wechselnd werden Länder dieser
Welt mit ihren besonderen Problemen in den Blick genommen und in theologischer Reflexion Gebetsanliegen gewonnen. Dabei kann es um die Frage der Ras-
sentrennung, der Arbeitslosigkeit, der Feindschaft zwischen Völkern und Reli-
gionsgruppen, Umweltzerstörung usw. gehen.

1997 stand Korea im Mittelpunkt. Im regionalen Programm der evangelischen
Erwachsenenbildung fand sich folgende Ausschreibung für einen Studientag:

> *„Weltgebetstag 1997*
>
> Korea steht 1997 im Mittelpunkt der Weltgebetsarbeit. So fern uns das Land ist, so
> viele Gemeinsamkeiten haben Korea und Deutschland. Beide Länder wurden nach
> dem zweiten Weltkrieg geteilt.
> In der Liturgie, die die koreanischen Frauen zum Thema ‚Wachsen – wie ein Sa-
> menkorn zum Baum' geschrieben haben, spielt die Sehnsucht nach Wiederverein-
> igung eine Rolle. Aber auch die Erfahrungen der Gewalt, denen Frauen in Korea
> zur Zeit des Krieges im Alltag ausgesetzt waren und sind, werden zum Thema ge-
> macht. So nehmen uns Frauen in ihre Geschichte und in ihr Leben und hoffen, daß
> wir sie solidarisch begleiten."

5. Wissen, Können, Werten

Vielleicht ist der Eindruck entstanden, daß es sich bei den Inhalten, den Lerngegen-
ständen oder Themen vorwiegend um Fragen des Wissens handele. Das Beispiel der Weltgebetstagsarbeit jedoch zeigt, daß Wissen nur ein Moment der Inhalte des Lernens darstellt. Auch Können wird gelernt. Es geht darum, Wissen in
Gebete und Gottesdienste und Diskussionen umzusetzen. Nicht zuletzt ist damit
ein Prozeß in Gang gesetzt, der ein Lernen im Bereich des Wertens einschließt.
Die Frauengruppen erfahren etwas über die Probleme und Situationen von Menschen – zuerst Frauen – in einem anderen Land. Durch die Wahrnehmung kon-
kreter Schicksale, das Erzählen von Frauen wie der Teilnehmerinnen selbst, wird
es möglich, die politischen Probleme auf dem Hintergrund von Alltagserfahrun-
gen zu verstehen und ihre persönliche Tragweite zu erahnen. Man lernt, sich in
die Situation der anderen hineinzuversetzen. Diese Identifikation mit konkreten
Menschen ermöglicht Wertung der politischen Probleme und Reflexion dieser
Probleme vor Gott.

Die Bildungsarbeit in Zusammenhang mit dem Weltgebetstag ist ein Beispiel
dafür, wie es zu einem Brückenschlag zwischen expliziter und impliziter religiö-

ser Bildung kommen kann. Menschen betrachten als Christinnen und Christen ein Land, seine Bewohnerinnen und Bewohner, die soziale Lage usw. und fragen danach, wo Verbindungslinien zum christlichen Glauben und Engagement verborgen sein mögen.

Soziale Gegebenheiten werden auf Elemente hin abgeklopft, die religiös bzw. theologisch relevant sein könnten. Dies geschieht aus einer dezidiert religiösen bzw. hier christlichen Position heraus. Gesellschaft und Kultur werden mit den Augen der Religion bzw. des Glaubens angesehen.

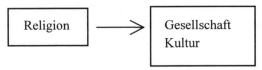

Durch diesen Blick erscheinen gesellschaftliche Fragen und Probleme in einem neuen Licht. Es werden im Gesellschaftlichen die religiös relevanten Fragen entdeckt. Wird dieser Blick systematisch angewandt, so läßt sich gerade auch in scheinbar völlig säkularen Gegebenheiten das Nicht-Säkulare erkennen. Es wird klar, wieviel Nicht-Ökonomisches es in der Ökonomie, wieviel Nicht-Wissenschaftliches es in der Wissenschaft gibt usw. Ans Religiöse erinnernde Bekenntnisse und Glaubensaussagen durchziehen viele Lebensbereiche. Wertorientierung erweist sich als religiös grundiert.

Umgekehrt stellen Teilnehmende an Bildungsveranstaltungen überrascht oft auch fest, daß sie bei religösen Fragen gelandet sind, obwohl sie doch nur z.B. eine „Sprachreise nach Andalusien" machten. In der Beschäftigung mit Kulturen bleibt es nicht aus, daß das Religiöse zur Sprache kommt, im genannten Fall also die komplizierten Verhältnisse zwischen Islam und Christentum. So mancher Kunstreisende macht entsprechende Entdeckungen. Man kommt von impliziter religiöser Thematik, die in der Beschäftigung mit Gesellschaft und Kultur gegeben ist, zur expliziten Bearbeitung religiöser Fragen; in unserem Beispiel also zu der Behandlung des Verhältnisses von Islam und Christentum.

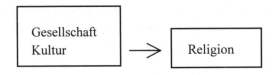

Dieser Übergang sollte in beiden Richtungen immer wieder auch bewußt vollzogen werden. Er ist gewissermaßen der Test dafür, ob die religiöse Thematik bzw. das theologisch für bedeutsam Erachtete auch das Lebensdienliche für die Menschen ist und umgekehrt, ob das als lebensdienlich Erachtete auch das theologisch Verantwortbare geblieben ist. Fragen, an denen das wichtig werden mag, können sein: Darf man Christen und Muslimen, weil ihre Gottesvorstellungen unterschiedlich sind, verbieten, gemeinsam zu beten? Oder umgekehrt: Erlaubt der Wunsch nach einem Kind, alles zu tun, was der Biotechnologie möglich zu sein scheint, z.B. auch das Klonen von Menschen?

Themen und Inhalte religiöser Bildung beziehen sich nicht nur auf die Information über das Lehrgut der Religionen, sondern genauso auf die Urteilsbildung, die Fähigkeit zur Analyse und Wertentscheidung. Dabei sind die Teilnehmenden mit den Lehrenden zusammen in einem gemeinsamen Suchprozeß unterwegs. Weil es in diesem umfassenden Sinne um das Ganze des Lebens und das menschliche Selbstbewußtsein geht, müssen sich die Lehrenden um die Voraussetzungen bei den Lernenden genauso kümmern wie um ihre eigenen Vorprägungen. Dazu gehört, daß auch von der Sache Religion her Fragen gestellt werden, die theologisch oder anders wissenschaftlich verantwortet sind. Pädagogisch ist von einer ganzheitlichen Sicht auszugehen, die Religiöses weder isoliert als Frage des Wissens noch als Sondergebiet vom übrigen Leben der Menschen abtrennt.

Weiterführende Literatur:

Jörns, Klaus-Peter: Die neuen Gesichter Gottes. Was die Menschen heute wirklich glauben, München 1997

Religion wird als in allgemeine Lebensbezüge eingebettet betrachtet. Es gibt Beziehungen zwischen Lebensformen, Berufstätigkeit usw. und Glaubenstypen. Religiöse Typen außerhalb und innerhalb kirchlicher Einbindung werden erkennbar.

Lott, Jürgen: Handbuch Religion II. Erwachsenenbildung, Stuttgart/Berlin/ Köln/Mainz 1984.

Das Buch ist dem funktionalistischen Ansatz verpflichtet. Religion wird als Faktor der Identitätsbildung betrachtet. In der Lebensgeschichte kann Religion sehr unterschiedlich prägend wirken.

Hungs, Franz Josef: Handbuch der theologischen Erwachsenenbildung. München 1991.

In der katholischen Erwachsenenbildung wird von theologischer Bildung gesprochen.

Kapitel 8
Methoden

Im vorigen Abschnitt haben wir erwachsenenbildnerische Arbeit als eine Verknüpfung von einerseits Menschen, andererseits Themen, Inhalten, Bedeutungen
dargestellt. In diesem Abschnitt fragen wir nach Mitteln, die solche Verknüp-
fungsarbeit braucht. Es sei noch einmal daran erinnert: Organisierte Erwachsenenbildung ist Hilfe zur Selbstbildung (Siebert 1983). Das bedeutet, daß von den
Menschen her gedacht werden muß, mit denen man es zu tun haben möchte. Man
muß „in den Schuhen" der anderen gehen lernen. Angebote der Erwachsenenbildung sind so etwas wie Erschließungshilfen. Dabei bedient man sich geeigneter
Hilfsmittel, die den Weg ebnen. In diesem Sinne ist von Methoden zu sprechen.
Methoden (griechisch: Wege) werden für bestimmte Zwecke und bei bestimmten
Gelegenheiten eingesetzt. Die Auswahl der Methoden richtet sich nach den Zie-
len, den Besonderheiten der Gruppe, der Thematik usw. Wir stellen in diesem
Abschnitt die Frage nach den geeigneten Methoden insbesondere hinsichtlich der
religiösen Thematik. Wir folgen in der Darstellung dem Lauf der Veranstaltung.
Angesprochen werden folgende Punkte:
– Ankündigen
– Anfangen
– Erschließen von Inhalten
– Ergebnisse sichern
– Den Gruppenprozeß fördern
– Aufhören
Die Methodik antwortet mit ihren Vorschlägen auf die Frage, *wie* ein Lernange-
bot gestaltet werden soll.

1. Ankündigen

Viele derjenigen, die für die Teilnahme geworben werden sollen, haben nur den
Ankündigungstext als Entscheidungshilfe. In dem Text muß deshalb die ganze
Veranstaltung „drinstecken". Ich muß also schon alle Fragen der Veranstaltungsplanung durchgegangen sein. Bei der sprachlichen Formulierung sollte ich mir
ein Bild zu machen versuchen von den Menschen, die ich erreichen möchte. Dabei sollte ich mir klar machen, daß nicht nur Leute kommen werden, mit denen
ich „kann", sondern auch solche, die mir quer liegen, die möglicherweise alles
ganz anders verstehen, als ich das gemeint habe. Meine Sätze muß ich auf mögliche Mißverständnisse hin abklopfen. Am besten ist es, wenn ich das zusammen
mit einer Vorbereitungsgruppe tue, in der Leute aus dem möglichen Kreis der
Teilnehmenden beisammen sind. Ich muß mich auch fragen, welche Erwartun-

gen ich wohl mit dem wecke, was ich da geschrieben habe. Das betrifft nicht nur die inhaltliche Seite, sondern auch die Arbeitsweise und die Beziehungsebene. Es muß ersichtlich sein, ob eher kognitiv oder eher kreativ gearbeitet wird. Vergessen werden sollten auch Technika wie Ort, Zeit, Preis nicht. Eine Ankündigung sollte – auch in dieser Reihenfolge – folgende Punkte enthalten:

- Titel
- Animations-/Einladungstext (gegebenenfalls mit Angaben zu Inhalten, Zielen, Zielgruppen)
- Leitung, Referent/Referentin (mit Name, Vorname, Titel, Wohnort)
- Zeit (Tag und Uhrzeit)
- Ort (mit Straße und Hausnummer)
- Kosten
- Anmeldung (mit Adresse und Datum)
- Veranstalter (mit Telefon-Nummer für Nachfragen).

Bei Angeboten religiöser Thematik sollte man besonders darauf achten, daß man eine Sprache wählt, die den Menschen entspricht, die angesprochen werden sollen. Kommunikation über religiöse Fragen ist teilweise tabubeladen. Sehr schnell erweckt man den Eindruck einer geschlossenen Gesellschaft. Wo alles schon ganz selbstverständlich zu sein scheint, trauen sich Leute mit einfachen Fragen gar nicht mehr hin. Mit dem Ankündigungstext entscheide ich gewissermaßen über Ein- oder Ausschluß von Teilnehmenden. Ich äußere einen Erwartungshorizont, artikuliere Anforderungen an die Teilnehmenden. Weder stehen alle mit der Bibel auf du und du, noch sind andere bereit, Rollenspiele oder Meditationsübungen selbstverständlich mitzumachen. Auf die Pluralisierung der Glaubensformen und die Individualisierung des Glaubens hatten wir bereits hingewiesen. Tendenziell ist jeder in Sachen Glauben als ein „Sonderfall" anzusehen (s.o. Kapitel 2).

Nicht nur der Ankündigungstext entscheidet über Teilnahme oder Nicht-Teilnahme, sondern auch die Wege, auf denen ich die Ankündigung bekannt mache. Die Abkündigung im Gottesdienst erreicht den kleinsten Kreis. Sie mag reichen, wenn nur mit Gottesdienstbesucherinnen und -besuchern gearbeitet werden soll. Eine Veröffentlichung im Gemeindebrief erreicht in der Regel alle Haushalte. Sie wird aber im wesentlichen auch nur den Kreis derer ansprechen, die ohnehin in der Gemeinde zu Hause sind. Volkshochschulen und Erwachsenenbildungswerke haben in der Regel solche festen Gruppen und Kreise nicht, an die sie sich mit ihrem Angebot wenden könnten. Sie setzen auch nicht auf die Verteilwege von Kirchengemeinden, weil sie nicht die ortsorientierten, sondern eher die an Themen interessierten Menschen ansprechen wollen. Diese Gruppe von Menschen sucht ihre Veranstaltungen in der Tageszeitung, in Handzetteln, öffentlichen Plakatierungen oder Programmheften, die in Buchhandlungen, Ämtern, Praxen ausliegen.

2. Anfangen

Anfangssituationen sind von Unsicherheit gekennzeichnet. Die Teilnehmenden kennen einander und die Leitung oft nicht. Die Örtlichkeiten können unbekannt sein. Man weiß nicht, was die Veranstaltung bringen wird, was von einem erwartet und gefordert werden wird. Die Unsicherheit betrifft auch die Leitung. Es empfiehlt sich deshalb, Vertrauen zu schaffen, die offenen Fragen direkt anzusprechen und die Teilnehmenden zu Wort kommen zu lassen. Bewährt dafür ist u.a.:

– Das Partnergespräch bzw. Partnerinterview

Die Teilnehmenden werden nach einer kurzen formalen Begrüßung gebeten, sich zu zweit zusammenzufinden (freie Wahl, Kriterium: wen man noch nicht kennt, gerade bzw. ungerade Geburtstagsziffer usw.). Der Arbeitsauftrag für die Paare kann unterschiedlich sein. Man macht sich bekannt, erzählt von sich ganz allgemein oder spricht Erwartungen und Befürchtungen an. Man kann auch schon zum Thema hinführen, indem z.B. den Teilnehmenden auf Zetteln im Losverfahren Bibelsprüche, Gesangbuchverse oder dergleichen ausgeteilt werden. Die Partner werden gebeten, sich mitzuteilen, was sie mit diesen Sätzen verbinden, was sie schätzen und was sie ablehnen. Beim Partnerinterview stellen alle jeweils ihren Partner bzw. ihre Partnerin im Plenum vor. Wenn Inhalte angesprochen wurden, werden diese im Plenum z.B. an einer Wandzeitung notiert.
Im Anschluß an eine solche Runde sollte der Plan der Veranstaltung vorgestellt und diskutiert werden.

3. Erschließen von Inhalten

Vom Prinzip der Teilnehmerorientierung her ist auch bei der Erschließung von Inhalten methodisch von dem auszugehen, was die Teilnehmenden mitbringen, was sie zur Sprache bringen, welches ihre Fragen sind. Es empfiehlt sich deshalb das Grundmuster der

– Sandwichmethode

Sandwich, also doppelte Brotscheibe mit dem Belag dazwischen, ist die Bezeichnung für ein Verfahren in drei Schritten. Zuerst werden Nachbarschaftsgruppen (an Tischen) gebildet. Sie bekommen den Auftrag über das angesetzte Thema zu sprechen und gegebenenfalls Fragen zu formulieren (10–15 Minuten). Im zweiten Schritt erfolgt im Plenum eine Information etwa durch ein Kurzrefe-

rat zum Thema (15 Minuten). Im dritten Schritt werden wieder dieselben Kleingruppen gebildet. Sie sollen vergleichen, was sie selbst bereits erarbeitet hatten,
was das Referat dazubrachte und eventuell offene Fragen benennen (10–15 Minuten). Den Abschluß bildet ein Rundgespräch im Plenum zusammen mit dem
Referenten bzw. der Referentin (20–30 Minuten).

– Einzelarbeit und Bienenkorb

Da es gerade bei religiösen Fragen immer auch um den einzelnen geht, ist eine
wichtige Form der Arbeit die Einzelarbeit. Man kann sie jeweils den Phasen von
Kleingruppenarbeit vorschalten. Jeder bzw. jede bedenkt die Fragestellung zunächst für sich allein, tauscht sich dann mit einer Partnerin oder einem Partner
aus. Dann kommen die zwei Paare zusammen und schließlich berichten die
Quartetts im Plenum. Diese Stufenfolge wird der Bienenkorb genannt.

– Textarbeit

Eine Variante der Einzelarbeit ist die Textarbeit. Bevor man sich austauscht, ist
es wichtig, daß alle erst einmal intensiv am Text etwa aus der Bibel arbeiten.
Empfohlen wird, den Text mit Markierungen zu versehen wie:

+   =   ich bin einverstanden
?   =   verstehe ich nicht, ist mir fraglich
!   =   bin anderer Meinung
Unterstreichung bedeutet Zustimmung
Wellenlinie heißt „ich habe Schwierigkeiten"

Wenn es darum geht, die individuelle Perspektive der Religion zu thematisieren,
empfehlen sich Methoden, die einerseits den eigenen Lebenslauf und die damit
gegebenen religiösen Prägungen, andererseits auch das Problem des Umgangs
mit Pluralität, d.h. die Tatsache, daß andere die Dinge anders sehen, einbeziehen.
Hierfür haben sich folgende Verfahren bewährt:

– Glaubenslinie

Besonders in der Anfangsphase von Seminaren zu religiösen Themen ist es hilfreich, sich darauf zu besinnen, welche Rolle das Religiöse im eigenen Leben
spielte und noch spielt. In Einzelarbeit wird ein Arbeitsblatt ausgefüllt. Das Blatt
enthält zwei Spalten. In den Spalten werden stichwortartig Erinnerungen an religiöse Ereignisse, Begegnungen usw. aus dem eigenen Leben eingetragen. Man

beginnt mit den frühesten Erinnerungen und schreitet im Lebenslauf bis zur Gegenwart fort. Die Trennlinie zwischen den beiden Spalten symbolisiert die Le-
bensjahre. Auf der einen Seite des Blattes werden die lieben, freundlichen Erinnerungen eingetragen, auf der anderen Seite die unguten und düsteren. Wenn
man für jedes Stichwort ein Kreuzchen macht, kann man die Kreuze miteinander
verbinden und erhält so eine Linie. Damit auch Wünsche und Hoffnungen sichtbar gemacht werden können, kann man die Linie über das aktuell erreichte Lebensalter hinaus fiktiv fortführen. Bei dem Modell „Lebensgeschichte" im Kapitel 9 ist ein Arbeitsblatt dazu abgedruckt.

Nachdem die einzelnen ihr Blatt ausgefüllt haben, sollen sie mit einem Partner
oder einer Partnerin anhand der Glaubenslinie über ihre Erfahrungen und Entdeckungen sprechen. Dabei werden die einzelnen Ähnlichkeiten und Verschie-
denheiten entdecken. Es wird deutlich, daß Glauben nicht nur mit der Wahrheits-
frage, sondern auch mit der je eigenen unverwechselbaren Lebensgeschichte zu
tun hat. Was einem wichtig geworden ist, wobei das Herz warm wird, hat viel
mit besonderen, nicht übertragbaren Situationen und Personenbegegnungen zu
tun. Schon der Austausch zu zweit ergibt die Einsicht in die Besonderheit des
eigenen Glaubens und die Erlaubnis zur eigenen Position, weil die anderen nicht
dieselben Erlebnisse haben konnten. Nach der Methode Bienenkorb tauschen
sich anschließend je zwei Paare aus. Danach folgt der Bericht im Plenum. Theologisch Versierte können dabei die Parallelen zur Theologie- und Kirchengeschichte aufzeigen. Für die Übung der Glaubenslinie sollte man sich mindestens
zwei Stunden Zeit lassen. Die Einzelarbeit am Blatt wird 10 Minuten brauchen,
die Paararbeit 30 bis 40, die Quartette 30 bis 40 und das Plenum ebenfalls. Die
Übung eignet sich als Einstieg und Anwärmung für theologische und religionspädagogische Seminare jeder Art. Sinnvoll ist sie besonders, wenn es um religiöse Erziehung im Kindergarten, in der Schule oder im Konfirmandenunterricht
geht. Die Eltern können dann aufgrund ihrer eigenen Erfahrungen besser ein-
schätzen, was sie für ihre Kinder gern hätten und was sie ihnen ersparen möchten. Der Streit unter theologischen Positionen kann entschärft werden, wenn der
biographische Stellenwert der Positionen für die einzelnen versteh- und nach-
vollziehbar wird.

– Bilder-Wahl

Die religiöse Situation ist vielfältig und unübersichtlich. Sie fordert vom einzelnen die persönliche Entscheidung und Wahl. Die Methode der Bilder-Wahl ermöglicht zugleich die Darstellung der Vielfalt von Möglichkeiten und für die
einzelnen das Auswählen aufgrund der persönlichen Einsichten, Erfahrungen und
Assoziationen.

Das Verfahren sieht folgende Schritte vor:

* auf dem Fußboden im Stuhlkreis, auf Tischen an den Wänden entlang, an Magnettafeln befestigt usw. wird den Teilnehmenden eine größere Zahl von Bildern präsentiert.
* die Teilnehmenden werden aufgefordert, sich zu dem angesagten Thema, der Fragestellung oder Aufgabe ein oder mehrere Bilder auszusuchen.
* die Teilnehmenden sprechen mit jeweils einem Partner, einer Partnerin, über die ausgewählten Bilder. Sie einigen sich auf sie interessierende Fragen und Themen.
* die Ergebnisse der Paargespräche werden im Plenum zur Kenntnis gegeben, nach Gesichtspunkten geordnet und weiter bearbeitet.
* Variante: Die einzelnen machen sich bereits zu ihren Bildern Notizen und stellen sie dann im Plenum vor.

Welche Art von Bildern benutzt wird, hängt von der Thematik ab, die man bearbeiten möchte. Einige Beispiele seien genannt:

Christusbilder. Aus Kunstbüchern sind Darstellungen der Gestalt Christi aus den vergangenen Jahrhunderten gesammelt worden: Vom guten Hirten in den römischen Katakomben über den Pantokrator in den Kuppeln griechischer Kirchen, den leidenden Christus des Mittelalters, den Helden der Renaissance bis zum lehrenden Christus des 19. und dem revolutionären des 20. Jahrhunderts. Mit diesen Bildern kann die Vielfalt, die die Theologiegeschichte bereit hält, verdeutlicht werden. Zugleich können die verschiedenen Aspekte der Gestalt Christi beleuchtet werden. Den Teilnehmenden steht eine Auswahl vor Augen, die sie selbst in ihr Urteil einbeziehen können.

Kirchenbilder. Ein Gespräch über Gemeinde und Kirche läßt sich anregen durch eine Bildersammlung, wie man sie in den Selbstdarstellungen von Landeskirchen als Fotos finden kann: Szenen aus Gottesdienst, Demonstrationen, Kirchentagen, Gemeindeleben usw.

Titel. Gott, Jesus Christus, der Mensch werden in der Bibel und in Liedern des Gesangbuchs mit unterschiedlichen Titeln belegt: z.B. Herr, König, Richter für Gott. Man kann diese Titel gut sichtbar auf Karten schreiben und diese Sammlung dann als Bildkartei verwenden.

Symbole. Fotos von Alltagsszenen findet man auf verschiedenen Bildkarteien gesammelt. Man kann sich eine entsprechende Sammlung auch selbst zusammenstellen. Solche Fotos eignen sich zur Thematisierung verschiedener Themen. Z.B. kann man Bilder aussuchen lassen mit der Aufgabe: „Welches Bild symbolisiert für mich am ehesten Sünde?" „Mit welchem Bild assoziiere ich Vertrauen?" Die Teilnehmenden werden gebeten, zu begründen, inwiefern Bildmotiv und Inhalt für sie in einer Beziehung zueinander stehen. Daraus entwickelt sich ein inhaltliches Gespräch über das jeweilige Thema.

– Zu einem Thema erzählen

Es wird eine Geschichte in der Gruppe vorgelesen. Oder es wird ein Zitat in den Raum gestellt. Oder es wird eine Fragestellung benannt z.B. „Wie kann Gott das zulassen? Viele Leute werden einfach nicht fertig mit dem Gedanken an all das Böse in der Welt. Wie paßt das zu einem lieben Gott?" Die Teilnehmenden werden gebeten zu überlegen, welche eigenen Erlebnisse ihnen bei diesem Impuls einfallen. Wer will, erzählt. In einem weiteren Schritt werden in den Erzählungen benannte grundlegende Fragestellungen und Themen angesprochen und überlegt, wo diese in der religiösen Tradition in welcher Weise bearbeitet werden.

4. Ergebnisse sichern

Lernen bedeutet Veränderung. Es ist sinnvoll, das Neue an Einsichten, Bewertungen und Gefühlen festzuhalten. Das können die einzelnen für sich tun. Das kann aber auch die Gruppe insgesamt machen. Hier einige Möglichkeiten:
– Brief schreiben. Die Gruppe schreibt an Personen einen Brief, denen sie Ergebnisse mitteilen will. Die einzelnen schreiben einen Brief an sich selbst, in dem sie ihre Einsichten notieren. Der Brief kann möglicherweise erst nach einem halben Jahr durch den Veranstalter abgeschickt werden.
– Glaubensbekenntnis formulieren. Wenn es um zentrale Fragen ging, kann die Gruppe, kann jeder einzelne einige Glaubenssätze in Analogie zur Bekenntnisbildung in der Kirchengeschichte formulieren.
– Eine Geschichte verfassen. Die Einsichten können in ein Märchen gekleidet werden oder eine andere Art von fiktiver Geschichte.
– Ein Bild malen
– Eine Skulptur herstellen
– Eine Musik, ein Bild auswählen.
– Tagebuch schreiben. Diese Methode hat protestantische Wurzeln u.a. im Pietismus und betont die Eigenverantwortlichkeit der einzelnen in besonderer Weise. Tagebücher werden in der Regel nicht für Leser geschrieben, sondern für ein fiktives Gegenüber. Dem Tagebuch werden deshalb auch sehr geheime Gedanken anvertraut. Man kann sich natürlich auch der Form des öffentlichen Tagebuchs einer Gruppe bedienen.
– Wandzeitungen. Arbeitsergebnisse vor allem zwischendurch sollten auf Wandzeitungen festgehalten werden, damit immer alle vor Augen haben, wel-

ches der Diskussionsstand ist. Man kann dann auch gut an früher Festgestelltes erinnern und gewissermaßen noch einmal zurückblättern.

– Gebete/Gottesdienst. Je nach Thema kann bei bestimmten längeren Veranstaltungen als Ergebnissicherung auch die gemeinsame Erarbeitung eines Gottesdienstes oder von Gebeten ins Auge gefaßt werden. Die Durchführung des Gottesdienstes oder das Sprechen der Gebete am Abschluß des Seminars kann außerdem als „Abschiedsliturgie" für die gesamte Veranstaltung verstanden werden.

5. Den Gruppenprozeß fördern

Beim Arbeiten und also auch beim Lernen in Gruppen sind zwei Aspekte zu unterscheiden und zu beachten: die Sachebene und die Prozeßebene. Zur Sachebene gehören Themen, Inhalte, Aufgaben; zur Prozeßebene gehört das. was sich zwischen den beteiligten Personen abspielt einschließlich der Stimmungen und Gefühle. Wer die Sacharbeit voranbringen will, muß auch den Gruppenprozeß fördern. Förderlich für den Gruppenprozeß ist es, wenn alle einzelnen in der Gruppe zu ihrem Recht kommen und sich wohl fühlen. Darüber hinaus muß es aber auch zu einem gewissen Wir-Gefühl in der Gruppe kommen. Aus der Fülle der für diesen Bereich entwickelten Methoden seien genannt:

– Blitzlicht. Die Teilnehmenden und die Leitung sagen kurz (blitzartig), wo sie stehen, wie sie die gegenwärtige Situation usw. empfinden. Man äußert sich reihum. Auf diese Weise können Ärger, Unlust, Unruhe usw. zur Sprache gebracht und bearbeitet werden. Ein Blitzlicht kann dann eingeführt werden, wenn jemand den Eindruck hat, daß etwas nicht mehr stimmt. Man sollte es regelmäßig an Zäsuren als eine Art kurzer Bestandsaufnahme durchführen.

– Kleingruppenarbeit. In der Großgruppe melden sich oft nur die Redefreudigen zu Wort. Die Zeit reicht in der Regel nicht dafür, daß eine größere Anzahl von Menschen sich nacheinander ausführlich zu Wort meldet. Die Themen sind außerdem meist zu vielschichtig, als daß man alles nacheinander abhandeln könnte. Letztlich ist eine Bildungsarbeit auch mit Erwachsenen fruchtbarer, wenn von Zeit zu Zeit ein Wechsel in der Konstellation eintritt. Aus allen diesen Gründen empfiehlt sich als Regelbestandteil auch der religiösen Bildung die Kleingruppenarbeit. Man kann parallel mit themengleichen oder mit themenverschiedenen Gruppen tagen. Das Plenum kann schon von acht bis zehn Personen an sinnvoll unterteilt werden. Kleingruppen sollten nicht mehr als acht Personen umfassen. Wichtig ist eine klare Aufgabenstellung und eine Verabredung darüber, was gegebenenfalls ins Plenum einzubringen ist. Die Gruppeneinteilung kann nach Wahl erfolgen. Bei diesem Fall muß eine Obergrenze für die Teilnahme genannt werden. Man kann auch formal abzählen lassen: Eins, zwei, drei, eins, zwei ... Dann gehen alle „Einser", „Zweier" usw. jeweils in eine Gruppe. Man kann Lose mit Zahlen ziehen lassen usw.

- Fishbowl. Eine Gruppe von Teilnehmenden sitzt im Innenkreis, die übrigen Teilnehmenden im Außenkreis. Die letzteren betrachten die ersten wie Goldfische in einem Aquarium (englisch: fishbowl). Diese Methode entlastet das Plenum. Stellvertretend kann im Innenkreis ein Problem erörtert werden. Wenn man einen leeren Stuhl in den Innenkreis stellt, kann jeweils eine Person für eine bestimmte Fragestellung aus dem Außen- in den Innenkreis wechseln. Das Fishbowl wird gern benutzt, um Kleingruppenergebnisse ins Plenum einzubringen. Im Innenkreis sitzen dann die Sprecherinnen bzw. Sprecher der Kleingruppen.

- Pausen. Spätestens nach 90 Minuten, d.h. in der Regel nach zwei Unterrichts- oder Arbeitseinheiten (= 45 Minuten), sollte eine Pause gemacht werden. Die Teilnehmenden sollten sich dabei auch bewegen. Frische Luft sollte in den Raum gebracht werden.

6. Aufhören

- Transfer. Gegen Ende der Veranstaltung ist zu überlegen, wie das Gelernte in den Alltag mit hinübergenommen werden kann. Dazu kann man in Kleingruppen Überlegungen anstellen. Es eignen sich auch die Methoden der Ergebnissicherung.

- Auswertung. Für die Auswertung einer Veranstaltung bzw. von Teilen derselben gibt es verschiedene Verfahren.

* Auswertungsrunde. Alle überlegen sich zu Fragen wie „Wie ging es mir hier?", „Was nehme ich mit?", „Was habe ich vermißt?" eine kurze Äußerung. Sie wird reihum abgegeben.

* Skala. Die Teilnehmenden werden gebeten, zu einigen Fragestellungen auf einer Skala von 1 bis 5 eine Zahl zu nennen, die ihr Urteil wiedergibt.

Atmosphäre	Vermittelte Inhalte
1 2 3 4 5	1 2 3 4 5
sehr gut schlecht	sehr interessant unwesentlich
Leitung	Meine Erwartungen
1 2 3 4 5	1 2 3 4 5
sehr kompetent wenig hilfreich	wurden voll erfüllt überhaupt nicht erfüllt

Die Nennungen werden an der Tafel notiert. Besprochen werden dann die Extremwerte.

* Anonyme Auswertung. Die vorgenannten Verfahren kann man auch dahingehend verändern, daß man jeweils Zettel mit den Fragestellungen vorbereitet,
um schriftliche Äußerungen bittet und diese dann gemischt vorliest.

Die hier beschriebenen Methoden orientieren sich weitgehend an der Bearbei-
tung von Themen und Inhalten. In der religiösen Bildung kann es aber auch um
Einüben und Ausführen gehen, z.B. bei der Meditation, beim meditativen Tanz,
bei der Musik, bei der Ikonenmalerei. Hier ist selbstverständlich eine eigene
Methodik erforderlich. Eine eigene Form stellen dar:
– Führungen zu religiös bedeutsamen Orten wie Kirchen, Moscheen, Wall-
fahrtsstationen.
– Studienreisen in religiös bedeutsame Länder wie Israel.

Methoden und Arbeitsformen sind Hilfsmittel für den Lernprozeß. Gelegentlich
läßt sich beobachten, daß solche Formen sich verselbständigen und man aus dem
Blick verliert, worum es eigentlich geht. Exkursionen und Studienreisen können
zum Unterhaltungsprogramm werden; die Angaben über Lernziele dienen dabei
nur noch dazu, Zuschüsse einzuwerben. Sicher soll und darf Lernen auch Spaß
machen und darf unterhaltsam sein. Methoden können jedoch die Auseinandersetzung mit den Inhalten nicht ersetzen.

Weiterführende Literatur:

Grom, Bernhard: Methoden für Religionsunterricht, Jugendarbeit und Erwachsenenbildung, Düsseldorf und Göttingen [8]1987

Knoll, Jörg: Kurs- und Seminarmethoden – Ein Trainingsbuch zur Gestaltung von Kursen und Seminaren, Arbeits- und Gesprächskreisen, Weinheim
und Basel [5]1993

Müller, Peter: Methoden in der kirchlichen Erwachsenenbildung, München
1982

Köhler-Günther, Birgit / Rabenstein, Reinhold: Lernen kann auch Spaß machen. 106 Methoden zum Einstieg, zur Aktivierung bei Müdigkeit und Unlust und zur Auswertung der gemeinsamen Arbeit. (Organisationsmodelle
kirchlicher Erwachsenenbildung 11), Darmstadt [2]1995
Auslieferung: Arbeitsstelle für Erwachsenenbildung der EKHN, Postfach,
64276 Darmstadt

Dritter Teil
Impulse für die Praxis

In diesem Teil soll es um Anregungen und Hinweise für die inhaltliche Planung und Durchführung von Veranstaltungen religiöser Bildung gehen. Im Kapitel 3 hatten wir nach Konturen eines Grundangebots religiöser Bildung gefragt. Wir hatten festgestellt: Ein solches Grundangebot solle offen und plural sein und erfordere durchaus nicht eine einheitliche Trägerschaft. Gefragt werden müsse allerdings danach, ob die drei Perspektiven des individuellen, gesellschaftlichen und kirchlichen Christentums bzw. die individuelle, gesellschaftliche und kirchliche Dimension von Religion berücksichtigt seien. In formaler Hinsicht müsse es um gelebte Religion in theologischer und bildungstheoretischer Rekonstruktion gehen. Es könne die religiöse Thematik implizit in den verschiedenen Bereichen der Erwachsenenbildung vorkommen bzw. die religiöse Seite in den verschiedenen Bereichen angesprochen werden. Daneben müsse es aber auch explizit das Religiöse thematisierende Bildungsangebote geben. In Kapitel 9 werfen wir einen Blick auf die konkret geschehende Praxis und fragen danach, welche Konturen sich erkennen lassen, was es gibt, was womöglich im Sinne unserer Forderung fehlt, was deshalb stärker berücksichtigt werden müßte bei Planungen. In Kapitel 10 stellen wir Modelle vor, die sich in der Praxis bewährt haben oder die uns besonders wichtig scheinen für die weitere Entwicklung dieser Praxis.

Kapitel 9
Erfahrungen: Programmanalysen

Wenn man sich Programme von Anbietern der Erwachsenenbildung ansieht, kann man natürlich nur solche Titel einbeziehen, bei denen es sich erkennbar um religiöse Bildung handelt. Damit müssen wir darauf verzichten, den Anteil an Veranstaltungen zu würdigen, bei denen Religiöses implizit zur Sprache kommt. Man erfährt nicht, ob in einem Sprachkurs etwa Texte religiösen Inhalts gelesen werden oder ob bei ökologischen Fragen schöpfungstheologische Überlegungen eine Rolle spielen. Eine gewisse Ausnahme bilden solche Kursangebote, die sich selbst nicht als religiös verstehen, von manchem Anbieter auch nicht als religiös verstanden werden, nach unserer Überzeugung aber sehr wohl gewissermaßen von außen betrachtet religiösen Charakter tragen. Dies trifft vor allem bei Fragen der Spiritualität zu. Hier sind die Übergänge zur Psychologie fließend. Das gleiche gilt für den Bereich Gesundheit. Angebote, die unter der Überschrift der gesundheitsgerechten Lebensführung gemacht werden, tragen oft die Merkmale von Religiosität und Spiritualität. Quantitativ muß man von geringen Angebotszahlen ausgehen.

1. Volkshochschulen

Weniger als ein Prozent der Besucherinnen und Besucher von Volkshochschulen buchen Kurse mit explizit religiöser Thematik. Zu dieser Zahl kommt man, wenn man den Bericht der Bundesregierung zur Weiterbildung zugrundelegt. 1994 besuchten danach in Westdeutschland zusammengenommen drei Prozent aller Teilnehmenden Kurse in den Wissensgebieten Kunst, Literatur, Religion, Geschichte und Länderkunde (Berichtssystem Weiterbildung VI 1996, 30). Die Zahlen sind regional unterschiedlich. Im Programm der Volkshochschule Wiesbaden z.B. gibt es im Winterhalbjahr von über 1.600 Veranstaltungen nur vier zu religiösen Themen. In der evangelischen und katholischen Erwachsenenbildung schätzen wir, daß ca. 20 Prozent der Veranstaltungen sich mit religiöser Thematik beschäftigen. Welche Schwerpunkte lassen sich erkennen? Was kommt vor? Was nicht? Läßt sich eine Planung erkennen?

Eine Untersuchung für diese Fragen können wir nicht vorlegen. Aus der Kenntnis der Arbeitsweise von Volkshochschulen, regionalen Erwachsenenbildungsstellen in evangelischer Trägerschaft und Kirchengemeinden kann gesagt werden, daß es gerade im Bereich der religiösen Bildung keine übergreifende Planung gibt. Was vorkommt, ist aber sicher auch nicht ganz zufällig; es folgt vielmehr dem, was gerade diskutiert wird, bzw. dem, was nachgefragt wird. Erwachsenenbildung ist ein Beitrag zur aktuellen Diskussion. Das betrifft sowohl die Verstärkung von Trends wie deren Kritik. Die Durchsicht von sieben Volkshochschulprogrammen in einem Winterhalbjahr im Rhein-Main-Gebiet ergab, daß die traditionell christlich-theologischen Themen kaum im Trend liegen. Lediglich vier Angebote waren zu verzeichnen: Der Prophet Jesaja; Der Prophet Jeremia; Feministische Theologie; Wird der Tod totgeschwiegen? Weitere drei Angebote beschäftigten sich mit christlich-biblischen Motiven in den Künsten: Zeichen erkennen, lesen und meditieren: Praktische Einführung in die christliche mittelalterliche Ikonographie; Und sie erkannten ihn … Jesus in der Gegenwartsliteratur; Die Erzählungen des Alten Testaments – Genesis. Im Trend liegen deutlich solche Angebote, die sich mit anderen Religionen auseinandersetzen. Im Vordergrund steht dabei der Islam. Oft geht es um die Verhältnisbestimmung zum Christentum bzw. die Orientierung in einer Welt der Religionen, die im Zeitalter der

Globalisierung kleiner geworden und näher gerückt ist. Folgende Titel waren zu dieser Thematik zu finden:
- Der Buddhismus – Die zeitlose Lehre zur Befreiung von Leiden
- Soziales Umfeld und Konfliktlösung (aus der Sicht der Gemeinschaft der Bahai)
- Was glauben die anderen? Information und Diskussion über Kirchen, Sekten, Religionsgemeinschaften und Weltreligionen
- Islam und Christentum. Der Versuch eines Dialogs
- Islam verstehen: Europa und der Islam
- Die Rolle der Frauen in den Weltreligionen: Frauen im Christentum
- Religionsgeschichte: Islam
- Stammtisch Religionsgeschichte: Große Religionsstifter
- Die Religion unserer muslimischen Nachbarn
- Von Aphrodite bis Zeus: die Götter des antiken Griechenlands
- Die ewig neuen Schriften der indischen Philosophie.

Bezieht man die Bereiche Psychologie und Gesundheit, d.h. den Bereich der allgemeinen Lebenshilfe, mit ein, stößt man auf den eigentlichen Trend: Religiöses als Lebenshilfe. Die folgende Themenliste vermittelt eine Vorstellung von dem angebotenen Spektrum. Dabei ist noch nicht einmal Yoga berücksichtigt.
- Geistige Psychologie: Meditation
- Tarot in der Praxis (mehrmals)
- Move your body – move your soul
- Altes Denken – neue Wege: Meditation
- Positiv den Tag beginnen
- Sinn und Unsinn von Esoterik und Okkultismus
- Meditation um Mitternacht
- Karma – das schöpferische Schicksal
- Glaubenssätze – Muster ohne Wert? Wochenendseminar zum Umgang mit selbstauferlegten Glaubenssätzen
- Astrologie – Einführung in die Grundsymbolik
- Ganzheitliche Meditation – was ist das?
- Positives Denken (mehrmals)
- verzaubernde Düfte
- Aufbruch in eine neue Dimension – Der Beginn des Wassermann-Zeitalters und die Bedeutung der geistigen Planeten Uranus, Neptun, Pluto
- Anthroposophie und Erziehung
- Wege zum inneren Frieden
- Lebendige Astrologie
- Die Geister, die ich rief … Kritische Betrachtung zum Spiritismus
- Einführung in die europäische Mystik

– ZEN – eine Blume ohne Wort
– Kritischer Umgang mit Esoterik
– Selbsterfahrung und weltanschaulicher/religiöser Wandel
– Anthroposophische Vortragsreihe: Lebensrhythmen-Lebenskrise und W. von
  Eschenbachs Parzifal
– Chakren – Lebenskraft und Lebensfreude aus der eigenen Mitte.

2. Evangelische Erwachsenenbildung

Ebenfalls im Rhein-Main-Gebiet haben wir drei Programme regionaler evangelischer Erwachsenenbildung durchgesehen. Dabei fällt auf, daß auch in den kirchlichen Programmen Religiöses als Lebenshilfe bzw. die Frage nach einer das alltägliche Leben tragenden Spiritualität den größten Anteil der Veranstaltungen im Bereich religiöser Bildung ausmacht. Auch hier werden Angebote der Meditation nicht der Religion zugeordnet, sondern z.B. in der Rubrik Entspannung geführt. Des öfteren beschäftigt man sich mit biblischen Stoffen unter dem Gesichtspunkt der Lebenshilfe. Zu nennen sind in diesem Zusammenhang Veranstaltungen zu Meditation, Fasten, Tage der Stille, Feiern, Liturgische Nacht, Meditativer Tanz, Biblische Frauengestalten, Gottesbilder in uns, Die Elemente Feuer, Wasser, Erde, Luft in den Schöpfungsgeschichten, Unser Tod und unsere Auferstehung haben längst begonnen, Glaube und Selbsterfahrung, Trauergruppen, Christliche Lebenskunst.

Die Suche nach Orientierung hinsichtlich der sich wandelnden Welt der Religionen macht einen weiteren Anteil aus. Dabei steht die Beschäftigung mit dem Islam vorne an. Erkennbar ist die Beschäftigung mit dem Judentum als evangelisches Spezifikum zu nennen. Daneben gibt es Einführungen in den Buddhismus oder überhaupt in die Weltreligionen.

In den evangelischen Angeboten spielt natürlich die Auseinandersetzung mit der christlich-abendländischen Tradition der Bibelauslegung und Kirchengeschichte die entscheidende Rolle. Dabei kann es sich um eher wissenschaftliche Einführungen handeln, aber den größeren Teil dieser Angebote nehmen doch diejenigen ein, die einen Bezug zum Heute herstellen – wie: Alte Bibel neu gelesen, Ärgerliche Texte der Bibel, Alte und neue Mythen. Gewürdigt werden – oft aus Anlaß von Jubiläen – Gestalten der Kirchengeschichte wie Luther oder Bonhoeffer. Auch Religiöses in den Künsten wird thematisiert: Christliche Ikonographie oder Bibel als Literatur und Bibel in der Literatur.

Was sich in Volkshochschulen nicht, wohl aber bei kirchlichen Bildungswerken findet, sind Veranstaltungen zur Kirchen- und Gesellschaftskritik aufgrund christlich-ethischer Einsichten. Hier sind die Themen des Konziliaren Prozesses zu nennen: Frieden, Bewahrung der Schöpfung, Gerechtigkeit. Dazu gehören auch Themen der Arbeitslosigkeit, Bio- und Medizinethik.

Die Angebote der regionalen Bildungswerke stellen nun allerdings nur den kleinsten Teil der Veranstaltungen zur religiösen Bildung in evangelischer Trägerschaft dar. Daneben gibt es die Angebote anderer kirchlicher Dienste und vor allem der Kirchengemeinden. In den regionalen Programmheften werden insbesondere von den kirchengemeindlichen Angeboten nur einige veröffentlicht. Genaue Übersichten existieren für diesen Bereich nicht. Der Jahresstatistik einer Landeskirche zufolge läßt sich jedoch sagen, daß in den Kirchengemeinden in der Regel die „traditionellen" Bereiche angeboten werden: biblische Themen, Kirchengeschichte, Gestalten des Christentums, Fragen der Frömmigkeit, Kirchenjahr, Glaubenskurse. Weniger als bei den kirchlichen Diensten und der regionalen Erwachsenenbildung kommen vor: Feministische Theologie, andere Religionen, Bibel als Literatur.

3. Ein Grundangebot?

Nimmt man das so eingeschätzte Spektrum von Angeboten in Volkshochschulen, evangelischen Bildungswerken und Kirchengemeinden zusammen, so ergibt sich ein sehr offenes und plurales Bild, mit der Einschränkung allerdings, daß dies nur in städtischen Bereichen so ist. Die Perspektiven des Individuums, der Gesellschaft und der Kirche sind vertreten. Die Volkshochschule vertritt die kirchliche Perspektive kaum. In bezug auf die Gesellschaft wird vor allem die Frage der sich entwickelnden religiösen Vielfalt angegangen. In der kirchlichen Erwachsenenbildung kommen die Themen des Konziliaren Prozesses zwar nicht häufig, aber doch überhaupt vor. Nicht bearbeitet werden z.B. religiöse Tendenzen in der Werbung und in den Medien. Das Religiöse in Film und Popmusik wird nicht reflektiert. Auch quasireligiöse Überhöhungen in Wirtschaftsfragen werden nicht angesprochen. Die Angebote, die man der Perspektive des Individuums zurechnen kann, sind zahlreich vertreten. In vielen Veranstaltungen geht es aber offenbar nicht so sehr um eine Thematisierung von Lebensfragen der einzelnen, um Deutung und Verstehen, sondern eher um die Vermittlung von Techniken der Lebensbewältigung. Fragen des Lebenslaufs, der religiösen Entwicklung, der Lebens- und damit verbunden Sinnkrisen kommen nicht erkennbar zur Sprache. Bei der kirchlichen Perspektive fehlt völlig die Auseinandersetzung um die Frage der inneren Pluralität der Kirche. Unterschiede der theologischen Schulen und Methoden werden nirgends erkennbar. Die Bedeutung des allgemeinen Priestertums im Protestantismus und die damit konstitutive Rolle der einzelnen in der Kirche wird nicht angesprochen. Möglicherweise werden manche Angebote nicht gemacht, weil sie als nicht attraktiv eingeschätzt werden. Teilnahme an Erwachsenenbildung ist ja freiwillig. Angebote müssen deshalb attraktiv sein. Doch gäbe es auch für diese Fälle Möglichkeiten, etwas zu organisieren. So läßt sich eher vermuten, daß entsprechende Angebote nicht gemacht werden, weil die von uns genannten Dimensionen des individuellen und gesellschaftlichen Christentums neben dem kirchlichen Christentum so nicht im Blick sind. Vielleicht wird auch überhaupt keine umfassende Planung vorgenommen, so daß auch entsprechende Kriterien gar nicht zur Geltung kommen können. Hier wäre zunächst wirklich mehr Planungsverhalten zu fordern. Dabei sollten dann die Ziele, wie wir sie in den Überlegungen zu einem Grundangebot formuliert haben, berücksichtigt werden.

Angebote religiöser Bildung kommen zustande, weil es konkrete Nachfragen gegeben hat. In Kirchengemeinden treten Personen an die Pfarrerin oder den Pfarrer heran und melden einen Bedarf an Weiterbildung in bezug auf bestimmte Fragen oder Themen an. So kann es zu einer ersten Seminarplanung kommen. Teilnehmende von schon laufenden Veranstaltungen wünschen sich Fortsetzung in eine bestimmte Richtung. Veranstaltungen kommen aber auch zustande, weil Personen sich mit einer Thematik beschäftigt haben und sie nun auch anderen zugänglich machen wollen. Wie in Kirchengemeinden entsteht auf diesen beiden Wegen im wesentlichen auch das Programm bei regionalen Bildungsstellen oder Volkshochschulen.

An sich ist dieses Vorgehen bei der Planung durchaus bewährt. Man kann einigermaßen sicher gehen, daß sich auch Menschen zu den Veranstaltungen einfinden. Doch sollte man auch die Frage berücksichtigen, in welchem Kontext solch ein Angebot eigentlich zu stehen kommen wird. Welche Perspektive wird es vermitteln? Welches sind die Ziele, die damit verfolgt werden? Welche Perspektive ist angesprochen: die individuelle, die gesellschaftliche, die kirchliche? Sind Mündigkeit, Offenheit und Pluralität in dem Programm angelegt? Diese Fragen gelten für die Planung der einzelnen Veranstaltungen, aber eben auch für das Gesamtbild, in das sich die eigene Veranstaltung einfügen soll. In einer durch Pluralität geprägten religiösen Landschaft, in der die einzelnen nach persönlicher Entscheidung streben, muß es Wahlmöglichkeiten geben, müssen Alternativen offengelegt, muß auch mit Gegenpositionen konfrontiert werden. In der einzelnen Veranstaltung, dem Vortrag mit Diskussion, dem Seminar, Kurs usw. wird es oft nicht gelingen, diese Vielfalt und Offenheit überzeugend darzustellen.

4. Vielfalt und Offenheit durch Kooperation mit anderen.

Im Interesse der Offenheit und Vielfalt wird gegenwärtig gern zu dem Instrument der *Kooperation* mit verschiedenen Einrichtungen und zu Veranstaltungsreihen gegriffen, die mehr Vielfalt garantieren. Hier einige Beispiele:
Der Bund Bildender Künstlerinnen und Künstler ruft zu einer dreiwöchigen Reihe von Vorträgen, Musikveranstaltungen, Ausstellungen usw. unter dem Titel

„Herbsttage" auf. Thema ist „… über den Tod und den Tod hinaus". Auch die verschiedenen kirchlichen Institutionen sind angesprochen. Zum Teil bringen sie Veranstaltungen ein, die bei ihnen ohnehin auf dem Programm standen, zum Teil konzipieren sie für diesen Anlaß eigens neue Angebote. Z.B.:

- Vortrag bei der Stadtmission „Ist mit dem Tod alles aus?"
- Ein Tag Bibliodrama in einer Kirchengemeinde „… der Tod wird nicht mehr sein". Die Vision der Apokalypse als Bild der Hoffnung über den Tod hinaus.
- Referat in einer Kirchengemeinde „Wie bereite ich mich durch Meditation und Kontemplation auf meinen eigenen Tod vor?"
- Führung „Gruft und Grabstätten in der Stadtkirche"
- Referat eines Pfarrers bei einem Beerdigungsunternehmen „Anonyme Bestattung – ein praktischer Abgang?"
- Vortrag „Der Tod tanzt aus der Reihe" – Das Leben als letzte Gelegenheit
- Vortrag „Objektive Unsterblichkeit" – Tod und Auferstehung in der modernen Theologie
- Vortrag „Sterben und Sterberituale in Christentum und Hinduismus"
- Vortrag mit Lichtbildern „Eros und Tod – Die Frau im melancholischen Garten"
- „Literarischer Spaziergang über den Waldfriedhof"
- Führung im Landesmuseum „Der Tod in der Sicht des Mittelalters"

Solche Zusammenstellungen von Veranstaltungen verschiedener Angebote unter einem Oberthema gibt es auch in rein kirchlicher Trägerschaft. Seelsorgerlich relevante Fragestellungen wurden z.B. gesammelt unter dem Thema „Abschied und Neuanfang" oder „Zum Glück gibt es Krisen". Die Auseinandersetzung um Fragen des Alters und des Alterns stand in einem Dekanat unter der Überschrift „Das Alter leben". Eine Vielzahl von Veranstaltungen zur gegenwärtigen religiösen Lage wurde gesammelt veröffentlicht unter dem Titel „Das Land der vielen Götter".

Der religiöse Blick kann auch nur eine Betrachtungsweise innerhalb anderer sein. Z.B:

Eine Sommerakademie bestehend aus sechs Abendterminen, jeweils einer pro Woche, wurde zum Thema „Herz" im kirchlichen Zentrum einer Großstadt angeboten. Im einzelnen gab es folgende Angebote:

- Ausstellungseröffnung: LOVE. Junge Fotografen zeigen Herz. Ein Projekt der Fachhochschule
- Vortrag: Kaltes Herz? Das Herz im Kulturvergleich
- Vortrag mit Lesung: Das Hohelied Salomos. Die alten Buchstaben mit den Sinnen neu lesen.
- Ausstellungseröffnung: Ulrike Müller. Das Herz / Ein Spielfeld und sieben Schautafeln.

- Vortrag: Die Mechanisierung des Herzes. William Harvey und die Entdek-
  kung des Kreislaufs.
- Lesung: Herzwechsel. Ein Erfahrungsbericht.

Vortragende in der Sommerakademie waren Architekturkritiker, Ethnologen, Medizinhistoriker, Kunsthistoriker und über das Hohelied ein Anglist.

Auch Jubiläen können zum Anlaß genommen werden, um theologische Fragen zur Debatte zu stellen. Luther- oder Melanchthon-Jahre sind dafür aus der jüngeren Zeit Beispiele. Konfessionsübergreifend wird der neunhunderste Geburtstag Hildegards von Bingen begangen. Der Blick in das Wiesbadener Programmheft der evangelischen Erwachsenenbildung zeigt, wie vielfältig die Angebote sein können:

- Musical: Hildegard von Bingen – Bilder einer ewig neuen Welt
- Vortrag: Hildegard von Bingen – Prophetin der kosmischen Weisheit
- Frauengruppe: „auf daß deine Seele symphonialis gestimmt sei" (Musikalische Improvisationen zu Hildegards Liederzyklus „Symphonia")
- Ausstellung: Frauen gestalten Frauengestalten
- Studientag: Ein Tag mit Hildegard von Bingen
- Busfahrt: Auf den Spuren der Hildegard von Bingen
- Ökumenischer Gottesdienst: „Der Weisheit grüner Mantel" – Gottesbilder der Hildegard von Bingen

Eine andere Form sind thematische Reihen zu aktuellen Fragestellungen. Eine Kirchengemeinde und die Evangelische Studentengemeinde boten in Kooperation an „Vom Segen, der unter die Haut geht". Dazu gehörten als Einzelveranstaltungen:

- Heil und Heilung aus medizinischer und theologischer Sicht – Ein Podiumsgespräch
- Auf der Suche nach Heil und Heilung in biblischen Geschichten – Seminar mit bibliodramatischen Elementen
- Seinen Platz finden und einnehmen -Gedanken zu einer gesunden Lebensführung
- Ich will dich segnen, und du sollst ein Segen sein – Segen als Quelle heilender Kraft – Seminar
- Klang und Heilung – Einführung mit musikalischen Beiträgen
- Einführung in die heilende Liturgie
- Tagesseminar zur Vorbereitung des Gottesdienstes „Abendgottesdienst mit Elementen der Segnung und Salbung"

- Eine besondere Form stellen „interreligiöse Rundgänge" dar zum Thema „Synagoge – Kirche – Moschee". Jeweils eine Synagoge, eine evangelische, katholische, griechisch-orthodoxe Kirche und eine Moschee werden an wöchentlich aufeinanderfolgenden Terminen besucht. Gotteshäuser werden als gestaltgewordener Glaube angesehen.

– In Kooperation mit Künstlerinnen und Künstlern entstehen Aktionen wie künstlerische „Kirchgänge" oder „Frauenkunst in Kirchen". Kirchgebäude einer ganzen Stadt werden von Künstlerinnen und Künstlern mit einem oder mehreren Werken neu akzentuiert. Rundgänge, Gespräche am Ort und andere Begleitveranstaltungen ermöglichen einen Dialog zwischen Kunst und Kirche.

Die Reihen und Kooperationsveranstaltungen thematisieren sicher nicht zufällig häufig krisenhafte Lebenssituationen. Die Frage nach Religiösem hat dort ja ihren Sitz im Leben. Dies entspricht auch allen Erfahrungen der Erwachsenenbildung, wonach Probleme, Fragen oder Krisen die entscheidenden Ansatzpunkte fürs Lernen sind. Wenn Vertrautes verloren geht, alte Deutungsmuster nicht mehr tragen, dann beginnt die Suche nach neuen Orientierungspunkten. Daran anzuknüpfen in der Bildungsarbeit hat sich bewährt.

Kapitel 10
Modelle

In diesem Abschnitt werden mögliche Angebote auf dem Hintergrund von Erfahrungen vorgestellt. In der Praxis Bewährtes steht im Vordergrund, daneben aber geht es auch um die Anregung zu neuen Arbeitsformen und zur Weiterentwicklung der Praxis. Jeweils wird gefragt, wo der Ausgangspunkt der Beschäftigung mit der Zielgruppe, dem Thema oder der kreativen Arbeitsweise liegen mag. Dann wird überlegt, worum es insbesondere gehen könnte. Mögliche Angebote werden angesprochen. Im Mittelpunkt steht die ausführliche Vorstellung eines Beispiels. Am Schluß wird jedesmal auf Hilfsmittel hingewiesen.
Folgende Beispiele werden behandelt:

1. Theologie
2. Frieden, Gerechtigkeit, Bewahrung der Schöpfung
3. Bibel
4. Lebensgeschichte
5. Spiritualität
6. Konfessionslose
7. Ökumenisches und interreligiöses Lernen
8. Literatur
9. Bildende Kunst
10. Musik
11. Frauen
12. Männer
13. Eltern und religiöse Erziehung
14. Junge Erwachsene

1. Theologie

Ausgangspunkte

Information und Gespräch über grundlegende theologische Themen auch mit Erwachsenen sind grundsätzlich ein Anliegen der Kirche. Zumal im Protestantismus, ausgehend von dem allgemeinen Priestertum der Getauften, gehört solches Gespräch fast zur Bringschuld der Kirche. Die Katechismen der Reformationszeit waren nicht in erster Linie für den Kinderunterricht, sondern auch für das Lernen der Erwachsenen gedacht. Daran anknüpfend haben evangelische wie katholische Kirchen bzw. kirchliche oder religionspädagogische Einrichtungen o.ä. in den letzten Jahrzehnten Erwachsenenkatechismen herausgebracht. Erwachsenenbildnerisch gesehen muß man jedoch auch auf Fragen warten. Z.B.:

– Es wird bei einem Konfirmandenelternabend gefragt: „Was hat es damit eigentlich theologisch auf sich?" Oder: „Glauben wir als Evangelische auch an …?"
– Mitarbeiterinnen und Mitarbeiter möchten eine grundlegende theologische Fortbildung bekommen.
– Im Seniorenkreis erzählt man sich von zurückliegenden Zeiten. Die Frage kommt auf: Was war das eigentlich für eine Theologie im Vergleich zu dem, was man gegenwärtig von der Kanzel gesagt bekommt?
– Einige im Kirchenvorstand haben etwas über die historisch-kritische Forschung gelesen und möchten wissen, was die studierten Theologinnen und Theologen darüber sagen.
– In der Volkshochschule wird eine Einführung in die Hauptlehren des Christentums gewünscht.

Ziele

Interessenten soll die theologische Kultur näher gebracht werden. Sie sollen in die Welt der Theologie Einblick erhalten.
Eine kritische Auseinandersetzung mit theologischen Aussagen der Tradition soll ermöglicht werden.
Der eigene Glaube soll theologisch reflektiert werden. Persönliche Überzeugungen sollen theologisch artikuliert werden können.
Eltern, Großeltern, Leiterinnen und Leiter von kirchlichen Gruppen und andere Mitarbeitende im kirchlichen Feld sollen theologisch auskunftsfähig werden. Die Teilnehmenden sollen zu einem eigenständigen und ihnen gemäßen Umgang mit den Topoi und Themen der kirchlich-theologischen Tradition ermutigt und befähigt werden.

Arbeitsformen

In Kirchengemeinden tauchen Fragen nach Themen der Theologie bzw. Glaubensthemen oft in bestehenden Gruppen und Kreisen auf. Hier lassen sich Sequenzen von Treffen thematisch entsprechend verabreden. Zu denken wäre an den Seniorenkreis, Konfirmandeneltern, Kindergarteneltern, Frauengruppen und Mitarbeiterkreis. Man könnte zu den nachgefragten Punkten kurze Darstellungen dessen geben, wie in der wissenschaftlichen Theologie dazu gearbeitet worden ist.

Eine beliebte Arbeitsform ist für theologische Themen das Seminar oder der Kurs. Hier ginge es vor allem um die Vermittlung von Grund- bzw. Einführungswissen. Solche Seminare oder Kurse für jedermann sollten mit einer Vorbereitungsgruppe geplant werden. Dasselbe gilt für Kurse beim evangelischen Bildungswerk oder in der Volkshochschule. Die Interessen der Teilnehmenden entscheiden über die konkrete Auswahl und Gestaltung des Vorhabens.

Eine andere Art von Seminar bezieht sich auf die biographische Prägung durch theologische Aussagen. Es wird lebensgeschichtlich orientiert gearbeitet. Die persönliche Geschichte mit den entsprechenden Inhalten steht im Vordergrund. Das unten vorgestellte *Beispiel* bezieht sich auf diese Form.

Angebote

Aus Programmheften evangelischer Erwachsenenbildungseinrichtungen stammen die im folgenden genannten Titel. Sie zeigen die mögliche Vielfalt von Angeboten.

- Gottesbilder, Jesusbilder, Gemeindebilder – Ich suche meine theologische Heimat
- Einführung ins Christentum
- Glaubensseminar für die Gemeinde
- Tod und Auferstehung in den Religionen der Welt
- Kennenlernen und Verstehen von theologischen Begriffen
- Jesus im Spiegel der Weltreligionen
- Sünde – ein veralteter theologischer Begriff
- Engel und Esoterik
- Buße und Beichte aus evangelischer und katholischer Sicht

Methodisch sollte man den Teilnehmenden viel Raum für eigene Äußerungen geben. Zwei Stunden sind in der Regel für solche Themen zu wenig. Da eine gewisse Vertrautheit miteinander nötig ist, damit theologische Fragen wirklich offen gestellt werden, ist es empfehlenswert, auch bis zu zweitägige Veranstaltungen vorzusehen.

Beispiel
Seminar „Gottesbilder, Jesusbilder, Gemeindebilder"
(eine eigene Arbeitserfahrung, W.L.)

Gewünscht war ein gemeindeübergreifendes Angebot in einem ländlichen Dekanat. Zielgruppe waren Mitarbeitende und Interessierte. In der Vorbereitungsgruppe wurde das Ziel formuliert: Es sollte um die Klärung der persönlichen Glaubensauffassung gehen in Auseinandersetzung mit dogmatischen Topoi. Als Untertitel wurde gewählt: „Ich suche meine theologische Heimat". Man wollte keine theologische Belehrung, sondern die Gelegenheit, selbst auf die Suche gehen zu können. Die drei Themen schienen den Hauptfragerichtungen zu entsprechen.

Man plante drei Treffen von jeweils zwei bis drei Zeitstunden. Diese Art intensiver Weiterbildung hatte im Dekanat schon eine gewisse Tradition. In der Regel kamen aus den etwa zehn Gemeinden jeweils zwei bis drei Leute. So war es auch diesmal. Die Zahl der Teilnehmenden lag bei 25. Das bedeutete, daß man viel in Kleingruppen arbeiten mußte, wenn die einzelnen ausreichend zu Wort komme sollten.

In einer ersten Einheit von 45 bis 60 Minuten kam man nach der Begrüßung und der Vorstellung des Seminarverlaufs in Gruppen zu vier Personen zusammen. Die Aufgabe war: „Erzählen Sie einander: Wie war das bei mir mit dem „lieben" Gott, mit Jesus usw.? Wer hat mir davon zuerst erzählt? Wie ging es weiter?" Diese biographische Eröffnung ist notwendig, damit erkennbar wird, daß alle verschiedene Zugänge und Ausprägungen des Glaubens haben. Wenn die Verschiedenheit als an das je persönliche Leben gebunden erfahren wird, läßt sie sich leichter akzeptieren, als wenn grundsätzlich von Pluralität gesprochen wird. Für die einzelnen ergibt sich aus dem Erzählen, daß sie für das Ineinander von Lebensgeschichte und theologischen Vorstellungen sensibilisiert werden und nicht anfangen zu theoretisieren. Nach dem Erzählen, für das man mindestens eine dreiviertel Stunde ansetzen muß, können die Gruppen im Plenum knapp zum Ausdruck bringen, was sie an Neuem und Interessantem in der Gruppe erfahren haben.

Der zweite Arbeitsschritt nimmt den Faden der Erfahrungen wieder auf. Jetzt werden Bilder im Plenum ausgelegt. Am einfachsten ist das bei der zweiten Runde zum Thema Jesus-Bilder. Hier kann man auf die Darstellungen aus der Kunstgeschichte zurückgreifen und findet eine Fülle an Material: Den Pantokrator, den Leidensmann, den jugendlichen Mann der Renaissance, den guten Hirten des 19. Jahrhunderts oder den segnenden Christus von Thorvaldsen oder Uhde. Eine entsprechende Sammlung muß man sich am besten selbst anlegen. In kleinem Format gibt es Abbildungen im Heft 5 des „Glaubensseminars für die Gemeinde", Theologischer Verlag Zürich 1992. Bei Gottes-Bildern ist dieser Weg auch gangbar, jedoch nicht durchgängig so ergiebig. Gottes-Darstellungen sind nicht zu allen Zeiten in der Kunst möglich gewesen. Dafür finden sich aber Gottessymbole wie die Hand, das Auge im Dreieck oder die Darstellung aus der Populärdevotionalkunst: die Hand, in die sich ein Kind schmiegt. Die Ausmalung der Sixtinischen Kapelle zeigt Gott Vater in verschiedenen Variationen. Gott als Schöpfer ist beliebt. Schnorr von Carolsfeld zeigt Gott beim Sabbat usw. Man sollte von den verschiedenen Motiven mehrere Kopien anfertigen. Die Bilder werden im Raum ausgelegt. Die Teilnehmenden bekommen die Aufgabe, sich ein oder zwei Motive auszusuchen, mit denen sie etwas verbinden oder für die sie sich interessieren.

Nachdem alle Bilder gefunden haben, werden die Teilnehmenden gebeten, in Vierergruppen zusammenzukommen. In den Gruppen stellt man sich die ausgewählten Bilder vor und bespricht, was man damit verbindet – positiv wie negativ. Nach einer Erzählrunde – etwa 45 Minuten – sollen die Gruppen Fragen und kritische Punkte zum Thema Gott aufnotieren.

Im anschließenden Plenum wird kurz über die Ereignisse in der Gruppe berichtet, dann werden die Fragen und sonstigen Punkte der Gruppen gesammelt.

Entweder in einer nächsten Zusammenkunft oder bei längeren Veranstaltungen nach einer Pause kann man nun theologische Informationen geben, die an die Fragen der Teilnehmenden anschließen. Dafür eignet sich in vielen Fragen der Evangelische Erwachsenenkatechismus (Gütersloh 1989). Man sollte sich in unserem Fall auf Fragen nach den Gottesbeweisen, dem Aufenthaltsort Gottes (Immanenz/Transzendenz), dem Geschichtswirken Gottes, der Theodizee bzw. nach dem Bösen und dem Leid, der Prädestination usw. vorbereiten. Dazu kann man kleine Texte kopiert bereithalten. Sie ermöglichen es, daß die Teilnehmenden Textarbeit machen und auch etwas nach Hause mitnehmen können. Man kann alle Materialien so gestalten, daß sich daraus eine kleine Sammlung machen läßt.

Die Arbeit an theologischen Materialien läßt sich abschließen, indem die Teilnehmenden selbst etwas formulieren, z.B. ein persönliches Glaubensbekenntnis. Sie können auch aufschreiben, was sie ihren Kindern oder Enkeln gern weitergeben möchten oder was nach ihrer Ansicht unbedingt in unserer Gesellschaft weitervermittelt werden muß.

Wie bei den Gottes-Bildern kann man entsprechend mit den Themen Jesus-Bilder und Gemeinde-Bilder verfahren. Beim Thema Gemeinde-Bilder werden Fotos verwandt: Das Ulmer Münster, eine Dorfkirche, eine barocke Innenausstattung, der Blick in die Notkirche von Bartning, ein modernes Gemeindehaus, eine Antiapartheit-Demonstration, Schlußgottesdienst vom Kirchentag, Kindergottesdienst, eine Schafherde mit Hirt. Auch dies war eine eigene Sammlung aus verschiedenen Quellen.

Hilfsmittel

Glaubensseminar für die Gemeinde mit 12 Heften, je vier zu den Themen Gott, Christus, Heiliger Geist 1992.

Evangelischer Erwachsenenkatechismus, mit einer materialreich und allgemeinverständlich vorgetragenen Glaubenslehre lutherischer Prägung, [5]1989.

Fernkurs Alltag und Glaube der Fernstudienstelle der EKD (Herrenhäuser Straße 12, 30419 Hannover) mit neun Studienbriefen: Alltag und Rituale, Wohnen und Haushalten, Unser Gott – der Gott, an den ich glaube – der Gott, von dem ich reden will, Arbeit, Lebenskrisen, Jesus Christus, Frauen/Männer, Technik, Heiliger Geist.

Aus der katholischen Erwachsenenbildung hervorgegangen ist:

Hungs, Franz Josef: Handbuch der theologischen Erwachsenenbildung, 1991

Nicht im Buchhandel erhältliche Arbeitshilfe:

Ausgangspunkte. Ein theologischer Basiskurs zu Erfahrungen im kirchlichen Alltag; hrsg.: Ein Gemeinschaftsprojekt evangelischer Erwachsenenbildung (u.a. Arbeitsstelle für Erwachsenenbildung der EKiR, Rochusstraße 44, Düsseldorf/Kassel 1989 und 1991)

Hefte zu folgenden Themen:

– Auf der Suche nach Jesus

- Glaube
- Inwiefern ist die Bibel „Gottes Wort"?
- Parteilichkeit. Gerechtigkeit, Frieden, Bewahrung der Schöpfung – Wie eindeutig soll die Kirche reden?
- Betrifft: Frauen. Was Frauen und Männer die Feministische Theologie angeht
- Mein Bild von der Kirche
- Auf der Suche nach dem eigenen Frömmigkeitsstil
- Dialog zwischen den Religionen
- „Es ist nicht gut, daß der Mensch allein sei"
- Gottesdienst
- „Oh Gott, Herr Pfarrer!"
- Sonntagsarbeit: Ja oder Nein?
- Typisch evangelisch – typisch katholisch
- Woher kommt das Geld in der Kirche?

2. Konziliarer Prozeß: Frieden, Gerechtigkeit, Bewahrung der Schöpfung

Ausgangspunkte

Der mit dem Stichwort „Konziliarer Prozeß" verbundene Themenkreis (Frieden, Gerechtigkeit, Bewahrung der Schöpfung) bedarf keines besonderen Anlasses. Er besitzt inzwischen eine eigene Tradition und wird als eigener Ansatz religiöser, theologischer oder kirchlicher Erwachsenenbildung vertreten (s. besonders Orth 1990, Blasberg-Kuhnke 1992). Eine besondere Frage ergibt sich jedoch daraus, daß entsprechende Themen in der Regel nicht bei den üblichen Trägern der Erwachsenenbildung erwartet werden, sondern eher von den entsprechenden Bewegungen und Initiativgruppen selbst. Darüber hinaus ist eigens zu bedenken, wie die im vorliegenden Zusammenhang zentralen *religiösen* Aspekte sich zu den häufig im Vordergrund stehenden *ethischen* und *politischen* Themen und Aufgaben verhalten.

Besondere Anlässe können sein:
- Bildungs- und Informationsbedürfnisse innerhalb von Initiativgruppen o.ä. als Regelfall. Denkbar ist hier eine Beratung oder Unterstützung durch Fachleute u.a. aus der Erwachsenenbildung.

- Besondere Ereignisse in der Region (Asylfragen, Kraftwerke, landschaftsver-
  brauchende Bauvorhaben usw.) können Ausgangspunkt für darauf bezogene
  Angebote der Erwachsenenbildung werden.
- Besondere Aktionen in Kooperation zwischen Erwachsenenbildungseinrichtungen und Initiativgruppen etwa zu Themen mit Bezug auf die sog. Dritte
  Welt (von Kindern geknüpfte Teppiche, Frauen- und Kinderschicksale in der
  südamerikanischen Blumenproduktion usw.).
- Wunsch nach Verknüpfung von Aktionsgruppe und weiterreichender Bildungsarbeit im Sinne theologisch-ethischer Vertiefung.
- Öffnung kirchlicher und gemeindlicher Bildungsarbeit im Blick auf ethisches
  und politisches Engagement, wie dies von manchen Vertretern der Erwachsenenbildung konzeptionell gefordert wird.

Ziele

Die besondere Chance, aber auch Herausforderung liegt in der Praxisnähe von
Lernprozessen im Zusammenhang des Konziliaren Prozesses. Theorie und (politische) Praxis sind hier häufig so eng aufeinander bezogen, daß praktische Erfahrungen das Lernen verstärken, aber eben auch ganz überlagern können (vgl.
Schmidt 1993). Die Aktion darf Bildung nicht überwältigen oder ausschließen –
darin liegt die Aufgabe der stets zu gewährleistenden Balance für die Erwachsenenbildung.

Im einzelnen sind folgende Ziele besonders wichtig:
- Unterstützung „natürlicher" Lernprozesse (s.u.) in Aktionsgruppen, d.h. sol-
  cher Lernvorgänge, die unabhängig von organisierter Bildungsarbeit bereits
  im Gange sind (z. B. Informationssuche zu ökologischen oder politischen
  Fragen)
- Klärung persönlicher Motive im Verhältnis zwischen Glaube und ethischer
  Verantwortung
- Erschließung der theologisch-ethischen Tradition im Blick auf Gerechtig-
  keitsverständnis, Friedensethik und Schöpfungsglaube
- Informationen zu Beispielen konziliaren Engagements aus der Ökumene (Ba-
  sisgruppen und Befreiungstheologie, Initiativen in anderen Kontinenten usw.).

Arbeitsformen

Bei den Arbeitsformen kann zwischen direkt auf Initiativgruppen oder bestimmte
Anlässe bezogenen und eher allgemeinen Formen unterschieden werden:

- Begleitung von Initiativgruppen durch gemeinsam geplante Seminare, Vortragsveranstaltungen usw., die in erkennbarem Zusammenhang zu deren Arbeit und Aktion stehen.
- Allgemeine Bildungsangebote zur Klärung theologischer und ethischer Fragen (vgl. auch unten, zu biblischen Angeboten)
- besondere Arbeitsformen stehen für die Bildung des ethischen Urteils zur Verfügung, zum einen aus der Moralpsychologie, zum anderen aus der theologischen Ethik: Arbeit an Dilemmageschichten, Modell theologischer Urteilsbildung (im Abschnitt „Hilfsmittel" wiedergegeben).

Angebote

- Globalisierung und weltweite Gerechtigkeit: Seminarreihe mit Fachleuten aus Wirtschaft und Theologie
- Friedensarbeit und Friedenserziehung – auch nach dem Ende des Kalten Krieges? – Vortrag mit Diskussion
- Bewahrung der Schöpfung im dritten Jahrtausend – Workshop-Wochenende zur Perspektivplanung mit Initiativgruppen aus der Region
- Ökologische Verantwortung als Herausforderung des christlichen Glaubens: biblisch-ethische Perspektiven.

Beispiel

Das nachfolgende Beispiel entnehmen wir einer Arbeitshilfe „Schöpfung – Anstöße zu einem anderen Umgang mit unserer Erde", die vom Fachausschuß Theologie der Evangelischen Arbeitsgemeinschaft für Erwachsenenbildung in Württemberg erstellt wurde (Evangelische Arbeitsgemeinschaft 1987, 45ff.):

Ist der Mensch die Krone der Schöpfung?

Die Sonderstellung des Menschen in der Schöpfung scheint sich zunächst problemlos und mit aller Deutlichkeit aus den biblischen Schöpfungsberichten zu ergeben. In neuerer Zeit ist diese Auffassung des Menschen jedoch immer mehr zum Problem geworden: Ist es nicht gerade die – vermeintliche – Sonderstellung des Menschen, die eine Trennung von Mensch und Natur bewirkt und die so für die Umweltzerstörung mitverantwortlich ist?
Ist nicht gerade die biblische Sicht des Menschen – so fragen mit Nachdruck die Kritiker des Christentums – beteiligt an der zerstörerischen Haltung gegenüber der Natur?
Die Diskussion, die durch solche Fragen ausgelöst wurde, hat freilich deutlich gemacht, daß die Rede von der menschlichen Sonderstellung bei weitem nicht nur von biblischen Auffassungen gespeist wird, sondern ebenso – und manchmal viel mehr – von moder-

nen Selbstbildern, in denen sich der Mensch als „Krone der Schöpfung" überhöht. Dies zwingt zur Präzisierung auch der theologischen Sicht des Menschen.

Die beiden Texte auf S. 152–156 (aus: Publik-Forum, Zeitung kritischer Christen, Oberursel, Ausgabe Nr. 11/12/1985, gekürzt) spiegeln die unterschiedlichen Formen der heutigen theologischen Diskussion. In diesen Texten nehmen die Autoren in zum Teil kontroverser Weise Stellung zu der Frage: Ist der Mensch die Krone der Schöpfung?

Alfons Auer
Nur im Menschen kommt die Natur zu sich selbst

1. Die Natur kommt zu sich selbst nur im Menschen.

Wo die Natur zum Nutzen der Menschen rücksichtslos ausgebeutet wird, muß man von einer schrankenlosen Anthropozentrik sprechen. Anthropozentrik ist überall dort mißverstanden, wo die Natur ausschließlich als Mittel für die Zwecke des Menschen bewertet und ausgenützt wird. Doch damit ist die Verwiesenheit der Natur auf den Menschen keineswegs ausgeschlossen. Im folgenden wird jedenfalls die These vertreten: Die Natur kommt zu sich selbst nur im Menschen, nur in ihm erfüllt sich ihr Sinn.

2. Menschsein kann nur aus dem Zusammenhang mit der Natur heraus erfüllt werden.

Recht verstandene Anthropozentrik setzt allem menschlichen Handeln an der Natur das Maß. Sie bringt nicht nur zum Ausdruck, daß die Natur auf den Menschen hin gebaut und nur vom Menschen her verstehbar und eben darum menschlich ist. Anthropozentrik schließt in gleicher Weise in sich, daß Menschsein nur aus dem Zusammenhang mit der Natur heraus entfaltet und erfüllt werden kann. Dieser Sachverhalt ist dem Menschen nicht nur durch rationale Argumente, sondern auch auf dem Weg der unmittelbaren Erfahrung zugänglich. Wenn er sich gegen das durch die Anthropozentrik gesetzte Maß verhält, wird er die Wirkung dieses Fehlverhaltens zu spüren bekommen. In seiner konkreten lebensgeschichtlichen und in der gesamtgeschichtlichen Erfahrung stößt er immer wieder auf die Gegenprobe zu den Entscheidungen, die er trifft, und zu dem Verhalten, das er praktiziert. Wenn er sich dem Anspruch der Natur verweigert, richtet er Verwirrung und Zerstörung an – in der Natur sowohl wie in sich selbst; genau dies entspricht dem anthropozentrischen Prinzip. Der Mensch erfährt, ob er mit seinem Verhalten seine eigene Freiheit, seine Solidarität mit dem Mitmenschen und seine Eingebundenheit in die Natur fördert oder aber behindert oder gar zerstört. Darum sprechen wir bildhaft von der Rache der Natur oder vom Zurückschlagen der Natur, wenn die Zerstörung naturaler Zusammenhänge oder die Ausbeutung naturaler Ressourcen zu tiefgreifenden Störungen der Wirtschaft und der Gesellschaft führen. Anthropozentrik bedeutet nicht Maßlosigkeit, sondern schließt Verständnis des menschlichen Maßes ein, in dem auch das Maß der Natur als Anspruch enthalten ist. Wo der Mensch das Maß der Natur mißachtet, wird sein Handeln nicht nur unnatürlich und widernatürlich, sondern auch unmenschlich und widermenschlich.

3. Nach den biblischen Schöpfungsgeschichten ist die ganze Welt auf den Menschen hingeordnet.

Wie steht es mit der Theologie selbst? Sie geht auf jeden Fall aus von den biblischen Schöpfungsgeschichten. Diese stellen aber bei aller Verschiedenheit unter sich doch gemeinsam fest, daß die ganze übrige Welt allein auf den Menschen als höchstes Schöpfungswerk Jahwes hingeordnet ist. In Genesis 2 erscheint der Mensch als die Mitte, um die herum Gott seine Welt aufbaut, in Genesis 1 als der Kulminationspunkt, auf den die Schöpfungsgeschichte Stufe um Stufe sich zielstrebig hinbewegt. Der Mensch ist dazu aufgerufen, Gottes Herrschaftsrechte auf Erden zu wahren und durchzusetzen. Das Entscheidende an seiner Gottebenbildlichkeit ist also seine Funktion an der außermenschlichen Welt.

4. Der Mensch soll die Erde so gestalten, daß sie zur Wohnstatt Gottes werden kann.

Nun sind allerdings zwei wichtige Einschränkungen zu machen. Zunächst wird in der priesterschriftlichen Darstellung der Sinaiereignisse deutlich, daß als Aufgipfelung der menschlichen Umgestaltung der Welt die kunstvolle Errichtung des Heiligtums betrachtet wird. Der Mensch soll also seine Fähigkeit, die Natur durch sein Handeln zu verändern, dazu verwenden, die Erde so zu gestalten, daß sie zur Wohnstatt Gottes werden kann. Damit wird zum Ausdruck gebracht, daß menschliches Handeln in der Welt nicht letzter Sinn der Geschichte ist; es zielt vielmehr darauf, daß Gott unter den Menschen wohnen kann. Untertan machen und herrschen stehen also im Zusammenhang der Kreatürlichkeit. Der Mensch erfüllt seinen Schöpfungsauftrag als Täter Gottes, er pflegt und entfaltet das ihm anvertraute Leben. Sinnvolles und fruchtbares Handeln in der Welt steht und fällt mit der Verwirklichung der Gottebenbildlichkeit im Handeln.
Zum anderen ist zu bedenken, daß die Ausübung menschlicher Herrschaft immer in Gefahr steht, den Menschen in Schuld zu verstricken. Die Ausbeutung von Menschen durch Menschen stößt auf das göttliche Nein. Der Mensch läßt sich von der Schöpfung, die er beherrschen soll, selbst beherrschen.
Von Gleichheit, Gleichwertigkeit und geistiger Autonomie aller Kreaturen zu sprechen läßt sich jedenfalls mit dem biblischen Schöpfungsglauben nicht vereinbaren. Auch eine Berufung auf Franz von Assisi und seine Erhöhung zum Schutzheiligen der Ökologie können eine solche Auffassung nicht legitimieren.

5. Anthropozentrik bedeutet keinen Widerspruch zur Theozentrik der Natur.

Die starke Betonung der Anthropozentrik steht voll im Horizont der Kreatürlichkeit. Darum bedeutet sie auch keinen Widerspruch zur Theozentrik der Natur. Im Gegenteil: Je entschiedener die Theozentrik der Schöpfung herausgestellt wird, desto klarer treten auch ihre Zuordnung auf den Menschen und damit ihre Weltlichkeit hervor.
Gewiß hat in der neuzeitlichen Entwicklung der Mensch seine theozentrische Verwiesenheit zusehends in Frage gestellt und teilweise leidenschaftlich bestritten. Wenn er aber das Menschsein als letzten Wert proklamiert hat, dann war nie das faktische Menschsein gemeint, sondern stets ein noch ausstehendes besseres Menschsein. Das biblische Denken bringt entschieden zum Ausdruck, daß der Mensch Ziel und Sinn seines Lebens nur in der Hinwendung zu Gott finden kann. Biblisch verstanden kann der Mensch ohne Gott überhaupt nicht gedacht werden; sein eigentliches Wesen als Mensch ist nur theologisch, genauerhin theozentrisch zu bestimmen.

Das Ergebnis ist eindeutig: Dem Menschen, der als Gottes Bild dessen Herrschaft irdisch darstellen und durchsetzen soll, ist die Natur keineswegs als Objekt willkürlicher Ausbeutung überlassen. Sie erscheint allerdings auch nicht als Subjekt, das dem Menschen als gleichwertiger oder gar übergeordneter Partner gegenübertritt. Sie ist ihm vielmehr verantwortlich übergeben als das Haus, in dem er wohnen, als der Aufenthaltsort, an dem er seine Bestimmung als Mensch durch die Geschichte hindurch einlösen soll.

Jürgen Moltmann
Die Welt ist für den Sabbat da

Ich verstehe die Frage so: Ist der Mensch das Zentrum der Schöpfung, die Mitte der Welt, der Herr der Natur, die Spitze der Evolution? Ist die Natur anthropozentrisch aufgebaut und die Welt um des Menschen willen geschaffen? Erfüllt darum die wissenschaftlich-technische Weltherrschaft des Menschen die Bestimmung nicht nur des Menschen, sondern auch der Natur? Soll der Mensch die Schöpfung, die Gott angefangen hat, weiterschaffen und die Natur vollenden?

1. Nicht der Mensch, sondern der Sabbat ist die Krone der Schöpfung. Nicht der Mensch, sondern die Herrlichkeit Gottes ist das Ziel der Schöpfung.

Nach der ersten Schöpfungsgeschichte kann nicht der Mensch, der am sechsten Tag geschaffen wurde, sondern nur der Sabbat die „Krone der Schöpfung" genannt werden, denn am Sabbat „vollendete Gott alle Werke, die er machte" (Gen. 2,2), indem er sich aus seiner schöpferischen Tätigkeit zurücknahm und in seinem ewigen Sein ruhte. Sein Vollenden besteht darin, daß er nicht mehr eingreift, seine Schöpfung da sein läßt und sich empfänglich macht für das Wohlgefallen und das Lob seiner Geschöpfe. Der Schöpfungssabbat ist das „Fest der Schöpfung", zu dem der ruhende Gott einlädt. Es ist der erste Tag, den die Menschen, zu seinem Bild geschaffen, erleben. Der Sabbatfrieden und die Sabbatfreude der ganzen Schöpfung sind darum auch die erste Erfüllung der Bestimmung der Menschen.
Auch die Schöpfungspsalmen stellen die Daseinsfreude und das Gotteslob durch die ganze Schöpfungsgemeinschaft ins Zentrum. Die Menschen loben Gott für die anderen Geschöpfe und loben ihn an ihrer Statt. Aber die Himmel rühmen des Ewigen Ehre ohne den Menschen und wohl auch stellvertretend für ihn.
Im Neuen Testament finden wir eine erste christliche Kosmologie (Lehre über die Welt[entstehung]) im Epheser- und Kolosserbrief. Hier ist Christus das Zentrum und das Haupt der neuen Schöpfung: Alles im Himmel und auf der Erde soll unter dieses Haupt gefaßt und so vollendet werden (Eph. 1,10; Kol. 1,15ff.). Weil der Mensch nur ein „Erdgeschöpf" ist, kann dieser Christozentrismus der Schöpfung nicht mit Anthropozentrismus verwechselt werden.
Endlich zeigt die große Vision Offenbarung Johannis (Kapitel 21) im Zentrum der neuen Schöpfung von Himmel und Erde den kosmischen Tempel, das neue Jerusalem, was nichts anderes heißen soll, als daß Gott die Welt geschaffen hat und vollenden wird um seiner Herrlichkeit willen.
So haben es auch die altkirchlichen Traditionen in Liturgie und Theologie gesehen: Gott hat die Welt und die Menschen um seiner Herrlichkeit willen geschaffen. Er hat sie geschaffen, um seine ewige Liebe, sein unzerstörbares Leben, seine Gerechtigkeit

und seine Schönheit mitzuteilen, und er vollendet sie, indem er alle Geschöpfe unbehindert an seinem göttlichen Leben teilhaben läßt.

Die besondere Bestimmung der Menschen ist eingebettet in den Frieden der Schöpfungsgemeinschaft und den Lobpreis des ewigen und gegenwärtigen Gottes. Diese theozentrische Auffassung von Schöpfung und Vollendung verbietet einseitigen Anthropozentrismus ebenso wie einseitigen Kosmozentrismus. Der Mensch ist weder die Krone der Schöpfung noch ein Irrläufer der Natur. Weder soll der Mensch die Natur in seine Welt integrieren, noch soll er sich in die Welt der Natur integrieren. Die theozentrische Orientierung kann nur durch die Gemeinschaft der Schöpfung – Himmel und Erde, Erde und Tiere, Tiere und Menschen – zum Ausdruck gebracht werden.

2. Der Mensch lebt im Ökosystem Erde. Er kann seine besondere Bestimmung nur erfüllen, wenn er sich seine Abhängigkeit von der Natur der Erde bewußt macht.

Der Lebensraum der Menschen ist die Erde, die im Zufluß der Sonnenenergie Atmosphäre und Biosphäre ausgebildet hat. Das ist ein kybernetisches und homöostatisches System, in welchem Menschen ihre Umweltbedingungen gefunden haben, Umweltbedingungen, die die Spezies Mensch ermöglichen und bedingen. Es ist ratsam, die abstrakten Allgemeinbegriffe wie „Natur", „Universum" oder „Kosmos" aus der ökologischen Diskussion zu lassen und konkret vom Menschen in diesem Ökosystem „Erde" zu sprechen. Auch theologisch gesprochen ist der Mensch das „Erdgeschöpf" (Gen. 2,7). Die unsichtbare Seite der Schöpfung, der Himmel, ist ihm entzogen. Nur im Blick auf die Erde und die Tiere wird den Menschen die besondere Bestimmung, Bild Gottes zu sein, zugesprochen. Nur in Beziehung zum Ökosystem Erde kann der Ausdruck Anthropozentrik eine gewisse Bedeutung gewinnen, doch auch hier nur dann, wenn die Angewiesenheit des Menschen auf das, was er nicht ist und nicht zu leisten vermag, zugleich zur Geltung gebracht wird.

Ich gehe davon aus, daß Wechselseitigkeit vorliegt: Die Erde ist für die Menschen und die Menschen sind für die Erde da, jede auf ihre Weise. Die Menschen haben ihre Rolle im Ökosystem Erde noch nicht gefunden. Das zunehmend folgenreichere Fehlverhalten muß und wird sie aus Kindern, die ihre Macht probieren, zu weisen Erwachsenen machen. So wie es nicht ratsam ist, zu rauchen, weil Rauchen Krebs erzeugt und also gesundheitsgefährdend ist, ist es auch nicht ratsam, durch nukleare Vernichtungssysteme und Naturausbeutung die Menschheit zum Krebsgeschwür der Erdnatur zu machen. Wer beides läßt, leistet keinen Verzicht und wird auch nicht zum Asketen – er lebt nur natürlich.

3. Die einzig sinnvolle „anthropozentrische Option" ist die Option der Menschen für Frieden, Gerechtigkeit und das Leben der Schöpfung (Vancouver Kirchenkonferenz 1983).

Ist die Natur um des Menschen willen da, dann ist ihre Aneignung und Beherrschung durch den Menschen nur „natürlich". Diese Sicht führt aber nicht weiter, weil sie einseitig ist. Es fehlt die der Humanisierung der Natur entsprechende Naturalisierung des Menschen, d.h. die neue Abstimmung und Integration der menschlichen Macht in die Natur des Erdsystems. Die sittlichen Maßstäbe für den Umgang der Menschen mit ihrer Macht über die natürlichen Kräfte der Erde ergeben sich nicht erst aus ihrer Verantwortung vor Gott, dem Schöpfer des Himmels und der Erde, sondern schon aus dem

Mitspracherecht der betroffenen Natur. „Verantwortung" würde sonst zu einem Tarn-
wort für Macht. Die sittlichen Maßstäbe ergeben sich deshalb aus dem „Menschlichen"
und dem „Natürlichen".

*4. Die Option für das Leben der Schöpfung gründet in einem sakramentalen Verständ-
nis der Natur und verlangt nach Respektierung der Rechte der Erde.*

Gott ist nicht nur transzendenter Schöpfer einer nichtgöttlichen Welt, er wohnt zugleich
seiner Schöpfung ein durch seine Weisheit, durch seinen Segen und durch seinen Geist.
Er spricht ständig auf unterschiedliche Weise durch die Geschöpfe zu den Geschöpfen,
also auch zu den Menschen. Der Glaube an die Selbstoffenbarung Gottes in Christus
verschließt nicht, sondern öffnet vielmehr die Sinne der Menschen für diese Schöp-
fungssprache Gottes und die Erkenntnis seines natürlichen Geistes. Gott hat die Atom-
kerne nicht geschaffen, damit der Mensch sie spalte, wohl aber, damit der Mensch die
Weisheit Gottes in der Intelligibilität der Welt erkenne und an ihr teilnehme.
Daraus folgt, daß nach der allgemeinen Erklärung der Menschenrechte eine allgemeine
Erklärung der Rechte der Erde und der nichtmenschlichen Kreaturen formuliert werden
müssen, um das Gleichgewicht herzustellen. Zwar können weder Tiere noch die Erde
als Rechtssubjekte vor menschlichen Gerichten gegen ihre Mißhandlung durch die
Menschen klagen. Es können aber menschliche Anwälte für die betroffenen Lebewesen
und die Erde bestellt werden, die nicht nur die „Umweltverträglichkeit" industriellen
menschlichen Eigentums prüfen, sondern für den wechselseitigen „Sicherheitspakt"
zwischen den Menschen und dem Erdsystem eintreten. Wenn sich die Kirchen Christi
seit alters her als Anwälte der Schwächsten in der menschlichen Gesellschaft verstehen,
dann ist es heute Zeit, daß sie ihre Stimme auch für die gequälte, verstummte und ster-
bende Natur erheben.

Die beiden Texte von Auer und Moltmann können während einer Veranstaltung
gelesen oder vorgelesen werden. Besser wäre es, wenn die Texte von den
Teilnehmern schon vorher gelesen werden könnten.
Für die Veranstaltung selbst kann die Form einer arbeitsteiligen Gruppenarbeit
empfohlen werden: Eine Gruppe erarbeitet den Text von Auer, die andere den
von Moltmann. Ein anschließendes Plenum, in dem zwei Berichterstatter
(vorheriger Arbeitsauftrag) die zentralen Argumente Auers und Moltmanns
referieren, dient dem Vergleich.

Hilfsmittel

Eine allgemeine Orientierung geben die erwachsenenbildnerischen Überlegungen
aus Theologie und Religionspädagogik im Blick auf den Konziliaren Prozeß
(vgl. Orth 1990, Blasberg-Kuhnke 1992 und Schmidt 1993).
Literatur zu den Themenbereichen Frieden, Gerechtigkeit und Bewahrung der
Schöpfung ist heute leicht greifbar. Aus Raumgründen verzichten wir hier auf

Einzelhinweise. Von besonderem Interesse sind die Denkschriften und kirchlichen Erklärungen – vgl. u.a.:

- Verantwortung wahrnehmen für die Schöpfung, Gemeinsame Erklärung des Rates der Evangelischen Kirche in Deutschland und der Deutschen Bischofskonferenz, Gütersloh 1985 (= EKD 1985b)
- Landwirtschaft im Spannungsfeld zwischen Wachsen und Weichen, Ökologie und Ökonomie, Hunger und Überfluß. Eine Denkschrift der Kammer der Evangelischen Kirche in Deutschland für soziale Ordnung, Gütersloh 1984 (= EKD 1984)
- Frieden wahren, fördern und erneuern. Eine Denkschrift der Evangelischen Kirche in Deutschland, Gütersloh 1981 (= EKD 1981)
- Gemeinwohl und Eigennutz. Wirtschaftliches Handeln in Verantwortung für die Zukunft. Eine Denkschrift der Evangelischen Kirche in Deutschland, Gütersloh 1991 (= EKD 1991)
- Für eine Zukunft in Solidarität und Gerechtigkeit. Wort des Rates der EKD und der Deutschen Bischofskonferenz zur wirschaftlichen und sozialen Lage in Deutschland (Gemeinsame Texte 9), 1997 (= EKD 1997b).

Im folgenden geben wir als Arbeitsmaterial die Modelle von Heinz Eduard Tödt und Lawrence Kohlberg wieder:

H.E. Tödts Modell sittlicher Urteilsfindung

1. Die Wahrnehmung, Annahme und Bestimmung eines Problems als eines sittlichen

Gegenüber einer reinen Fallbeschreibung werden hier die sittlichen Problemstellungen des konkreten Falles deutlich herausgestellt. Gegenüber einer rein an der Machbarkeit orientierten Fragestellung ist die sittliche Wahrnehmung eine Form ganzheitlicher Wahrnehmung, die sich in der Frage zuspitzt: „Darf der Mensch alles tun, was er kann?"

2. Situationsanalyse

Hier wird vor allem das Bedingungsgefüge zu klären versucht, in dem sich eine ganz bestimmte sittliche Frage- bzw. Problemstellung ergibt. Zur Situationsanalyse gehört auch die Unterscheidung der Ebenen, auf denen Lösungen des Problems angeboten werden.

3. Beurteilung von Verhaltensoptionen

Hier geht es darum, unterschiedliche Verhaltensalternativen, die als Lösung in Frage kommen, auf ihre Voraussetzungen und Konsequenzen hin zu überprüfen.

4. Prüfung von Normen, Gütern und Perspektiven

Hier kommen die unterschiedlichen Normsysteme und die Verknüpfung konkurrierender oder sich ergänzender Normen ins Spiel, wobei Tödt darauf aufmerksam macht, „daß die soziale Wirklichkeit auch immer Entwurfscharakter hat und der Mensch nicht festgelegt, sondern ein offenes Lebewesen ist." Daraus leitet er ab, daß im Urteil gegebenenfalls neue Normen zu finden sind.

5. Prüfung der sittlich-kommunikativen Verbindlichkeit von Verhaltensoptionen

Dieser Schritt gilt vor allem der Reflexion der vorangegangenen vier Schritte bei unterschiedlicher Berücksichtigung der eigenen Entscheidungsebene von der gesellschaftlicher Gruppen, die von dem Urteilsentscheid betroffen sind.

6. Der Urteilsentscheid

Wenn es gelingt, die fünf Sachmomente in einen stringenten Zusammenhang zu bringen, wird ein Urteil möglich, das von Tödt als „konstruktiver Verhaltensentwurf" bezeichnet wird, bei dem die verschiedenen Sachmomente in eine kreative Synthese zusammengeführt werden.

Nach E. Marggraf 1996, 284f.

Arbeit mit Dilemmageschichten (L. Kohlberg)

Dilemmageschichten zeichnen sich dadurch aus, daß sie einen nicht auflösbaren Konflikt zwischen Normen oder Werten enthalten. Die inhaltliche Ausgestaltung kann unter Berücksichtigung dieses Merkmals stark variieren. Das berühmteste Beispiel lautet so:

„In Europa drohte eine Frau an einer besonderen Form der Krebserkrankung zu sterben. Es gab nur ein Medikament, von dem die Ärzte noch Hilfe erwarteten. Es war eine Radium-Verbindung, für die der Apotheker zehnmal mehr verlangte, als ihn die Herstellung kostete. Heinz, der Ehemann der kranken Frau, versuchte, sich bei allen Bekannten Geld zu leihen, aber er bekam nur die Hälfte der Kosten zusammen. Er sagte dem Apotheker, daß seine Frau zu sterben drohe, und bat darum, das Medikament billiger zu verkaufen oder Kredit zu gewähren. Der Apotheker sagte: ‚Nein. Ich habe das Medikament entwickelt, und ich will damit Geld verdienen.' In seiner Verzweiflung drang Heinz in die Apotheke ein und stahl das Medikament. Sollte der Ehemann dies tun? Warum?"

Kohlberg 1978, 111

Als Arbeitshilfe: Verantwortung wahrnehmen für die Schöpfung! Arbeitshilfe zur gemeinsamen ökumenischen Erklärung, 1988 (Auslieferung: Arbeitsstelle für Erwachsenenbildung der EKHN, Erbacher Str. 17, 64287 Darmstadt)

3. Bibel

Ausgangspunkte

Seit der Reformation gehört das eigene Bibellesen zu den Rechten jedes Christen. Für eine Kirche, die keine prinzipiellen Unterschiede zwischen Laien und Pfarrern anerkennt, gehört Bibelkenntnis zu den vornehmsten Bidungsaufgaben. Neben den kirchlichen stehen persönliche Motive: So erweist die Bibel ihre Lebendigkeit immer wieder darin, daß sie das Interesse einzelner oder von Gruppen auf sich zieht und so gleichsam ihre eigene Nachfrage nach entsprechenden Bildungsangeboten schafft.

Über die kirchlichen und persönlichen Motive hinaus steht die Bibel aber auch im Zentrum der geschichtlichen Überlieferung des Abendlandes und darüber hinaus. Auch Nicht-Christen brauchen Bibelkenntnis, wenn sie abendländische Kunst und Architektur, Musik und Wissenschaft, ja überhaupt europäische Lebensformen und deren jedenfalls häufig auch christliche Prägung verstehen wollen. In einer Zeit, in der weder die religiöse Erziehung in Familie, Schule oder Gemeinde noch auch die Medien für eine reflektierte Vertrautheit mit der biblischen Überlieferung sorgen, kommt Angeboten der Erwachsenenbildung eine gesteigerte Bedeutung zu.

Einen besonderen, für die Erwachsenenbildung interessanten Anlaß stellen die wiederkehrenden Kontroversen um die historische Wahrheit der Bibel dar. Häufig kommt es dabei zu öffentlichen Skandalgeschichten, die auch von Konflikten zwischen Autoren oder Autorinnen und den Kirchenleitungen begleitet werden. In den letzten Jahren waren es besonders die Veröffentlichungen von Eugen Drewermann (1984, 1985) zur psychologischen Bibelauslegung, Gerd Lüdemanns (1994) Thesen zum historischen Jesus (Frage des leeren Grabes usw.) sowie verschiedene „Enthüllungen" über angeblich geheimgehaltene Dokumente aus Qumran, die für öffentliche Debatten sorgten. Bibelkritik zieht das Interesse vieler Menschen auf sich. Zum Teil spielt dabei eine kirchenkritische Einstellung eine Rolle, zum Teil aber auch einfach der Wunsch, selber Bescheid zu wissen.

Die in der religiösen Erwachsenenbildung wahrzunehmenden Anlässe stellen sich vor diesem Hintergrund entsprechend breit dar:
- Bedürfnis nach vertiefter oder umfassender Kenntnis der Bibel (in Gemeinde oder Öffentlichkeit)
- persönliche Suche nach neuen Impulsen bei einzelnen
- Verfügbarkeit neuer Formen der Bibelarbeit, die Interesse wecken (etwa Bibliodrama)

– Interesse an der kulturellen Wirkungsgeschichte der Bibel in der Kunst usw.
– Interesse an Hintergrundinformationen zum öffentlichen Streit über die Bibel.

Ziele

Gerade weil eine allgemeine Zielsetzung („mit der Bibel vertraut machen") auf
fast alle Anlässe zu passen scheint, sollte zugunsten einer sorgfältigen Beachtung
von Teilnahmemotiven, Interessen und Lernmöglichkeiten die jeweils angemessene Zielsetzung genau bestimmt werden. Zwischen folgenden Schwerpunkten
sollte dabei sorgfältig unterschieden werden:
– Biblische Bildung im Sinne eines Einblicks in die verschiedenen Teile und
  Schriften der Bibel in bezug auf Inhalt, Form, Entstehung usw. Diese Zielsetzung kommt dem in der Theologie sog. Einleitungswissen sowie einer zu-
  sammenfassenden Theologie des Alten oder Neuen Testaments nahe. Zu sol-
  chem Einleitungswissen gehört heute auch in der Erwachsenenbildung die Fähigkeit, mit Bibelkritik umzugehen und sich mit Problemen der Entmythologisierung auseinandersetzen zu können.
– Begegnung mit einzelnen biblischen Geschichten oder Texten im Sinne einer
  möglichst intensiven persönlichen Auseinandersetzung mir ihrer existentiellen
  Bedeutung. Diese Zielsetzung geht notwendig über die wissenschaftliche
  Theologie hinaus und betrifft die Ebene des persönlichen Glaubens und der
  Lebensorientierung.
– Vermittlung von historischen Kenntnissen über die Bedeutung der Bibel für
  die kulturelle Entwicklung in Deutschland, Europa usw. Auch hier spielen
  theologische Kenntnisse vor allem aus der Kirchengeschichte eine Rolle, daneben aber auch Informationen aus der Kunst- und Kulturgeschichte im weitesten Sinne.
Auch wenn, wie oben betont, zwischen diesen Zielen unterschieden werden muß,
darf freilich nicht übersehen werden, daß alle drei unvermeidlich ineinander greifen. Insbesondere die Frage nach der existentiellen Bedeutung läßt sich nicht
ausschließen, wenn die Bibel überhaupt angemessen verstanden werden soll.

Arbeitsformen

In den letzten Jahrzehnten hat sich geradezu eine Renaissance der Bibelarbeit mit
Erwachsenen vollzogen, die eine ganze Fülle neuer oder wenigstens neu akzen-
tuierter Arbeitsweisen hervorgebracht hat. Der Dokumentation solcher Arbeitsweisen sind inzwischen sogar eigene Handbücher gewidmet worden. Bei Horst
Klaus Berg (1991) beispielsweise werden folgende Wege der Bibelauslegung
vorgestellt:

- historisch-kritische Auslegung
- existentiale Auslegung
- linguistische Auslegung
- tiefenpsychologische Auslegung
- interaktionale Auslegung
- ursprungsgeschichtliche Auslegung
- materialistische Auslegung
- feministische Auslegung
- lateinamerikanische Auslegung
- intertextuelle Auslegung
- wirkungsgeschichtliche Auslegung
- Auslegung durch Verfremdung
- jüdische Auslegung.

Natürlich sind Wege der Bibelauslegung, wie sie hier genannt sind, noch keine Arbeitsformen der Erwachsenenbildung. Sie müssen vielmehr erst mit den entsprechenden Arbeitsformen (Seminare, Arbeitstage, Wochenendveranstaltungen, Vorträge u.ä.) verbunden werden. Manche der Auslegungsformen besitzen allerdings, wie in der genannten Darstellung von Berg deutlich wird, eine besondere Nähe zu bestimmten Arbeitsformen. Beispielsweise kann die interaktionale Auslegung, bei der die dramatische Ausgestaltung von biblischen Geschichten eine zentrale Rolle spielt, fast nur in einer Kleingruppe durchgeführt werden.

Angebote

- Abraham in jüdischer und christlicher Sicht
- Jesus und Paulus in jüdischer und christlicher Sicht
- Einführung in die moderne Auslegung der Bibel: Grundkurs für Anfänger/ Fortgeschrittene
- Biblische Geschichten neu erfahren: Bibliodrama-Wochenende
- Frauengestalten in der Bibel
- Biblische Motive in der Kunst
- Was mir schon in der Kindheit nicht gefiel – was mir ein Leben lang wichtig blieb: Biblische Geschichten in meiner Lebensgeschichte.

Beispiel

Als Beispiel geben wir hier eine Skizze zur Arbeit mit der Erzählung von Kain und Abel in der Sicht des jüdischen Theologen Elie Wiesel wieder (aus Berg 1991, 398f.):

Ein moderner jüdischer Schriftsteller im Gespräch mit den Vätern: Elie Wiesel

Der jüdische Autor und Nobelpreisträger beschäftigt sich in seinem Buch (Wiesel 1980) mit Personen der Hebräischen Bibel, die eine besondere Nähe zu heutigen Erfahrungen und seelischen Bewegungen haben; „brüderliche Urgestalten" nennt er sie. – Das besondere Merkmal ist die dichte Verbindung von intensiver Reflexion heutiger Konflikte mit dem Gespräch der rabbinischen Väter – dadurch können auch heutige Leser an ihrer Weisheit partizipieren.

Bei der Erzählung von Kain und Abel sind die ungelösten Fragen ganz übermächtig:

„Wir verstehen die beiden nicht, spüren aber dunkel, daß ihr Schicksal uns angeht. Was sie erleben, ist der erste Völkermord und mehr als das Modell für einen Krieg. Ihr Verhalten ist uns nicht fremd. Alles, was sie dazu treibt, nimmt unser eigenes Verhalten in sogenannten Extremsituationen vorweg. Im Grenzbereich konfrontieren sie uns mit einem doppelgesichtigen Wesen, das wir nicht anschauen können, ohne vor Angst zu zittern. Und Angst, das ist der Name für diese Geschichte. Eine grund- und ausweglose Angst, die keine Überwindung und keine Erlösung kennt. Kain und Abel stellen die ganze damalige Menschheit dar. Die Auswahl ist beschränkt auf Mörder und Opfer, Zuschauer oder Zeugen gibt es nicht. Und Gott? Er ist Richter, Teilnehmer, Komplize.
Aber warum wird uns diese schauerliche Geschichte erzählt? Was haben wir davon, sie zu enträtseln, darzulegen, zu behaupten, zu widerlegen? Keine Erzählung hat so wenig Würde, und kein Ereignis ist bedrückender. Warum muß sich der Mensch von heute, warum muß sich jedermann daran erinnern?" (S.47)

Wiesels Antwort: Weil es eine exemplarische Menschengeschichte ist, die uns in ein dichtes Geflecht von enttäuschter Liebe und tödlichem Haß, von Versagen und Schuld, von tiefer Verstrickung und lähmender Ausweglosigkeit verwickelt. Das deckt Wiesel durch eine Befragung der beteiligten Personen auf – nicht nur die traditionell als Hauptpersonen auftretenden Kain und Jahwe – alle müssen Antwort geben.

Da sind zunächst die Eltern:

„Adam ist nirgendwo zu sehen. Als seine Anwesenheit dringend erforderlich ist, ist er unauffindbar. In dem Augenblick, da Kain Schwierigkeiten mit Gott und Abel Schwierigkeiten mit Kain hat, ist er nicht da. Als ob ihn die Erziehung und die Probleme seiner Söhne kaum etwas angingen. Er ist zu beschäftigt, der Vater ...
Gut, aber wo ist denn Eva? Hat sie auch nur einmal versucht, zwischen Kain und Gott, zwischen Kain und seinem Bruder zu vermitteln? Was macht sie eigentlich, während ihre wilden und frühreifen Kinder eine Mutter brauchen? Sie müßte den Schiedsrichter spielen, mit ihnen schimpfen und zeigen, daß sie sie gern hat." (S.51)

So stellt sich die Frage, ob der tödliche Ausgang des Konflikts womöglich durch das Versagen der elterlichen Erziehung zustandekam?

Auch Gott wird befragt:

„Noch viel schwerwiegender sind die theologischen Fragen, die sich stellen. Begeht
Gott durch die Zurückweisung der Opfergaben Kains nicht einen Akt der Diskriminierung? Aus welchem Grund bevorzugt er Abel? Weil seine Gaben laut Midrasch von
besserer Qualität waren? Sollte für Gott der Wert einer Gabe zählen, auch für Gott?
Oder zieht er Abel wegen seiner Schwäche vor – denn Gott liebt die Schwachen – oder
wegen seiner Jugend? Will denn sogar Gott der Jugend gefallen?" (S.51)

Und Kain?

„Gott nimmt Abels, aber nicht Kains Opfergaben an. Dieser leidet darunter und wird
völlig verbittert. Gott verstärkt die Strafe noch, indem er sich unwissend stellt, von der
Zukunft spricht und dabei ganz die Vergangenheit vergißt, also von dem absieht, was
ihn schmerzt. Kain antwortet nicht. Er vergräbt sich in hoffnungsloses Schweigen."
(S.62)

Bleibt noch Abel.

„Abel rührt sich nicht, tut nichts, um seinen Bruder zu trösten, um ihn aufzuheitern oder
zu beruhigen. Dabei ist er doch verantwortlich für den Zustand Kains und tut nichts, um
ihm zu helfen … Darin liegt die Schuld Abels. Wenn jemand leidet, wenn jemand ein-
sam ist, hat niemand das Recht, sich fortzustehlen oder die Augen zu verschließen.
Wenn jemand Unrecht erleidet, darf niemand sich abwenden, wer leidet, hat Vorrang."
(S.63)

So stellt Wiesel vor Augen seiner Leser ein spannungsvolles Drama psychischer
Befindlichkeiten, Beziehungen und Beschädigungen auf.
Warum tut er das? Nicht um die Tat zu verkleinern oder zu entschuldigen, sondern um die Leser so in die Geschichte zu verstricken, daß sie sich betroffen in
ihr erkennen:
– als versagende Eltern …
– als Abel, der den stummen Schrei des Bruders nicht hört …
– als schließlich rasend aggressiver Kain …
– als Gott, der auf seine Verantwortung angesprochen werden muß?
Erst jetzt kann die Geschichte von Kain und Abel zu einem Teil unserer Lebens-
Lerngeschichte werden.

Hilfsmittel

Übersichten zu bewährten Arbeitsweisen oder neuen Versuchen geben die Handbücher von H.K. Berg: Ein Wort wie Feuer, 1991, Grundriß der Bibeldidaktik,
1993 und W. Langer: Handbuch der Bibelarbeit, 1987.
Einzeldarstellungen zur Bibelarbeit in der Erwachsenenbildung, zur theologischen Didaktik sowie zur Bibelarbeit in der Gemeinde geben T. Vogt: Bibel-

arbeit, 1985, V. Weymann: Evangelische Erwachsenenbildung, 1983 und H. Kirchstein: Bibelarbeit, 1991. Zur (pastoral-)psychologischen Bibelauslegung vgl. den Überblick und das Modell von W. Drechsel: Pastoralpsychologische Bibelarbeit, 1994.

Zu einzelnen Themen oder Fragestellungen liegen Veröffentlichungen und Arbeitsmaterialien in großer Zahl vor. Besonders zu erwähnen sind die für den Gebrauch in Gemeinde oder Erwachsenenbildung erstellten Bibel-Kurse:

R. Loebermann (Hg.): Wort und Antwort, 1990.

T. Vogt (Hg.): Bibelseminar für die Gemeinde. In 2 x 15 Lektionen durch die ganze Bibel. Teilnehmerheft, [11]1992; Leiterheft [7]1992; Materialheft mit theologischen Informationen, [3]1992.

Katholisches Bibelwerk in Zus. m. d. Arbeitsstelle f. Erwachsenenbildung der Diözese Rottenburg-Stuttgart (Hg.): Grundkurs Bibel. Werkbuch für die Bibelarbeit mit Erwachsenen. Altes Testament, 1993; Neues Testament, 1989.

4. Lebensgeschichte

Ausgangspunkte

Das Thema bedarf keines besonderen Anlasses. Es liegt gleichsam in der Luft. Die Aktualität des Interesses an biographiebezogenen Themen ist in vielerlei Hinsicht greifbar – in der Literatur ebenso wie in psychologischen Angeboten. Dieses allgemeine Interesse läßt sich jedoch im Sinne unterschiedlicher Anlässe und Hintergründe weiter konkretisieren:

– Das Interesse, sich mit Lebensgeschichten zu beschäftigen, erwächst aus der Verunsicherung sowohl im Blick auf den äußeren Lebenslauf als auch hinsichtlich dessen persönlicher Verarbeitung zu einer subjektiven Lebensgeschichte. Diese Unsicherheit ist selbst Folge des sog. Wandels von Lebenslauf und Lebensgeschichte in Moderne und Postmoderne, der die individuelle Biographie zur Aufgabe oder, wie es heißt, zu einem „Projekt" für jeden einzelnen werden läßt. In einer solchen Situation gesteigerter biographischer Bewußtheit und Selbstreflexivität werden Lebenskrisen leicht zum Motiv für eine intensive Auseinandersetzung mit der eigenen Lebensgeschichte.

– Auch die eigene religiöse Erziehung und Sozialisation werden in eine biographische Perspektive gerückt und zum Teil kritisch beurteilt – auch im Anschluß an die autobiographische Religionskritik in der Literatur (T. Moser, F. Zorn, J. Richter u. a.).

– Ein gleichsam klassischer Anlaß für biographische Selbstreflexion stellt von jeher die sog. „Lebensbilanz" dar. Sie kann durch das Näherrücken des erwarteten Lebensendes bedingt sein, aber auch durch Neuorientierungen angesichts biographischer Einschnitte (Ehescheidung, Verlust des Arbeitsplatzes usw.) oder auch durch eine religiöse Bekehrungserfahrung.

– Die Erwachsenenbildung kann sich die Offenheit für biographiebezogene Fragen auch dadurch zunutze machen, daß sie allgemeine – beispielsweise biblische – Themen aus biographiebezogener Perspektive angeht – wie beispielsweise Walter Hollenweger (1978) im Falle des 1. Korintherbriefes mit seiner narrativen Exegese „Konflikt in Korinth. Memoiren eines alten Mannes".

Ziele

– Lebensgeschichten sind als Bildungs- und Lerngeschichten zu verstehen. Lebensbegleitende Bildung zielt auf die individuelle Verarbeitung von Lebensgeschichte, die manchmal auch als „(Wieder-)Aneignung der eigenen Biographie" verstanden wird – als „Versuch, die Erfahrungen, die unsere Identität geprägt haben und in unser heutiges Handeln eingehen, transparent zu machen" (Gudjons u. a. 1986, 24).

– Ausgehend von der religiösen Entwicklung in der Lebensspanne kann die Stimulierung und Unterstützung religiöser Entwicklung im Sinne religiöser Mündigkeit das (Fern-)Ziel biographiebezogener Veranstaltungen sein. Soweit dabei auch theoretische Erkenntnisse über Religion in der Lebensgeschichte vermittelt werden, dienen diese dann einer „Verständigung mit sich selbst" (Nipkow 1990, 576) – dem besseren Verstehen der eigenen religiösen Entwicklung und Lebensgeschichte.

– Angesichts der Zerbrechlichkeit von Lebensgeschichten bedeutet der verstärkte Wandel des Lebenslaufs eine permanente Herausforderung des individuellen Strebens nach einem als sinnvoll erfahrbaren Leben. Die Unterstützung der Fähigkeit, den Lebenslauf mit seinen veränderlichen Erfahrungen immer wieder in eine sinnvolle Lebensgeschichte zu transformieren, stellt daher ein eigenes Bildungsziel dar.

Arbeitsformen

Lebensgeschichte oder Biographie können in verschiedener Form aufgenommen werden. Folgende drei Möglichkeiten unterscheiden sich vor allem in ihrer jeweiligen Nähe zur eigenen Lebenserfahrung. Sehr persönliche Arbeitsformen setzen eine Vertrautheit zwischen den Teilnehmenden voraus, die beispielsweise in neu zusammenkommenden Lerngruppen nicht gegeben ist.

– *Biographiebezogene Zugänge zu unterschiedlichen Themen:* Solche Zugänge
  sind in der Erwachsenenbildung ganz allgemein zu empfehlen, weil sie das
  Interesse an Biographie aufnehmen und zugleich eine persönliche Perspektive
  auf das jeweilige Thema erlauben. Das gilt für biblische Themen (s. o. zu
  Hollenweger) ebenso wie für politische Probleme (Beispiel: Lebensgeschichten aus Südafrika als Zugang zu Apartheidsproblemen).

– *Biographien aus Literatur und Geschichte:* Die Beschäftigung mit den Biographien von religiös, kirchlich oder theologisch engagierten Menschen aus
  der Geschichte des Christentums – von Augustinus über Martin Luther bis hin
  zu Dietrich Bonhoeffer und Martin Luther King – besitzt eine lange Tradition,
  die neuerdings entschieden um Frauengestalten erweitert worden ist. Darüber
  hinaus bietet die fiktionale Literatur biographische Darstellungen, die ebenfalls religiös oder theologisch sehr gehaltvoll sein können (beispielsweise
  Hermann Hesse: Demian, Thomas Mann: Zauberberg, Sten Nadolny: Die
  Entdeckung der Langsamkeit). Die deutende Auseinandersetzung mit solchen
  literarischen oder geschichtlichen Darstellungen ermöglicht einen identifika-
  torischen Umgang mit Religion in der Lebensgeschichte, ohne daß die Verbindungen mit der eigenen Biographie in der Gruppe offengelegt werden
  müssen. Ein weiterer Vorteil liegt darin, daß hier zum Teil theologisch anspruchsvolle Fragestellungen durch ihre biographische Verortung und durch
  den Einblick in die persönlichen Entdeckungszusammenhänge viel lebendiger
  werden können, als dies beispielsweise durch theoretische Einführungen zum
  selben Thema möglich wäre.

– *Arbeit an eigenen Lebensgeschichten:* Diese Form, die an der stets zu beach-
  tenden Grenze zu Therapie und Psychoanalyse angesiedelt ist, setzt eine ver-
  trauliche Lerngruppe voraus, wie sie erst im Lauf der Zeit entstehen kann und
  die in manchen Situationen (beispielsweise einer dörflichen Gemeinde) gar
  nicht erreichbar ist. Mit Hilfe einzelner Übungen (zahlreiche Beispiele bei
  Gudjons u.a. 1986) oder biographiebezogenen Arbeitsblättern („Das Gewebe
  meines Lebens", J.W. Fowler 1989, s.u.) werden hier die Krisen- und Wendepunkte in der eigenen religiösen Biographie bewußt gemacht und, soweit dies
  vom einzelnen gewünscht wird, mit anderen besprochen. Auch die Konfron-
  tation mit wissenschaftlichen Darstellungen zur Religion in der Lebensgeschichte – aus der Entwicklungspsychologie (J.W. Fowler, F. Oser, s.o. Kap.
  2) oder Psychoanalyse (E.H. Erikson, s.o. Kap. 2) – kann hier im genannten
  Sinne zur „Verständigung mit sich selbst" beitragen.

Angebote

– Die Suche nach eigenem Glauben: Religion in unserer Lebensgeschichte
– Frauengestalten in der Kirchengeschichte

- Lebensgeschichten in der Bibel: Petrus und Paulus
- Lebensbilanz: Was das Leben wertvoll macht
- Lebensgeschichte und Religion: Psychologische Modelle der Glaubensentwicklung.

Beispiel

Das Beispiel „Lernen an Knotenpunkten des Lebens" (Meier 1990), das wir im folgenden in zusammenfassender Form wiedergeben, nimmt verschiedene Formen des biographiebezogenen Ansatzes auf und verbindet sie miteinander.

Es handelt sich um eine Seminarveranstaltung, deren Ziele folgendermaßen beschrieben werden:

Was und wie ich bin, bin ich geworden. Mein Leben hat eine (seine) Geschichte, mit alltäglichen Erlebnissen und Erfahrungen, die mich Schritt für Schritt geprägt haben, und mit besonders herausragenden oder einschneidenden Ereignissen, an denen – vielleicht zunächst unbewußt – für die weitere Entwicklung entscheidende Weichen gestellt wurden.

Wo gab es solche ‚Knotenpunkte', an denen mein Weg Schleifen machte und dann eine veränderte Richtung nahm, in meinem Leben? Wie habe ich diese Schlüsselsituationen erfahren? Wie haben sie mich geprägt, was in mir blockiert was abgeschnitten, was neu angestoßen, was zur Entfaltung gebracht? Kurz: Wie bin ich im Verlauf meiner Lebensgeschichte zu dem geworden, was und wie ich heute bin? Wer bin ich eigentlich jetzt? Was ergibt sich aus den Schlüsselerfahrungen der Vergangenheit für vergleichbare Situationen in der Zukunft?

Dieses Seminar erstreckte sich aufgrund des großen Interesses der Teilnehmerinnen und Teilnehmer über mehrere Wochenenden. Sechs zentrale Arbeitsschritte seien herausgegriffen:

1. Der erste Arbeitsschritt diente dem Kennenlernen und Miteinander-Warmwerden der Teilnehmenden. Dazu suchte sich jeder aus einer Menge ausgelegter Gegenstände (Kerze, Buch, Schere, Schnur, Taschenlampe usw.) jeweils ein Stück aus, das etwas im augenblicklichen eigenen Leben Wichtiges symbolisierte. Mit Hilfe des ausgewählten Gegenstandes erfolgte dann eine Vorstellungsrunde, für die viel Zeit eingeplant war.

2. Bei dieser Phase ging es um den tieferen Einstieg in das Thema. Dazu wurde in Teilgruppen ein literarischer Lebenslauf in kurzen Teilabschnitten vorgelesen. Die Teilnehmenden erzählten dann jeweils aus den entsprechenden Abschnitten ihres eigenen Lebens. Wichtige Einsichten und Erfahrungen aus dieser Kleingruppenarbeit wurden im Plenum zusammengetragen. Großer Wert wurde darauf gelegt, daß wirklich aus dem eigenen Leben *erzählt* und nicht über das Leben anderer Leute *diskutiert* wurde.

3. In der dritten Arbeitseinheit begann die genauere Betrachtung des je eigenen Lebenswegs. Dazu gingen die Teilnehmenden zunächst schweigend im Raum umher und meditierten unter Anleitung über den Weg, den ihr Leben bisher genommen hatte und künftig nehmen könnte. Dazu erhielten sie zwischendurch gezielte Impulse, z.B. in Form der Frage: „Wo gab es Umwege? Wer ist mitgegangen? Welche Ziele habe ich?" Danach wurde die Phantasie zurück in die Kindheit und in „das Haus meiner Kindheit" gelenkt. Die Auswertung erfolgte in Zweiergesprächen sowie mit Hilfe eines großen Papierbogens, auf dem die persönliche Lebenslinie abgebildet werden konnte.

4. Die Schlußauswertung des ersten Wochenendes orientierte sich an folgenden Fragen: Was hat mir das Seminar gebracht? Was hat mir gefehlt? Womit möchte ich gerne weitermachen?

5. Beim nächsten Seminar wurde dann u. a. gemeinsam eine „Knotenwand" erstellt. Dazu lag auf einer Tischreihe eine lange Papierbahn, auf der in der Mitte ein stilisiertes Seil mit fünf Knoten aufgemalt war. Aufgabe war es, diese Knoten entsprechend der eigenen Erfahrung zu benennen und dann Texte zu schreiben, etwas zu malen oder Bilder aus Zeitschriften dazuzukleben. In einer intensiven Arbeit entstanden fünf thematische Schwerpunkte: Ablösung von Normen, von Eltern und von Kirche; Scheidung, Trennung; „Knoten zu Blüten machen" (als allgemeine Assoziation); Schwangerschaft, Geburt, allgemeiner: Neuanfang; Wünsche, Ziele, Träume, Lebenspläne.

6. Am Abschluß dieses Wochenendes stand eine Übung, bei der sich jeder ein Bild, einen Gegenstand, ein Symbol überlegte – entsprechend der aktuellen Situation und Stimmung. Dieses Symbol oder Bild wurde wiederum den anderen vorgestellt, und wer wollte, konnte dazu Wünsche, Empfehlungen o. ä. mitgeben – auf dem Weg bis zum nächsten Fortsetzungsseminar.

Zahlreiche Übungen zur Arbeit mit Lebensgeschichten finden sich in dem bereits genannten Buch von Gudjons u.a. (1986). Zwei Beispiele seien hier wiedergegeben:

Kinderträume

Ziel:

Durch das Erinnern/Vergegenwärtigen von Tag- oder Nachtträumen aus der Kindheit der damaligen Lebenssituation nachspüren.

Durchführung:

Die Teilnehmer/innen werden gebeten, eine bequeme Haltung im Sitzen oder Liegen einzunehmen. Nach einer längeren Phase der Körperentspannung ... kann der/die Moderator/in folgende Anleitung verwenden:
‚Geh nun langsam an deinen Erinnerungen entlang zurück in deine Kindheit. Werde langsam immer kleiner und kleiner, bis du das Kind von früher bist. Geh soweit zurück, wie du magst.

Suche nun in deiner Kindheit einen Traum oder einen Tagtraum/ eine Phantasie, den/ die du hattest. Wenn du einen Traum oder einen Tagtraum gefunden hast, halte ihn fest. Geh noch einmal ganz in ihn hinein. Laß in Ruhe Bilder entstehen und nimm deine Gefühle wahr. Achte dabei auch auf deinen Körper. (3 Min.) Verabschiede dich nun von deinem Traum und komme allmählich wieder in den Raum zurück. Bleibe bei deinem Gefühl. Öffne die Augen.

Steh nun langsam auf, sprich nicht. Nimm dir Stifte und Papier und versuche, deine Stimmungen und Gefühle in einem Bild auszudrücken. Es kommt dabei nicht darauf an, daß es ein besonders schönes oder gegenständliches Bild wird. Versuche, nicht zu werten, sondern lasse einfach dein Gefühl malen. Du hast jetzt 20 Minuten Zeit.‘

Auswertung:

(Klein)Gruppengespräch

Ein/e Teilnehmer/in beginnt und hängt sein/ ihr Bild auf. Die anderen betrachten es in Ruhe und nehmen wahr, was ihnen auffällt, welche Gefühle und Stimmungen ihnen aus dem Bild entgegenkommen, und teilen ihre Eindrücke und Gefühle mit. Anschließend erläutert der/ die Maler/in sein/ ihr Bild und geht dabei folgenden Fragen (Wandzeitung) nach:

- Wie war meine Lebenssituation damals?
- Woher kenne ich das Gefühl, das im Traum/ Tagtraum auftritt?
- Drückt der Traum einen Wunsch, eine Angst, eine Bedrohung oder vielleicht einen Entwicklungsschritt aus?
- Versuche, das Gegenteil zu phantasieren. (162f.)

Nachruf

Ziel:

Die Frage nach Sinn, Bedeutung und Wert des eigenen Lebens klären. Lebensentwürfe, mögliche Veränderungen des eigenen Lebens als Konsequenz prüfen.

Durchführung:

Die Teilnehmer/innen nehmen Stift und Papier. Sie stellen sich vor, sie seien gestorben und formulieren ihren eigenen Nachruf als einen Rückblick auf ihr Leben. Der Umfang sollte eine halbe bis eine Seite nicht überschreiten. Absichtlich werden keine Hilfen gegeben, damit jede/r frei bleibt für ihre/ seine persönlichen Wertungen. Dies sollte der/ die Moderator/in betonen. (Zeit 30 Min.)

Auswertung:

Jeweils ein/e Teilnehmer/in liest seinen/ ihren Nachruf vor (besser: wenn man die Nachrufe vervielfältigt, so daß alle sie lesen können). Die anderen Teilnehmer/innen sagen, was ihnen aufgefallen ist, welches Bild vor ihnen steht.

- Welche Sprache wurde gewählt?
- Kommen noch andere Personen vor?
- Welche Rolle spielen sie?
- Wie sieht der weitere Lebensentwurf der/ des Betreffenden aus, schließt er sich kontinuierlich an das bisherige Leben an, gibt es Brüche, wodurch kamen sie zustande?
- Welche Charaktereigenschaft stellt die Person in den Vordergrund, welche nicht?
- Wie stellt sich der/ die Teilnehmer/ in sein/ ihr Alter vor?
- Welche Folgerungen will ich aus dem Nachdenken über einen phantasierten ‚Nachruf' für mein Leben ziehen? (S. 258f.)

Das letzte Beispiel mag die Frage aufwerfen, ob diese Übung tatsächlich für die Erwachsenenbildung geeignet ist und ob sie nicht gegen den guten Geschmack verstößt. Damit verweist sie auf die Frage nach der Angemessenheit von Methoden (s.u., Kap. 8).

Hilfsmittel

Zur Literatur vgl. oben, Kap. 3.

Biographiebezogene Arbeitsblätter, die auch direkt als Vorlage eingesetzt werden können, finden sich bei Fowler (1989) sowie, speziell für ältere Menschen, bei Bierlein (1994). Da sie direkt für entsprechende Veranstaltungen eingesetzt werden können, drucken wir sie hier ab.

James W. Fowler, Glaubensentwicklung
Arbeitsblatt:
Das sich entfaltende Gewebe meines Lebens

Kalender-jahr ab der Geburt	Ort d. Lebens— geographisch und sozio-ökonomisch	Schlüssel-beziehungen	Das eigene Haupt-engagement	Schlüssel-ereignisse	Lebens-alter (in Jahren)	Ereignisse und Voraussetzun-gen in der Gesellschaft	Gottes-bilder	Persönliche Werte (Zentren von Wert und Macht)	Autoritäten

© Chr. Kaiser/Gütersloher Verlagshaus, Gütersloh

Lebensbilanz

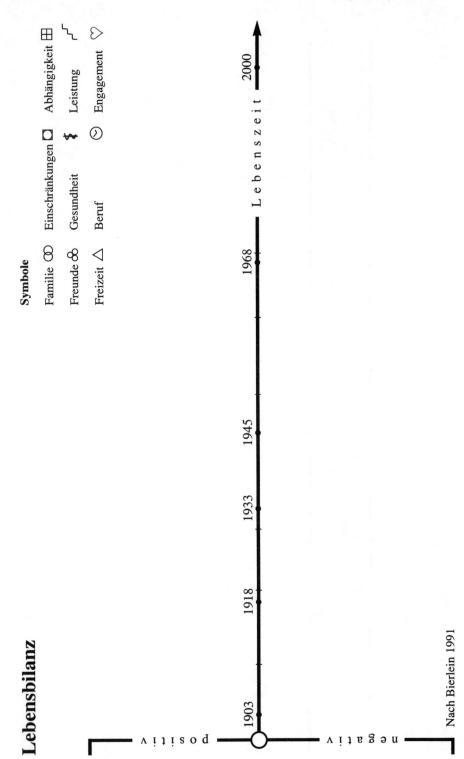

Nach Bierlein 1991

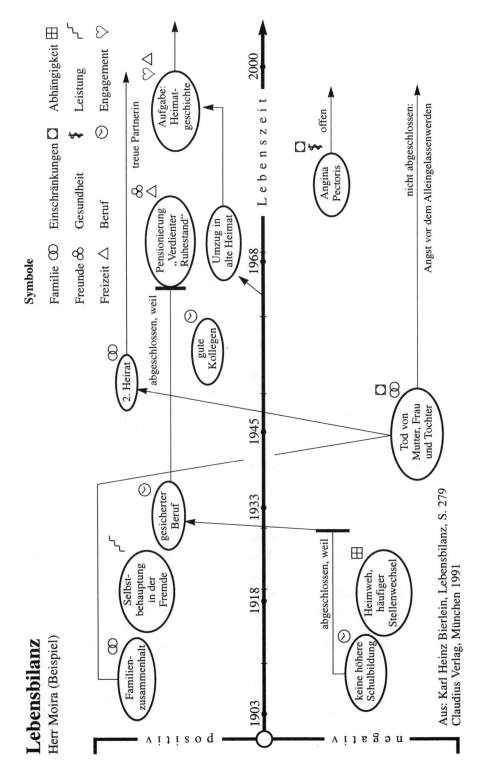

Lebensbilanz
Herr Moira (Beispiel)

Symbole

Familie ∞   Abhängigkeit ⊞

Freunde ∞   Einschränkungen ▢

Freizeit △   Gesundheit ⌇

Beruf ◁   Leistung ⌇

   Engagement ♡

Aus: Karl Heinz Bierlein, Lebensbilanz, S. 279
Claudius Verlag, München 1991

5. Spiritualität

Ausgangspunkte

Seit der Weltkirchenkonferenz in Nairobi 1975 hat der Begriff der Spiritualität
zunehmend den älteren Begriff der Frömmigkeit in den Hintergrund gedrängt
(Zum Einfluß des angelsächsischen Begriffs „spirituality" vgl. o. Kap. 1). Erwachsenenbildnerinnen und -bildner fragen nach den gegenwärtigen Menschen
angemessenen spirituellen Formen und Ausdrucksmöglichkeiten. Spiritualität
erscheint manchen als die der Gegenwart angemessene Bezeichnung für gelebte
Religion. Er ist nicht identisch mit dem Begriff der Frömmigkeit. Frömmigkeit
bezeichnet traditionell u.a. die protestantische Praxis des Glaubens. Mit der Aufklärung verschwindet der Aspekt der Rechtschaffenheit vor Gott weithin aus dem
allgemeinen Bewußtsein. Goethe suchte nach einer Weltfrömmigkeit. Schleiermacher sprach von Religion. Doch geriet Glaube damit zusehends in einen Son-
derbereich. Gesucht werden seither ein Bezug von Glaube und Welt, verständli-
che und erlebbare Glaubensformen. Solche Frömmigkeit in der weltlichen Welt
läßt sich mit dem Stichwort Spiritualität bezeichnen.
Spiritualität heißt Bewegung, ist nicht so sehr Inhalt, sondern vor allem Form.
Die Theologie der Befreiung schätzt sie. Die Körperlichkeit wird wiederentdeckt.
Konfessionelle, religiöse Grenzen spielen keine Rolle (Luibl 1997). Petsch
(1993) betont den Wegcharakter von Spiritualität. Im Anschluß an Meister Eckhart beschreibt er die Aufgabe spiritueller Bildung als Hilfe beim „Unterwegs-
sein zum inneren Menschen". Spirituelle Bildung sei im engeren Sinn „Men-
schenbildung" (244). Im Gegensatz zur „Realitätsarbeit" sei religiös-spirituelle
Bildung „Identitätsarbeit" (266). Dabei geht es sowohl um Erfahrung wie auch
um Deutung, ein „Sich-Selbst-Durchsichtigwerden" (302).
Einerseits läßt sich eine große Nachfrage nach Spiritualität in der Bildungsarbeit
erkennen, andererseits aber besteht hier auch die Gefahr eines reinen Konsumis-
mus. Evangelische Bildungsarbeit sollte religiös-spirituelle Angebote machen,
wenn sie denn den Charakter des Protestantismus als einer „persönlichen Religion" ernstnehmen will. Erfahrungsbezug, subjektive Aneignung und Reflexion
müssen miteinander verbunden werden. Ausgangspunkt für Angebote spirituellen Charakters in der religiösen Bildung ist einerseits die protestantische Tradition, andererseits aber auch der in der Moderne aufgrund der Individualisierung
entstehende Bedarf an persönlicher Bildung. Konkret kann das in Anfragen, wie
sie im folgenden vorgestellt werden, zum Ausdruck kommen. Dabei wird keine
ausdrückliche Unterscheidung von Spiritualität und Frömmigkeit vorgenommen.

Tendenziell steht Frömmigkeit für traditionell Eingeübtes, Spiritualität eher für Selbstgewähltes.

Teilnehmende fragen, wie man heute als Protestant bzw. Protestantin bewußt leben könne. Wie kann man als moderner Mensch fromm sein? Wie kann ich meinen eigenen Frömmigkeitsstil finden, einen Stil, der zu mir paßt und mir nicht von Familie oder Gruppenzusammenhang übergestülpt wurde?

Kirchenvorstandsmitglieder fragen, wie die Kirchenvorstandsarbeit auch geistlich gestaltet werden kann und man es vermeiden könne, sich in reiner Verwaltungstätigkeit zu erschöpfen.

Im Gespräch über den Buddhismus fragen sich Protestanten, wie man in der eigenen Tradition eine lebendige Spiritualität gewinnen könne, die wie der Buddhismus der modernen Subjektivität Rechnung trage.

Teilnehmende möchten, daß auch Erwachsenenbildungsveranstaltungen spirituelle Gestaltung erfahren. Insbesondere geht es um eine dem Thema angemessene Weise, den Sonntagvormittag bei einem Wochenendseminar zu begehen.

Gemeindeglieder haben von neuen Möglichkeiten evangelischer Spiritualität in Häusern der Stille und Retraiten gehört. Sie möchten mehr wissen.

Ziele

Es könnte um die Aufarbeitung des Vergangenen gehen. Man begibt sich auf Spurensuche. Die Spuren von Frömmigkeitsformen in der eigenen Lebensgeschichte, in der Familie, in der heimatlichen Landschaft, in der protestantischen Tradition wären zu entdecken und auf ihre Tragfähigkeit für die augenblickliche Lebenssituation hin zu befragen.

Es könnte auch um die Entdeckung neuer Möglichkeiten gehen, die zu erproben wären.

Vielfach sind Gruppen daran interessiert, gemeinsam praktizierbare Formen zu finden.

Die beteiligten Personen wollen einen eigenen, unverwechselbaren Frömmigkeitsstil entwickeln, sich deshalb von alten, als leer empfundenen Formen befreien und ausdrücklich die Erlaubnis zur Pluriformität bekommen. Jeder soll seinen eigenen Weg gehen können.

Arbeitsformen

Für die Thematik der persönlichen Spiritualität bzw. Frömmigkeit ist es besonders wichtig, daß die Teilnehmenden selbst zu Wort kommen, selbst überlegen und selbst formulieren. Ihre Erfahrungen sind weitgehend das Material, mit dem gearbeitet wird. Längere Sequenzen sind deshalb nötig (Seminare).

Spiritualität kann im wesentlichen nur in der Form der Einübung und Erprobung gelernt werden. Die Arbeitsform dafür ist die angeleitete Übung.
Spiritualität ist immer gelebte Religiosität. Deshalb sind Begegnungen mit einzelnen Menschen und mit Gruppen sowie Besuche bei gottesdienstlichen Zusammenkünften eine wichtige Arbeitsform.

Angebote

Titel aus evangelischen Regionalprogrammen geben eine Eindruck von Angeboten:
- Die Kraft der inneren Bilder (Wochenendseminar)
- Von der Lebensmitte zur Mitte des Lebens (Wochenendseminar)
- Hildegardfasten (tägliche Abendgruppe)
- Meine Orte der Ruhe und der Kraft finden (Wochenendseminar)
- Kontemplation und Gregorianik (Wochenendseminar)
- Wege ins Schweigen (Übungsabende)

Im kleineren Rahmen und eher an die eigenen Vorerfahrungen anknüpfend läßt sich an folgendes denken:
- Nachmittage/Abende als Erzählrunden zur eigenen religiösen Prägung unter dem Thema: „Wie war das mit dem lieben Gott?"
- Werkstätten zum Brauchtum: Advent, Weihnachten, Beerdigung, Kindstaufen usw.
- „Jetzt schreibe ich mein Leben auf" – Schreibwerkstatt zu meiner Lebens- und Glaubensgeschichte
- Erarbeitung von gemeinsamen evangelisch-katholischen Passionsandachten
- Streit um Gestaltung eines interreligiösen Gebetstreffens

Beispiel

Tanz – eine neue Dimension des Glaubens

Bericht aus „Zum Weitergeben", Arbeitshilfen der Evangelischen Frauenhilfe in Deutschland e.V., Heft 3/1992, 17–20

Vor etwa 4 Jahren las ich während meines Urlaubes in Baden-Württemberg einen Handzettel, auf dem zu einem Wochenende mit „sakralen" (oder meditativen) Tänzen eingeladen wurde. Neugierig wie ich bin und auf der Suche nach lebendigen Ausdrucksmöglichkeiten des Glaubens, nahm ich daran teil.

Schon lange spürte ich ein Unbehagen an unserer einseitig verkopften protestantischen Theologie, die sich meines Erachtens weit entfernt hat von dem fleischgewordenen Wort Gottes und oft nur noch leere Worthülsen anzubieten hat, aber kaum noch einen Raum der Erfahrung.

Da ich mich schon seit ca. 10 Jahren mit Körperbildung bzw. Eutonie und Meditation beschäftige und hierzu auch Kurse in der Gemeinde anbot, war der meditative Tanz eine Erweiterung dieses Weges.

Bevor ich an diesem besagten Wochenende teilnahm, hatte ich noch nie etwas von sakralen oder meditativen Tänzen gehört. Und mein protestantisches Theologenhirn war durchaus anfangs skeptisch, was da wohl auf mich zukommen würde. An diesem Wochenende haben wir Tänze aus verschiedenen Kulturen und Religionen getanzt: Von Tänzen zur Musik von Bach über griechische und albanische Tänze bis hin zu einem Tanz aus dem indischen Kulturkreis. Alle Tänze drückten in je ihrer Weise die Beziehungen der Menschen untereinander aus, oder auch die Beziehung zu Gott und zu Grundfragen des Lebens wie:

– Leben und Tod
– Gemeinschaft und Einsamkeit
– Werden und Vergehen
– Kreuz und Auferstehung
– Wege gehen – innehalten und sich besinnen usw. usw.

Oft drehten sich die Tänze um eine Mitte, zu der man/frau sich in unterschiedlichen Bewegungen mal hin- und mal wegbewegte, so wie ja auch Gott als Mitte unseres Lebens uns mal weiter weg, mal näher zu sein scheint. Überhaupt war es für mich ein tiefes Erlebnis, die in meinem Kopf gewußte Wahrheit, daß Gott die Mitte meines Lebens ist, nun mit meinem Körper und mit meinen Sinnen zu tanzen. Dies war ein Erlebnis, das man nur begrenzt in Worte fassen kann.

Und so hatte ich den Wunsch, das, was ich als kostbar für meinen christlichen Glauben erlebt habe, weiterzugeben. Nachdem ich an verschiedenen Kursen teilgenommen und meine Kenntnisse vertieft hatte, habe ich in meiner damaligen Tätigkeit als Gemeindepfarrerin daraufhin etwa zwei bis drei mal im Jahr zu solchen meditativen Tänzen eingeladen. Die Mitte gestalte ich meistens mit einer Kerze (Symbol für Christus, das Licht der Welt), einem Blumenstrauß (als Hinweis auf Gott den Schöpfer) und manchmal auch mit einem Kreuz. Damit will ich hinweisen auf das, was bzw. wer für mich die Mitte des Lebens ist, und lade andere dazu ein, über den Tanz eine Erfahrung mit sich, den anderen und Gott als Mitte zu machen. Die Tänze wähle ich oft nach bestimmten Themen aus: z.B. zur Passion, wenn so ein Abend in der Passionszeit stattfindet, oder zum Jahreswechsel: „Vergangenheit – Gegenwart und Zukunft", oder „Ich tanze – ich bete" usw.

Gerne habe ich auch z.B. in Frauengruppen zu Beginn bestimmter Themen mit den Teilnehmerinnen einen thematisch passenden Tanz getanzt. Ich erinnere mich, daß wir in einer Frauengesprächsgruppe über das Thema: Sterben – Leben – Leben nach dem Tod sprechen wollten, und ich den Vortrag mit einem meditativen Tanz einleitete. Die Frauen hatten ein Alter von 45 bis 60 Jahren und waren, obwohl ungeübt, rasch mit den Tanzschritten vertraut. Die Einstimmung in dieses Thema durch einen griechischen Trauertanz brachte eine sehr innerliche und zugleich offene und tragfähige Gesprächsbasis mit sich.

In den Materialien zu den Weltgebetstagsgottesdiensten sind in den letzten Jahren einfache – auch für große Gruppen durchführbare – Tänze vorgeschlagen worden. Oft sind

Gesänge aus Taizé sehr geeignet, mit einfachen Bewegungen, die man auch in Kirchen mit festen Bänken durchführen kann, einen Gottesdienst zu gestalten. Für wichtig halte ich es, daß die Tänze so einfach sind, daß sie alle mitmachen können, und es nicht ausschließlich zu einer Vorführung von ein paar wenigen, schön anzuschauenden Tänzen wird. Das kann auch mal gut und richtig sein, aber ich meine, an einem lebendigen Gottesdienst sollten möglichst alle bzw. viele beteiligt sein können.

In unseren Gottesdiensten wird Gottes Lob mit unserem Mund, mit Posaunen und Orgel angestimmt, warum nicht auch mit unseren Füßen und Händen, ja mit dem ganzen Körper wie beim Tanzen. Ich meine, unser müder Glaube muß wieder tanzen lernen.

Innerhalb von wenigen Jahren ist das Interesse am meditativen oder sakralen Tanz in Deutschland sehr gewachsen. Das haben wir vor allem drei Menschen: Bernhard Wosien und seiner Tochter Gabriele Wosien und Anastasia Geng zu verdanken. Bernhard Wosien (geb. 1908 in Masuren, gest. 1986) stammte aus einem protestantischen Pfarrhaus und hatte seine ersten Begegnungen mit dem Tanz in seiner frühen Kindheit, er studierte evangelische Theologie, Kunstgeschichte, Malerei und künstlerischen Tanz. Er entschied sich für die Kunst, insbesondere das Ballett. So war er lange Jahre Tänzer, Ballettmeister und Choreograph. Erst im Alter fand er zu seinen Kindheitswurzeln zurück und verband seine Liebe zum Tanz damit. Er entdeckte einerseits seine religiösen Wurzeln wieder und andererseits den tiefen Ursprung und Gehalt der Tänze der Völker, insbesondere im östlichen und südöstlichen Europa. Seit 1965 lehrte er im Rahmen eines Lehrauftrages für die Universität Marburg „die Reigentänze als Medium der Gruppenpädagogik" (aus: B. Wosien, Der Weg des Tänzers, S. 21). Mitte der 70er Jahre entstand in Zusammenarbeit mit der Gemeinschaft in Findhorn (Nordschottland) ein internationales Netzwerk der Tanz-Meditation. Seine Tochter Gabriele Wosien setzt diese Arbeit mit großer Hingabe in Deutschland fort.

Anastasia Geng hat einen ganz anderen, eigenen Weg genommen. Sie stammt aus Lettland, lebt schon seit sehr, sehr vielen Jahren in Deutschland. Soviel ich über sie weiß (mein Wissen ist hier unvollständig), hat sie u.a. gemeinsam mit Gruppen, insbesondere aus der Arbeit der Telefonseelsorge, aber auch mit Frauengruppen solche Tänze entwickelt. Es sind Tänze, die innere seelische und zwischenmenschliche Prozesse darstellen, Prozesse im Individuum, aber auch in einer Gruppe, es sind auch Tänze, in denen die Natur mit ihren heilenden Kräften zur Geltung kommt wie auch unsere Verantwortung für sie. Anastasia Geng hat solche Tänze auf den Kirchentagen der letzten Jahre mit vielen Hunderten Menschen getanzt. Und so zu einem großen Teil dazu beigetragen, daß meditative Tänze wiederentdeckt werden, neu entstehen und entwickelt werden, und viele Menschen einen Weg finden, Glauben und Leben, Körper – Seele und Geist als eine Einheit, als ein Ganzes zu erfahren.

Ich meine, daß die meditativen Tänze eine neue und gute Möglichkeit für uns evangelische Christen und Christinnen sind, unserem eigenen Glauben eine neue Dimension zu erschließen, und den Dialog mit anderen Religionen auf eine tiefere Ebene führen zu können; vor allem aber verbinden sie uns mit unseren katholischen Schwestern, die einen leichteren Zugang zu diesen Tänzen in Liturgie und Gottesdienst haben.

Karin Degenkolbe
Pfarrerin und Kommunikationstrainerin, Essen

Hilfsmittel

Anregend für die Bearbeitung des Themas Spiritualität sind oft biographische Texte, z.B.:

Heinz Zahrnt (Hg.), Mein Gott, 1979
Theodor Eggers (Hg.), Erinnerungen an Gott, 1980
Klaus Seehafer (Hg.), Was hat denn das mit Gott zu tun? 1983

Begegnungen und Besuche sind eine weitere Möglichkeit der Horizonterweiterung und der Produktion von Fragen.

In Aufnahme der Vollversammlung des ökumenischen Rates in Nairobi von 1975 erschien:
Evangelische Spiritualität, Überlegungen und Anstöße zur Neuorientierung, hrsg. Kirchenkanzlei im Auftrag des Rates der Evangelischen Kirche in Deutschland, [2]1980
Barth, Hans-Martin: Spiritualität, 1993
Wiggermann, Karl Friedrich: Was ist Spiritualität? 10 x 10 Stichwörter, 1997. Die Sammlung der Stichwörter stecken den gesamten Bereich dessen ab, was gegenwärtig zur Spiritualität gerechnet wird. Leider wertet Wiggermann wenig hilfreich an verschiedenen Stellen, z.B. spricht er sich gegen eine differenzierende Betrachtung von Männern und Frauen aus.

6. Konfessionslose

Ausgangspunkte

Konfessionslose sind keine Zielgruppe, die ein kirchlicher Anbieter explizit ansprechen könnte, wie er Frauen, Männer, Berufstätige ansprechen kann. Konfessionslose leben in der Regel bewußt distanziert von der Kirche und ihren Angeboten. Selbst wenn sie persönlich nicht aus der Kirche ausgetreten sind – dies ist im Westen Deutschlands meist der Fall –, sondern ihre Eltern bereits nicht mehr in der Kirche waren, ist Konfessionslosigkeit in vielen Fällen eine bewußte Haltung. Dies haben Untersuchungen in den neuen Bundesländern gezeigt (s.o. Kap. 2). Es ist also eher unwahrscheinlich, daß sich Konfessionslose mit als kirchlich empfundenen Themen beschäftigen wollen und zu Teilnehmenden in Veranstaltungen religiöser Bildung werden. Was kann dennoch dazu führen, Angebote religiöser Bildung bewußt auch für Konfessionslose zu konzipieren?

– Menschen, die in der ehemaligen DDR groß geworden sind und keine religiöse Sozialisation im kirchlichen Sinne hatten, begegnen kirchlichen Einrichtungen und Fragestellungen, werden neugierig und fragen nach.

– Menschen, die keine religiöse Unterweisung erfahren haben, bemerken bei der Lektüre von Bert Brecht oder anderen Schriftstellerinnen und Schriftstellern, wie oft die Bibel zitiert wird, und wollen mehr über dieses „Zitatenbuch" wissen.

– Lehrer und Lehrerinnen interessieren sich für die Wirkungsgeschichte des Christentums in der europäischen Kultur.

– Künstler suchen die Auseinandersetzung mit der christlichen Tradition, von der sie sich bewußt gelöst haben.

– Ausgetretene reizt das kritische Gespräch mit Kirchenmitgliedern.

– Angesichts des Zusammenwachsens der Weltbevölkerung interessiert man sich für religionskundliche Fragen: Welche Folgen hat die Prägung durch diese oder jene Religion?

Ziele

– Information und Aufklärung über die Wirkungsgeschichte des Christentums bzw. anderer Religionen hinsichtlich der Kulturen
– Religionsgeschichtliche und religionskundliche Informationen
– Betrachtung und Erschließung der Bibel als literarisches Werk
– Das Christentum als Voraussetzung europäischer Werte kennenlernen
– Das Christentum als Voraussetzung der politischen Grundentscheidungen in den westlichen Ländern wahrnehmen

Arbeitsformen

Arbeitsformen, die Vereinnahmung befürchten lassen oder die vor allem von kirchlichen Gruppierungen gepflegt werden wie Bibelstunden oder Eröffnung mit Gebet, dürften sich für die Zielgruppe Konfessionslose von vornherein verbieten. Vermieden werden sollten auch solche Formen, die zu schnell zu einer eigenen und persönlichen Stellungnahme herausfordern.

Angebote

Wenn die Zielgruppe Konfessionslose angesprochen werden soll, braucht man
den Blick von außen. Eine innerkirchliche Perspektive ist zu vermeiden. Die
bildungsbürgerliche Sicht des Christlichen, wie sie etwa in religiös-theologi-
schen Aussagen bei Goethe sich zeigt, kann angemessen sein. Man sollte sich
Kooperationspartner aus nicht-kirchlich geprägten Bereichen suchen. Konkrete
Begegnungen sind zu vermitteln. Einige Themenstellungen, die geeignet sind:
– Bibel als Literatur
– Christliche Ikonographie: Bildwelten barocker Kirchen. Motive in der mittel-
  alterlichen Malerei
– Herkunft und Bedeutung von Symbolen
– Zitatenschatz der Bibel
– Die Kraft der Matthäuspassion von Bach
– Kleine Bibelkunde
– Konfessionskundliche Streifzüge
– Einführung in Grundfragen des Christentums
– Tod und Sterben in den Weltreligionen
– Sexualität in den Religionen

Bericht

Anstelle eines Beispiels, das es als bewußt für die Zielgruppe Konfessionslose
geplante Veranstaltung seitens eines kirchlichen Trägers so kaum geben kann,
soll hier ein Erfahrungsbericht aus Mecklenburg-Vorpommern wiedergegeben
werden (vervielfältigter Bericht der Evangelischen Erwachsenen- und Familienbildung Güstrow 1996):

Arbeit mit Konfessionslosen
Erfahrungen aus der Arbeit der Evangelischen Erwachsenen- und Familienbil-
dung
Güstrow

1. Schwellenangst

Für Konfessionslose ist die Entscheidung für die Teilnahme an einer Veranstaltung bei
uns mit der Überwindung erheblicher Schwellen verbunden. Das wird uns deutlich
durch Fragen bei der Anmeldung wie etwa „Ich bin nicht in der Kirche. Darf ich trotzdem kommen?". Auch wenn im Programm und an anderen Stellen immer wieder ausdrücklich darauf hingewiesen wird, daß die Veranstaltungen für alle offen sind, kommt

diese Frage immer wieder. Das Wort „evangelisch" reicht aus, daß viele Menschen damit erst einmal „geschlossene Gesellschaft" assoziieren.

Daneben gibt es aber auch die Angst vor Unbekanntem und vor Vereinnahmung, die sich in der Frage „Muß man denn hier beten?" äußert.

Nicht zu unterschätzen ist auch die Verunsicherung durch fehlendes Wissen. Wer möchte sich schon als Unwissende/r bloßstellen durch unpassende Fragen oder falsches Verhalten. Diese Schwellenangst (gar nicht erwünscht zu sein, gleich vereinnahmt zu werden oder nicht die notwendigen Vorkenntnisse zu haben) können Konfessionslose am ehesten dann überwinden,

– wenn sie ein unmittelbares Interesse an dem Angebot haben und sich darunter etwas Konkretes, mit ihrem Alltag Verbundenes vorstellen können (etwa Prager-Eltern-Kind-Programm, Seidenmalerei, In Würde sterben),
– wenn sie von anderen Menschen angesprochen oder auch mitgenommen werden, die schon an Veranstaltungen bei uns teilgenommen und gute Erfahrungen gemacht haben,
– wenn sie die LeiterInnen, ReferentInnen aus anderen Zusammenhängen kennen.

Konfessionslose in unseren Veranstaltungen

Wir haben nie reine Gruppen aus Konfessionslosen. Nach unserer groben Schätzung setzten sich Gruppen zusammen aus bis ein Drittel (oft auch weniger) kirchlich gebundenen, aus einen Drittel eher lose gebundenen Menschen (z.B. noch getauft, Erinnerungen an Eingebundensein in kirchliches Leben in der Kinder- und Jugendzeit, Weihnachten in der Kirche …) und etwa einem Drittel konfessionsloser Menschen.

Wenn Konfessionslose zum ersten Mal in eine Veranstaltung kommen, dann zeigen sie Vorsicht vor Vereinnahmung, Skepsis gegenüber ihnen unbekannten christlichen Vokabeln und Riten, aber auch Interesse und Neugier: Warum wird das von der Kirche angeboten? Woran glauben die KursleiterInnen? Was ist überhaupt Kirche?

Konfessionslose kommen nach dem Besuch einer Veranstaltung oft wieder. Sie lassen sich dann mit konkreteren Erwartungen und mehr Gelassenheit und Selbstverständlichkeit auf unsere Angebote ein. Mit wachsendem Vertrauen können sie auch offen konkrete Fragen zu Religion und Glauben stellen und damit eigene Wissens- und Erfahrungsdefizite zeigen.

Rahmen und Methoden

Sie machen die Erfahrung, daß es in der Evangelische Erwachsenenbildung durchaus anders ist als etwa bei der Arbeiterwohlfahrt oder in der Volkshochschule, und zwar nicht erst bei den Inhalten: Bei uns gibt es einen Stuhlkreis anstelle von Bänken in Reih und Glied. Es werden weniger Referate gehalten, dafür geht es stärker um die TeilnehmerInnen. Ihre Erfahrungen sind gefragt. Die Leitung achtet auf die Pflege einer guten Gruppenatmosphäre, wo Menschen sich aufgehoben und in ihrer Individualität angenommen fühlen können. Unterschiedliche Meinungen werden akzeptiert, Konflikte müssen nicht gleich geglättet werden. Das ist gerade für Nicht-Christen aus der ehemaligen DDR, die ihre Gruppenerfahrungen fast ausschließlich in Arbeitskollektiven oder verordneten politischen Versammlungen gemacht haben, oft eine starke positive Erfahrung.

Themen, Inhalte

Besonders schwierig ist es, Konfessionslose für Veranstaltungen zu Fragen von Glauben, Bibel, Religion zu gewinnen (etwa „Kinder fragen nach Gott", „Die Bibel – Das Buch der Bücher"). Wenn sie aber zu Veranstaltungen über ein sie interessierendes Lebensthema (etwa Kindererziehung, Das Leben in die eigenen Hände nehmen, Sterben im Krankenhaus) kommen, das dann von verschiedenen Seiten beleuchtet wird, so haben sie aber durchaus die Erwartung, zu hören, welche Antworten auf ihre Fragen in der Bibel, im christlichen Glauben dazu gegeben werden.

In diesem Zusammenhang ist dann auch erfahrungsbezogene Bibelarbeit gut möglich. Gerade für Konfessionslose (aber nicht nur für sie) ist es oft erstaunlich, welche Zugänge zum eigenen Leben Texte aus der Bibel ermöglichen.

Besondere Möglichkeiten liegen auch in den Eltern-Kind-Gruppen. Dem Zyklus der Jahreszeiten folgend werden spielerische Möglichkeiten der Begegnung mit dem Glauben eingeflochten (z.B. Erntedank für die Früchte des Herbstes, Krippenfiguren basteln ...).

Praktiziertes religiöses Leben

Formen praktizierten religiösen Lebens (Tischgebet, Andacht, Tagesabschluß mit Abendlied oder Segen ...) lassen sich vor allem in Veranstaltungsformen einsetzen, die über einen längeren Zeitraum gehen und wo ein Stück gemeinsames Leben möglich wird (Begegnungstage mit Übernachtung, längerfristige Eltern-Kind-Kurse).

Die Einführung dieser Formen erfolgt je nach Situation unterschiedlich. In den Eltern-Kind-Gruppen werden die Eltern z.B. gefragt, ob sie die gemeinsame kleine Mahlzeit mit einem Tischgebet beginnen wollen, die meisten Gruppen entscheiden sich dafür.

Bei den Begegnungstagen in Groß-Poserin, wo immer auch ein Teil kirchlich gebundener Menschen teilnimmt und diese Formen trägt, wird es selbstverständlich praktiziert. Es ist dann aber wichtig, daß konfessionslose TeilnehmerInnen genauso selbstverständlich die Möglichkeit haben, sich dabei herauszunehmen. Die meisten dieser TeilnehmerInnen lassen sich aber auf neue Erfahrungen wie etwa eine Andacht ein. Zumindest erleben sie den Wert dieser Formen für die Bildung einer Gemeinschaft.

Seit einem Jahr gibt es bei uns Krabbelgottesdienste für Kleinkinder und ihre Eltern. Diese sehr lebendige Form kirchlichen Lebens wurde allerdings erst dadurch möglich, daß die zuständige Mitarbeiterin die Basis dazu in jahrelanger Gruppenarbeit geschaffen hat.

Neben der Gestaltung von Veranstaltungen ist die Öffentlichkeitsarbeit eine ebenso große Herausforderung. In der Regel reichen keine Ankündigungen in der Presse oder Handzettel. Gerade uns fremde, konfessionslose Personen werden in der Regel nur über persönliches Ansprechen (durch uns oder durch uns bekannte Personen) erreicht. Dafür braucht es viel Energie und auch Ideen. Genauso wichtig ist auch langfristige, kontinuierliche Arbeit, der Aufbau von stabilen Beziehungen.

Hilfsmittel

Studien- und Begegnungsstätte Berlin (Hg.): Zur Konfessionslosigkeit in (Ost-)Deutschland. Ein Werkstattbericht (Begegnungen 4/5), 1994

Studien und Begegnungsstätte Berlin (Hg.): Unter anderen(m) Kirche. Beziehung von Kirchengemeinde und Konfessionslosen am Beispiel einer Gemeinde im Osten Berlins (Begegnungen 12), 1995

Neubert, Ehrhart: Gründlich ausgetrieben. Eine Studie zum Profil und zur psychosozialen, kulturellen und religiösen Situation von Konfessionslosigkeit in Ostdeutschland und den Voraussetzungen kirchlicher Arbeit, 1996

7. Ökumenisches und interreligiöses Lernen

Ausgangspunkte

Ein noch erstaunlich wenig diskutierter Bereich der religiösen Bildung Erwachsener betrifft ökumenische und interreligiöse Lernaufgaben. Die Veränderungen in der deutschen Gesellschaft in der zweiten Hälfte des 20. Jahrhunderts haben jedoch in vielen Regionen eine enge Nachbarschaft zunächst zwischen den christlichen Konfessionen und später auch den verschiedenen Religionen mit sich gebracht. Dazu kommt die weltweite Bedeutung überkonfessioneller und interreligiöser Verständigung für den Weltfrieden und für ein tolerantes respektvolles Zusammenleben der Menschen und Nationen in der Welt.

Konkrete Anlässe für erwachsenenbildnerische Angebote können sein:
- Streben nach ökumenischer und interreligiöser Verständigung
- Neugier und Interesse für andere Religionen, auch im direkten Vergleich zum Christentum
- Konfessions- und religionsverbindende Ehen sowie die religiöse Erziehung von Kindern in solchen Situationen
- Suche nach einem „Weltethos" (Küng 1990) als Beitrag zum Weltfrieden und zur weltweiten Gerechtigkeit
- Furcht vor Fundamentalismus (dem manchmal der gesamte Islam zugerechnet wird).

Ziele

Allgemein geht es um eine vertiefte Kenntnis anderer Konfessionen und Religionen, darüber hinaus um die Auseinandersetzung mit deren Wahrheitsansprüchen sowie um die eigene Identität angesichts der Vielfalt von Identitäten in einer multikulturellen und multireligiösen Gesellschaft. Den umgreifenden Horizont bildet eine Bildung für den Frieden zwischen den Religionen und für Toleranz im Zusammenleben.

In der Praxis sollten christlich-ökumenisches Lernen und interreligiöses Lernen in der Regel getrennt wahrgenommen werden, weil und sofern sie in der Wahrnehmung der Teilnehmenden sehr unterschiedliche Fragen betreffen.

Einzelne Ziele:

- Kennenlernen und/ oder Vergleichen verschiedener Religionen
- Begegnung mit Angehörigen anderer Religionen
- Auseinandersetzung mit der Bedeutung unterschiedlicher Glaubensweisen für die eigene Person.

Arbeitsformen

- Informationsvorträge von Fachleuten
- Dialogveranstaltungen mit Vertreterinnen und Vertretern verschiedener Religionsgemeinschaften, zu theologischen Fragen (Gottesverständnis, Anthropologie, Menschenrechte usw.) oder zu Einzelproblemen (islamischer Religionsunterricht in deutschen Schulen usw.)
- Aktuelle Veranstaltungen über Themen (Fundamentalismus, religiöse Motive in kriegerischen Auseinandersetzungen usw.).

Angebote

- Die Weltreligionen: Ein Einführungskurs
- Glauben Christen und Muslime an denselben Gott? Vortrag mit Diskussion/ Podiumsveranstaltung mit Christen und Muslimen
- Islamischer Religionsunterricht an deutschen Schulen?
- Was trennt heute noch die Kirchen?
- Religion und Politik: Droht ein Krieg der Kulturen und Zivilisationen?
- Jesus als Messias in jüdischer und christlicher Sicht.

Beispiel

„Interreligiöser Dialog" in der theologischen Erwachsenenbildung – Bericht aus einer Heimvolkshochschule und kath. Akademie in Lilienthal bei Bremen (Eichinger 1995):

Der interreligiöse Dialog ist ein wesentliches Element der theologischen Bildungsarbeit
im Niels-Stensen-Haus – einer Heimvolkshochschule und Katholischen Akademie ...:
So könnte der erste Satz der Zwischenreflexion einer mehr als fünf jährigen Erfahrung
lauten. Aber läßt er nicht mehr vermuten, als wirklich geleistet wurde? War es wirklich
ein Dialog? Ein Dialog zwischen Religionen, der Fremdes nähergebracht hat?

Erste Erfahrungen

Die Arbeit begann mit Wochenend- und Tagesveranstaltungen, die in Judentum, Islam
und Buddhismus einführen sollten. Eingeladen wurden dazu Referenten, die entweder
aus diesen Religionen kamen oder aber ihnen – als christliche Theologen – innerlich
nahe waren. Zu allen Veranstaltungen dieser Reihe kamen überdurchschnittlich viele
Teilnehmer; deren Interessen waren aber sehr unterschiedlich:
Die am Judentum interessierten Teilnehmer und Teilnehmerinnen waren zum größten
Teil Christen, die erfahren hatten, wie sehr das Kennenlernen jüdischen Denkens den
Blick schärfen kann, um die Wurzel des eigenen Glaubens von spiritualistischen Wu-
cherungen unterscheiden zu können. Vielen begegnete der Jude Jesus hier auf eine
neue, glaubwürdige Art. Geringer war der Anteil der christlichen TeilnehmerInnen, die
hier Belege für die „Überlegenheit" ihres Glaubens suchten.
Ganz anders diejenigen, die zu Themen des Islam kamen: Nach meinem Eindruck dominierte hier das Interesse, etwas Fremdes kennenzulernen, das – durch Migration und
Medien – näherrückt. Von vielen wurde dabei der Islam in einer politischen Perspektive
wahrgenommen („Wie gefährlich sind die Fundamentalisten für uns?"), von anderen
eher als kulturelle Bedrohung („Kopftücher"). Als religiöse Alternative schien der Islam freilich meist eher fremd zu bleiben – besonders, insofern er durch deutsche Teilnehmer repräsentiert wurde, die zum Islam konvertiert waren.
Noch einmal anders motiviert waren die an Veranstaltungen zum Buddhismus Teilnehmenden: Hier dominierte deutlich das Interesse an einer religiösen Alternative.
Viele der TeilnehmerInnen – zum erheblichen Teil Frauen knapp jenseits der Lebensmitte – akzeptierten den Gedanken an eine Wiedergeburt und suchten nun wohl nach
seinem religiösen Kontext. Eine ganze Reihe meinte, durch die Lektüre esoterischer
Literatur oder durch den Besuch diverser (Meditations-, Therapie-, Lebenshilfe-)Grup-
pen „Buddhismus" kennengelernt zu haben; viele fühlten sich ihm verbunden, einzelne
waren konvertiert.
Sehr unterschiedlich waren dann auch die „Lernerfolge" (soweit diese feststellbar
sind!). So war die Beschäftigung mit jüdischen Themen den christlichen TeilnehmerInnen immer wieder Anlaß, neu über den eigenen Glauben nachzudenken. Besonders
hilfreich waren hier die freundlichen, aber hartnäckigen Fragen eines jüdischen Referenten („woran merken sie denn, daß sie erlöst sind?").
In den Veranstaltungen zum Islam konnte (z.B. während des Golfkriegs) durch nüch-
terne Information dem Versuch verschiedener Politiker und Publizisten, ein neues
Feindbild zu etablieren, gegengesteuert werden.
Die an Themen des Buddhismus Interessierten sahen, daß er komplexer und fremder ist,
als es seine modischen Vulgarisierungen vermuten lassen.

Entwicklungen

Die Nachfrage der TeilnehmerInnen, die erkennbaren Lernbedürfnisse und -erfolge und
schließlich auch die intensiver werdenden Beziehungen zu den Gastreferenten begründeten ein intensiveres Engagement.

Die Veranstaltungen zum Judentum wurden durch etwa fünftägige Intensivkurse ergänzt, die zweimal im Jahr angeboten werden: Ihr Kern ist das Erlernen des Hebräischen, ergänzt werden sie durch die Vertiefung der Kenntnisse jüdischen Denkens. An
den parallel angebotenen Anfänger- und Fortgeschrittenenkursen nehmen Menschen
sehr unterschiedlichen Alters teil: von Studenten bis hin zu Pensionären.

Weiter wurde eine Studienreise ins „jüdische Prag" angeboten; eine Fahrt nach Israel ist
mittelfristig vorgesehen.

Perspektiven jüdischen Denkens werden nun auch in vielen der anderen theologischen
Veranstaltungen integriert.

Themen des Islams werden – in Zusammenarbeit mit dem für die politische Erwachsenenbildung zuständigen Kollegen – weiter angeboten; primäre Absicht ist, im Interesse
innen- und außenpolitischen Friedens immer neu gezeichneten Feindbildern gegenzu-
steuern.

Veranstaltungen zum Buddhismus sollen seine religiöse Inspiration von westlichen
Vermarktungen unterscheiden helfen. Zunehmend mehr Raum bekommt die Klärung
der Nähen und der Distanzen zum christlichen Glauben.

Perspektiven

Wie es scheint, hat das intensivere Kennenlernen des Buddhismus bei zahlreichen der
TeilnehmerInnen den Wunsch geweckt, den christlichen Glauben (neu oder auch erstmals) kennenzulernen. Ein erstes Angebot zum Thema „Christentum für Christentums-
geschädigte" wird in diesem Frühjahr ... gemacht.

Nötig bleibt es wohl auch, (gerade gegen den kommerzialisierten „Buddhismus light")
die buddhistische Provokation einer hochtechnisierten Konsum- und Mediengesell-
schaft zur Sprache zu bringen.

Um den Islam als Religion hochschätzen zu lernen ..., ist es nötig, seinen religiösen
Wert darzustellen – versucht werden soll das in einer Annäherung an seine Mystik.

Weil Christen und Christinnen erfahren haben, daß sie von den „älteren Brüdern und
Schwestern im Glauben" immer neu lernen können, den Glauben nicht nur zu denken,
sondern allererst zu leben, kann auf die Korrektur durch den Dialog mit Juden nicht
mehr verzichtet werden.

Die christlichen Referenten, die eine andere Religion mit viel Einfühlung vorstellten,
wurden immer wieder gefragt, warum sie denn noch Christen seien: Ihnen soll in einer
kommenden Reihe die Möglichkeit gegeben werden, zu begründen, warum sie trotz
(oder wegen!?) der tiefen Begegnung mit einer anderen Religion am christlichen Glauben festhalten.

„Interreligiöser Dialog"?

Ist in diesen Jahren ein „interreligiöser Dialog" gelungen?

Nein, wenn „Dialog" meint, daß da zwei ähnlich kompetente Gesprächspartner einander
begegnen: Dazu war in aller Regel das Gefälle zwischen den „Profis" der anderen Religionen und den christlichen Teilnehmern zu groß (oft schienen die muslimischen und
jüdischen Referenten die Inhalte christlichen Glaubens besser zu kennen als die Christen selbst). Ja, wenn „interreligiöser Dialog" die Anstrengung bedeutet, daß je eigene
Glaubensverständnis in der Begegnung mit Anderen und Anderem zu differenzieren.

Die wichtigste Voraussetzung dafür ist wohl, daß die Gesprächsteilnehmer das Ziel
haben, einander zu verstehen, nicht aber, den anderen zu überzeugen. Jeder „missiona-

rische" Versuch verhärtete die Gesprächssituation und provozierte eher Aufrechnungen historischer Schuld. Wo das Verstehen gelingt, erschöpft sich dieses nicht im intellektuellen Nachvollziehen: Es schließt Achtung und Sympathie ein.

Nicht wenige der TeilnehmerInnen, denen der christliche Glaube fremd oder fremd geworden war, waren offensichtlich überrascht, Christen zu erleben, die nicht „missionieren", sondern verstehen und nicht vorschreiben, sondern zu denken geben wollen: So sind manche gekommen, um den Buddhismus kennenzulernen, und gegangen mit der Frage, ob das Christentum wirklich nur das ist, was sie einst erduldet oder erlitten haben.

© Werner Eichinger

Hilfsmittel

In der nicht auf Religion bezogenen Erwachsenenbildung sind im vorliegenden Zusammenhang besonders Beiträge zum *interkulturellen Lernen* zu nennen (Schneider-Wohlfart u.a. 1990, Friedenthal-Haase 1992), zum interreligiösen Lernen (vgl. van der Ven/ Ziebertz 1994, Lähnemann 1998) sowie zur religionsdialogischen Theologie (Einführung Grünschloß 1994). Zum ökumenischen Lernen vgl. die Arbeitshilfe der EKD (EKD 1985a) sowie den Versuch einer Zwischenbilanz von G. Orth (1991).

Grundlegende und aktuelle Informationen gibt das „Handbuch der Religionen" (Klöcker/ Tworuschka 1997).

Als aktuelle Arbeitshilfe vgl. W. Lück: Im Land der vielen Religionen, 1998 (Auslieferung: Arbeitsstelle für Erwachsenenbildung der EKHN, 64276 Darmstadt).

8. Literatur

Ausgangspunkte

Theologische Texte, insbesondere biblische Texte sind oft kunstvoll gestaltet, sind selbst Literatur. Um sie angemessen würdigen zu können, wird man nicht nur auf die Inhalte achten, sondern auch auf die sprachliche Form. Die Psalmen gelten als das Liederbuch der Bibel. Man würdigte sie nur unvollkommen, wenn man sie allein auf ihren Inhalt hin befragen würde. Man muß sie nachsprechen, ihren Inhalt nachdichten oder auch eigene Gedanken in die Form von Psalmen bringen. Ein Klagepsalm mag in seinem Inhalt am besten ausgelegt sein, wenn er nachgebetet wird. Ernesto Cardenals Umdichtungen von Psalmen hatten für seine Gemeinden der Indios gerade wegen dieses literarischen Charakters ihre eindrückliche Intensität. Umdichtungen ermöglichen es, zu leeren Formeln gewordene Theologumena wieder zum Glänzen zu bringen.

In den Künsten, den bildenden wie den sprachlichen, werden theologische Fragen, Motive der religiösen Tradition usw. oft eigenständig bearbeitet. Man könnte von einer besonderen Laientheologie sprechen, die sich hier Ausdruck verschafft. Oft werden durch Schriftsteller und Dichter vertraute theologische Gedanken verfremdet. Manchmal wird ein Gedanke in den Mittelpunkt gestellt, der in der akademischen Theologie kaum beachtet oder akzentuiert wird. Den Dichterinnen und Dichtern geht es in der Regel nicht um eine schulmäßig korrekte Auslegung, sondern um die Bearbeitung ihnen wichtiger Lebensfragen. Religiöse und theologische Elemente spielen für sie eher nur die Rolle von Baumaterial. In der Literatur begegnen wir so einem eigenständigen Umgang mit Religion und Theologie, der sehr anregend sein kann.

Ziele

Es soll kreativ und ganzheitlich gearbeitet werden. Es soll nicht nur durch Begriffe Inhaltliches vermittelt werden, sondern auch durch die sprachliche Form.

Das Ansprechen und Aussprechen von Emotionen und religiösem Gefühl soll durch das Einbeziehen von Dichtung und sprachlich literarischer Arbeit ermöglicht werden.

Durch die literarische Arbeit sollen biblische Texte über die exegetisch-hermeneutische Arbeit hinaus zum Leuchten gebracht werden.

Arbeitsformen

Man kann sowohl rezipierend als auch gestaltend arbeiten. Für die Rezeptionen eignen sich Arbeitsformen, in denen Bücher und Texte vorgestellt, gelesen und besprochen werden, z.B. Literaturfrühstück, Literaturcafé, Bibliothekstreff, Lesungen.

In den Kirchengemeinden ist literarisches Arbeiten recht selten anzutreffen. Man braucht dafür nicht nur interessierte Teilnehmerinnen und Teilnehmer, sondern auch in literarischen Fragen versierte Referentinnen und Referenten. Die sind in Kirchengemeinden oft nicht leicht zu finden. Eine Ausnahme bilden die Kirchengemeinden, in denen es aktive Gemeindebüchereien gibt. Dort finden sich sowohl interessierte Besucher wie Referenten für die Vorstellung und Besprechung von Büchern. In Programmheften mit gemeindeübergreifenden Angeboten sind literarische Angebote jedoch keine Seltenheit.

Angebote

Die obengenannten Formen von Literaturfrühstück, Literaturcafé usw. werden oft unter Hinzusetzung des jeweiligen Arbeitsvorhabens auch so angeboten. Titel für Seminare oder Wochenendveranstaltungen findet man in Programmheften etwa wie folgt:
- Wir sind 2000 Lichtjahre von Jesus weg – Jesus in der Literatur der Gegenwart
- Hiob als Thema der modernen Literatur
- Thomas Manns Auslegung der Josephsgeschichte: Joseph und seine Brüder
- Jack Miles, Gott – eine Biographie: Das Alte Testament einmal mit anderen Augen gelesen
- Auferstehung heute: Patrick Roths Roman „Corpus Christi"

Noch recht selten finden sich in der kirchlichen Erwachsenenbildung

- Schreibwerkstätten.

Diese Arbeitsform wird gern zum biographischen Schreiben und damit verbunden zur Selbsterfahrung genutzt. Das kreative Schreiben, das in solchen Werkstätten zur Anwendung gebracht wird, eignet sich aber auch in hohem Maße für die Arbeit an religiös-theologischen Texten.
Das eigene Schreiben und Verfassen von Texten wie Gebeten, Klage- und Lobpsalmen oder persönlichen Glaubensbekenntnissen stellt eine wichtige Verarbeitungsmöglichkeit dar. Interessante Aufgaben können auch das Verfassen von geistlichem Wort für den Gemeindebrief oder des Wortes zum Tage für die Lokalzeitung sein.

Beispiel

Vorgestellt wird eine Schreibaufgabe, die im Rahmen eines längeren Kurses zum kreativen Schreiben gestellt wurde (entnommen aus: Katharina Rist, Und die Sprache war Wüste und Öde … Auf der Suche nach einer unverbrauchten religiösen Sprache (OKE 31), hg. Arbeitsstelle für Erwachsenenbildung der Evangelischen Kirche in Hessen und Nassau, Postfach, 64276 Darmstadt, 1995). Die Schreibaufgabe läßt sich in einer mehrstündigen Veranstaltung bewältigen. Man braucht dafür ca. viereinhalb bis fünf Stunden. Ein bis anderthalb Stunden brauchen die einzelnen zum Schreiben. Drei Stunden werden benötigt, damit die Texte in der Gruppe vorgelesen und besprochen werden können. Dabei darf die Gruppe allerdings nicht mehr als zehn Personen umfassen.

– Noah-Schreibaufgabe:

Lesen Sie Genesis 6–9 (möglichst die Übersetzung von Martin Buber) sorgfältig durch. Noah scheint stumm zu sein. Gott spricht und spricht, Noah führt aus, antwortet aber nie. Erst am Schluß, als er im Zelt entdeckt, daß seine Söhne ihm „seine Blöße" verhüllt haben, öffnet er seinen Mund zur Verfluchung Kanaans. Hat er 600 Jahre geschwiegen, um dann den Mund zu einem Fluch zu öffnen? Wählen Sie eine der Schreibaufgaben, oder variieren Sie selbst das Thema!

1. Noah erzählt seine Geschichte im Rückblick.
   Oder: Noah erzählt seine Geschichte, während sie passiert, und involviert den Hörer, der vielleicht einer ist, der nicht auf die Arche durfte, etc.
2. Schreiben Sie die Noahgeschichte aus der Perspektive von Noahs Frau!
3. Die Menschen, denen die Arche nicht vergönnt war, erzählen ihr Schicksal, das Herannahen der Flut etc.
4. Sie selbst haben ein Leben als Zeitreisender hinter/vor sich. Sie waren als blinder Passagier auf der Arche dabei. Erzählen Sie, was Sie erlebten.

– Textbeispiele aus der Gruppe:

Ich aber bin müde, den Nimmersatten meine Schenkel zu leihen. Die Worte sollen sich selber zeugen. Die Helden der Vorzeit sollen sich selber berühmen. Die Nachfahren sollen selber vorfahren.
Unerträglich zu sehen den Pfad zu meinem Haus. Unerträglich seine Verbreiterung von Tag zu Tag. Die kommen und wissen wollen, weichen denen aus, die gehen und wissen oder nicht wissen, oder noch nicht oder nicht mehr, oder für kurze Zeit. Sie weichen einander aus auf dem Weinberg zur rechten und linken und treten nieder Pflanze um Pflanze. Sie nehmen zu von Tag zu Tag. Weichen aus und treten nieder. Neuankömmlinge vermischen sich mit Wiederkehrenden und Vergeßlichen. Schon sehe ich nur mehr Staub und Weg. In meinem Haus kleben die Augen voriger Besucher an der Tapete und forschen die Augen neuer Besucher. Im Keller graben Wissende weiter und suchen Nägel, die ich nie besaß. Es gibt immer weniger Wein. Der Weg zu den Pflanzungen führt in die Wüste. Die Bank vor meinem Haus ist besetzt.
Ich aber bin müde, meine Schenkel zu leihen. Warum geben die, die es nicht glauben, sich nicht mit denen zufrieden, die es auch nicht glauben.
Warum gehen die, die Wasser suchen, nicht ans Meer?

                                                                      G. H.

Lieber so, als tot. Lieber in den Holzkasten, als ersäufen, dachte Noah. Nun hatte er also Gnade gefunden vor Gott. Dieser Gott. Ausgezeichnet seine Idee mit dem schwimmenden Zoo, und er, seine Frau und die Jungens mittendrin. Noah spürte einen kalten Schauer. Allein die Vorstellung an das Flattern, Schnaufen, Zischeln, Brüten, Krächzen … versetzte ihn in hellen Aufruhr. Er sah sich gefangen inmitten all dieser Vier- und Zweifüßler, Federvieh und kriechendes Gewürm ohne Ende. Und kein Entkommen aus dieser Zwangsgemeinschaft. Noah spürte, wie ihm der Stallgeruch den

Magen umdrehte. Auch der Gedanke an sein geschwätziges Eheweib, machte ihn nicht etwa glücklicher. Ihn, den Auserwählten Gottes. Oh, warum mußte ausgerechnet er der Verbündete Gottes sein. Er, der die Freiheit so liebte, insbesondere die grünen Lager unter freiem Himmel? Trauer erfüllte sein Herz. Wie sehr würde er ihn vermissen. Oh Gott! Sein Leib, wie reines Elfenbein, seine Locken kraus, schwarz wie ein Rabe; seine Augen, wie Trauben an den Wasserbächen, seine Lippen wie Lilien, aber von fließender Myrrhe triefend, seine Beine wie Marmorsäulen gegründet auf goldenen Füßen; sein Mund so süß … ALLES an ihm so lieblich. Unversehens sah Noah zum Himmel empor. Hatte er sich getäuscht oder …, nein, er hatte sich nicht getäuscht. Regentropfen, nicht eben kräftig, aber immerhin. Noah wußte, was er tun mußte. Auf dem Weg in den Tannenwald dachte er, besser so, als tot. Und Noah war ein frommer Mann und er tat alles, was ihm Gott gebot.

S. S.-P.

Noah und die Landung der Arche

Wißt ihr eigentlich, warum die Arche damals am Berg Ararat liegenblieb? Gewiß, die offizielle Version kennt ihr ja, und ihr haltet euch deshalb für Wissende. Aber den tatsächlichen Grund? Noah kannte den Tiefgang seiner Arche ja ganz genau. Klar, er hatte sie selbst gezimmert. Tiefe, Breite, Belastbarkeit, alles hatte er ausgezeichnet, und rechnen, das konnte er. Es war gar nicht so einfach, die richtigen Maße der Arche zu ermitteln, denn wer kennt schon die Größe einer Giraffe oder das Gewicht eines Nilpferdes oder die Länge einer Boa Constrictor. Aber er hatte sich viel Mühe gegeben, und genug Zeit hatte er damals glücklicherweise auch. Und doch, er hatte sich verrechnet. Am Gewicht, da lag's und damit am Tiefgang, der ja von der Gewichtsbelastung abhängt. Letztlich konnte man ihm gar keinen Vorwurf machen. Er hatte einfach etwas übersehen. Aber wie das so geht: Kleine Ursache – große Wirkung. Und so strandete die Arche – war's an einem 3. oder an einem 4. Mai auf dem Berg Ararat. Geflucht hatte der Noah – wie ein Berserker. Doch bald wurde ihm klar, daß etwas mit dem Gewicht der Ladung nicht stimmte. Es war mehr an Bord als offiziell da sein konnte. Lächerliche 60 kg Gewicht, das denke ich heute auch, denn heute wiege ich 20 Kilo mehr.

H. M.

Nun habe ich die Vorbereitungen zum Bau der Arche abgeschlossen. Die Bretter sind zugesägt und liegen bereit. Es kann losgehen mit dem Zusammenfügen. Leider habe ich nur meinen Knecht Hakim gewinnen können mir dabei zu helfen. Die anderen haben alle abgewinkt, als ich sie aufforderte, mir beim Bau der Arche zu helfen. „Wir sehen nicht so recht ein, warum wir mitmachen sollen, wenn wir doch nachher nicht mit einsteigen können, wenn es ernst wird", so bekam ich von den anderen Knechten zu hören. „Wir können noch nicht so recht sehen, worauf der Vater sich einläßt mit diesem Bauwerk", so antworteten mir meine Söhne, als ich sie um Hilfe bat. Meine Frau und die Schwiegertöchter habe ich gar nicht gefragt – Frauen kommen ja für solche Arbeiten nicht in Frage.

So mache ich mich nun mit Hakim zusammen dran, die Bretter zusammenzufügen. Hoffentlich schaffen wir es bis zum Anwachsen der Wassermassen, das ganze Ding flottzukriegen.

Ich will Gott bitten, daß er schon einmal einen kräftigen Regenguß herunterkommen läßt. So könnte ich Sem, Ham und Jafet eher motivieren, mitzuhelfen. Ich könnte auch sagen: wenn ihr mir nicht helft, dann fordere ich Menschen auf, die von Gott her

eigentlich einer Strafe unterliegen sollen. Und ihr könnt sehen, wo ihr bleibt. *Gerettet wird nur der, der etwas dafür tut.*
Ehrlich gesagt: Ich sehe auch nicht so recht ein, warum die Frauen so von körperlicher Arbeit verschont werden sollen. Sie könnten doch wenigstens die Bretter festhalten, bis wir sie befestigt haben. Und auf jeden Fall hätten sie schon die Zwischenzeit nutzen können, die Tiere auf den Platz vor der Arche zu versammeln. Ich lasse Hakim jetzt erst einmal eine Pause und versuche, meine Familie zur Mitarbeit zu motivieren. Wenn dies nicht klappen sollte, komme ich auf dich zu; ich nehme an, daß du dich vielleicht zur Mitarbeit motivieren läßt.

H. P.

Hams Tagebuch
1. Eintrag: Der Alte geht umher. Er hat geträumt.
2. Er hat gesprochen. Wir sollen überleben. Das sprach ER mit ihm ab. Wir werden es ausbaden müssen.
3. Eintrag: Hab' ich's nicht gesagt? Eine Plackerei sondergleichen. Und Streit. Es hat sich herumgesprochen, daß wir das Überleben planen. Abordnungen aus der Wüste, aus Ur und Babel. Der Alte ist eisern.
4. Eintrag: Reine und unreine Tiere! Ich bin mit Noahs Auswahl nicht einverstanden, sagte es ihm. Der Patriarch war beleidigt. Wer fragt schon dich, meinte er.
5. Eintrag: Arche überfüllt. Sie stinkt zum Himmel. Es regnet schon 40 Tage und Nächte. Wir heben ab.
6. Eintrag: Streit mit der Schlange. Sie sei ja wohl kein unreines Tier und wolle in der Küchenkombüse wohnen. Der Alte stimmte zu. Hatte er wieder einen Traum?
7. Eintrag: *Die Küchenkombüse ist ein Ort, wo etwas passiert. Die Frauen wispern, die Natter zischelt von Zukünftigem, von Vergangenem.* Morgen geh ich hin.
8. Eintrag: Der Alte kam. Gesicht ohne Mund, nur Augen. *Die Frauen und die Natter wiegten sich im Rhythmus der Arche.* Nur ich Tölpel stand und wußte nichts zu sagen.
9. Eintrag: Die Taube kam zurück. Der Ölzweig steckt demonstrativ im Holz. Wir werden landen. Der Alte sieht mich nicht mehr an.
10. Eintrag: Jetzt hat er meinen Sohn und mich verflucht. Knechtsdienste wird er leisten, seinen Brüdern. Hat er geträumt? War's eine abgekartete Sache zwischen IHM und dem Alten? Ist's eine persönliche Rache? Das NEUE LEBEN fängt gut an: oben und unten.

M. L.

Hilfsmittel

Für literarisches Arbeiten wird man in der Regel Fachleute benötigen. Sowohl für den Umgang mit Literatur wie das kreative Schreiben wird man Anleitung am besten bei denen finden, die in den Schulen im Fach Deutsch unterrichten. In der oben genannten Arbeitshilfe wird auf weiterführende Literatur verwiesen. Für die Arbeit mit Literatur zu religiös-theologischen Themen sind die Bücher von Karl-Josef Kuschel hilfreich, u.a.
Gottesbilder-Menschenbilder. Blicke durch die Literatur unserer Zeit, 1985
Jesus in der deutschsprachigen Gegenwartsliteratur, 1987

Der Deutsche Verband Evangelischer Büchereien (DVEB) Bürgerstr. 2, 37073
Göttingen gibt als Beilage in Der Evangelische Buchberater heraus: Arbeitshilfen
für die Bucharbeit
Romane oder Sachbücher eignen sich oft auch zur gemeinsamen Lektüre und
Auseinandersetzung mit theologischen Themen, z.B.:

Romane

Miles, Jack: Gott, eine Biographie (Gott im Alten Testament), 1996
Shaw, Bernhard: Die Abenteuer des schwarzen Mädchens auf der Suche nach
    Gott (Gottesbilder), 1989
Ustinov, Peter: Der alte Mann und Mr. Smith (Gott und Teufel als Romanfigu-
    ren)
Mulisch, Harry: Die Entdeckung des Himmels, 1995
Roth, Patrick: Corpus Christi, 1996
Roth, Patrick: Riverside-Christusnovelle, 1992

Sachbücher

Pagels, Elaine: Adam, Eva und die Schlange. Die Geschichte der Sünde, 1994
Zander, Hans Conrad: Warum ich Jesus nicht leiden kann, 1994 (Kritische Ab-
lehnung)
Über kreatives Schreiben als Technik informiert u.a.
Gabriele Rico, Garantiert schreiben lernen, 1993
Lutz von Werder, Lehrbuch des kreativen Schreibens, 1993

9. Bildende Kunst

Ausgangspunkte

Bis in die Gegenwart hinein setzt sich bildende Kunst mit religiösen Themen
auseinander. Der größte Teil der Theologiegeschichte läßt sich in den Motiven
der Kunstgeschichte wiedererkennen. In der Postmoderne wird Kunst auch zum
Ausdrucksmittel von Philosophie und löst darin ein Stück weit die Wortzentrie-

rung ab. Horst Schwebel (1997) sieht in der Kunst die Dokumentation von Transzendenzerfahrungen. Deshalb braucht es für die Verbindung zur Theologie nicht eigens die christliche Ikonographie. Kunst und Religion sind durch Ekstase, Mystik und Sakramentales miteinander verbunden. Kunst als Medium in der religiösen Bildung legt sich auch deshalb nahe, weil hier Subjektivität ausgedrückt ist und eingefordert wird. Problematisch ist allerdings eine Funktionalisierung von Bildwerken im Sinne einer reinen Illustration von ansonsten wortlich ausgedrückten Inhalten. Das Bild hat seine eigene Sprache. Hätte das in ihm Gezeigte auch sprachlich ausgedrückt werden können, hätte es seiner nicht bedurft. Insofern bedeutet die Arbeit mit Kunst immer vor allem ein Sich-Einlassen auf das Werk, ein Sich-davon-Inspirieren-und-Anregen-lassen. Dem Sehen muß vor dem Reden und Hören Zeit gegeben werden.

Das gegenwärtig zu beobachtende große Interesse an bildender Kunst und Ausstellungen begünstigt den Einsatz von Kunst in der Bildung. Zudem gibt es Bemühungen zwischen Künstlern und Künstlerinnen einerseits und der Kirche andererseits, bei denen es nicht nur um Ausstellungsmöglichkeiten, sondern auch um Dialog geht. So kann es zu von verschiedener Seite angeregten Aktionen kommen. Z.B.:

– Die Initiative geht von Künstlerinnen und Künstlern aus, die anfragen, ob sie in Kirchräumen Ausstellungen machen können. Sie möchten den Kirchraum gestalten, um ihre spezifische Aussage zur Diskussion zu stellen.
– Eine Kunstpädagogin bietet an, mit einem Kreis in der Gemeinde bildnerisch zu arbeiten.
– Kunstinteressierte fragen nach Themen christlicher Ikonographie, sei es in dem eigenen Kirchengebäude, sei es bei einer Exkursion.
– Kunstfreunde fragen, ob man nicht einmal gemeinsam diese oder jene Ausstellung besuchen könne.
– Es wird angeregt, theologisch kundige Führungen im Landesmuseum zu machen.

Ziele

– Im Sinne des Einbeziehens aller Sinne könnte außer dem Ohr auch das Auge oder der Tastsinn gefragt sein. Die Empfindung, die Emotion, wird in anderer Weise angeregt als durch das Wort.
– Da bildende Künstler in der Regel Laien hinsichtlich der Theologie sind, kann ein fremder Blick auf theologische Fragen vermittelt werden.
– Die vielfältige Wirkungsgeschichte der christlichen Tradition wird nachgezeichnet.
– Die Frage nach Sinn und Grenze des alttestamentlichen Bilderverbots wird diskutiert.

Arbeitsformen

Für die Arbeit im Medium Bildende Kunst braucht man sachkundige Menschen, Künstler und Künstlerinnen, Kunstgeschichtler, Kunstpädagoginnen. Der Ort der Arbeit sollte an den Ort der Kunst verlegt werden. Kooperationen mit Museen und Galerien bieten sich an.
Neben die verschiedenen Formen der Auseinandersetzung mit Bildender Kunst in Gesprächen, Führungen, Bildmeditationen usw. kann und soll auch das eigene kreative Gestalten treten mit Farbe, Ton, Holz oder anderen Materialien.

Angebote

- Führungen in Ausstellungen und Museen wie „Venus und Madonna – Frauendarstellungen", „Wandmalereien von Jörg Ratgeb", „Maria Immaculata – ein zentrales Bildmotiv des Barocks", „Spätmittelalterliche Heiligenbilder", „Die Bilder der Nazarener im Städel".
- Dia-Betrachtungen des Isenheimer Altars usw.
- Arbeiten in Ton zu Gottesbildern
- Bildnerisches Gestalten zu biblischen Texten
- Thematische Ausstellungen wie „Abendmahl" oder „Die andere Eva"
- Exkursionen mit ikonographischen Führungen durch Kirchgebäude
- Begegnungen mit Künstlern
- Thematisch-orientierte Vernissagen und Finissagen von Ausstellungen
- Performances zu Themen wie „Liebe" oder „Tod" mit anschließendem Gespräch

Beispiel

Aus der Arbeitshilfe „Pfui Teufel, das Böse" (Evangelische Arbeitsgemeinschaft für Erwachsenenbildung in Württemberg, Landesstelle, Ecklenstraße 20, 70184 Stuttgart, 1994) ist die folgende Sequenz entnommen. Sie bezieht sich auf eine Installation in der Hospitalkirche in Stuttgart. Hier hatte der Künstler Thomas Lehnerer den ganzen Altarraum schwarz verhängt und lediglich eine ca. 40 cm große Plastik auf den Altar gestellt. Die Plastik zeigt eine Art Kopf.

- Verdeckter Karfreitag – beschattete Ostern

1. Der Leiter / die Leiterin geht mit den Teilnehmern in einem Plenumsgespräch den Fragen nach, welche Bedeutung die Prinzipalstücke Kanzel, Altar und Taufstein haben und was es heißen könnte, daß in evangelischen Kirchen in aller Regel in, auf oder über dem Altar ein Kruzifix plaziert ist. *Zeitbedarf: 15 – 20 Minuten.*

2. Arbeitsgruppen von 5 – 10 Teilnehmern diskutieren die Frage, was es für den christlichen Glauben und insbesondere für den Gottesdienst, Taufe und Abendmahl heißen würde, wenn der Kruzifixus an, über oder hinter dem Altar fehlen würde. *Zeitbedarf: 10 – 20 Minuten.*

3. Im Plenum wird zuerst die Gesamtaufnahme des Innenraums der Hospitalkirche Stuttgart während der Ausstellung Thomas Lehnerers 3 bis 4 Minuten ohne Kommentar projiziert. Die Teilnehmer werden ausdrücklich gebeten, nicht zu sprechen, die Inszenierung des Kirchenraumes durch den Künstler auf sich wirken zu lassen und ihren Gefühlen und Empfindungen Raum zu geben und sie zuzulassen. Anschließend werden die Teilnehmer gebeten, ihre Empfindungen in der Form einer Metaphermeditation festzuhalten: „Der schwarze Vorhang hinter dem Altar ist für mich wie …“. Die Metaphern werden für alle sichtbar auf einer Tafel oder auf einem Flip-Chart notiert. *Zeitbedarf: ca. 30 – 40 Minuten.*

4. In der Schlußrunde zeigt der Leiter/die Leiterin im Plenum die Postkarte mit Details der Bronze Thomas Lehnerers aus der Installation und sagt, daß Lehnerer die Bronze auf der Rückseite der Karte „Gott“ nennt. Das Gespräch kreist erstens um die Frage, warum Lehnerer diese arme Gestalt Gott nennen kann, und zweitens um die Frage, warum in der christlichen Rede vom Leiden, Sterben und Auferstehen Jesu Christi eine Antwort auf die Frage nach Gottes Gerechtigkeit angesichts des Leidens gefunden werden kann. *Zeitbedarf: 15 – 20 Minuten.*

Die in Schritt 3 und 4 vorgestellten Arbeitsschritte lassen sich ähnlich auch für die Betrachtung und Verarbeitung von Kunstwerken sonst verwenden:
– Bildbeschreibung
– Eindrücke kommen und ausdrücken lassen / Meditation
– Theologische Reflexion / eigene Versuche.

Hilfsmittel

Kunst und Religion. Jahrbuch der Religionspädagogik 13

Margarete Goecke-Seischab: Von Klee bis Chagall. Kreativ arbeiten mit zeitgenössischen Graphiken zur Bibel, 1994

Gunter Otto und Maria Otto: Ästhetische Erziehung als Praxis des Auslegens in Bildern und des Auslegens von Bildern, 1987

Winnekes, Katharina (Hg.): Christus in der bildenden Kunst. Von den Anfängen bis zur Gegenwart. Eine Einführung, 1989

Fachverstand für das Arbeiten mit Kunst und bildnerischen Möglichkeiten findet sich bei Lehrerinnen und Lehrern mit dem Fach Kunst genauso wie oft auch bei Sozialpädagogen und natürlich auch Künstlerinnen und Künstlern. In Museen findet man Museumspädagogen. Die meisten Landeskirchen haben Kunstbeauftragte. Manchmal helfen auch die Architekten von Bauabteilungen weiter.

10. Musik

Ausgangspunkte

Musik ist ein Wesensausdruck des Menschen. Sie spricht ihn emotional an und setzt ihn auch in Bewegung. Sie erreicht Tiefenschichten und kann zur Ekstase führen. Darin ist sie der Religion verwandt. Religionsausübung ist fast immer mit Musik verbunden. Auch im jüdisch-christlichen Traditionszusammenhang ist Musik ein selbstverständliches Phänomen. Musik ist als Kunst wohl am ungegenständlichsten. So kann die Meinung vertreten werden, daß Musik und die Reflexion bzw. Vermittlung von Inhalten nicht in Einklang zu bringen seien. Gleichwohl dürfte zumindest die Kirchenmusik nicht nur aufgrund ihrer Texte als Medium der Verkündigung sehr geschätzt sein. Glaube wird klanglich erfahrbar. Für die These, daß auch die Musik als Klang allein religiöse Wirkung haben kann, spricht die Beliebtheit der Matthäuspassion von Bach. Die Texte sind es nicht allein, die die Wirkung ausmachen. Musik kann mit ihren stilistischen Mitteln Herzen, Mund und Sinne anrühren. Religiöse Inhalte im Medium der Musik sprechen zu lassen legt sich nahe, wenn Werke aufgeführt werden. Einführungsveranstaltungen können den religiösen Gehalt der jeweiligen Werke herausarbeiten. In Kirchengemeinden sind oft die Kirchenmusiker selbst daran interessiert, ihr Medium auch in der Bildungsarbeit ins Spiel zu bringen. Aus Anlaß der Einführung von neuen Gesangbüchern oder des Einübens neuer Lieder kann über die religiösen Gehalte im Blick auf die Musik gearbeitet werden. Auch Chöre sind oft interessiert daran, nicht nur die musikalische Seite ihrer Arbeit zu reflektieren, sondern auch die religiöse.

Ziele

Religion und Künste sind einander nahe verwandt, insofern sie Menschen ganzheitlich ansprechen. Mit der Musik können Menschen angesprochen werden, die über das Medium der Sprache und Argumentation allein schlecht erreicht werden können. Musik vermittelt immer noch einen anderen Eindruck als religiöse Sprache allein. Musik eignet sich deshalb auch dazu, neue Zielgruppen für die religiöse Bildung zu erschließen. Umgekehrt erschließt sich über die Musik manche neue Dimension des Religiösen auch für die, die die rein sprachliche Kommunikation bei der Religion gewohnt sind.
Wer nicht selbst eine gewisse Ausbildung in Musik hat, sollte in jedem Fall Kooperationspartner suchen. Das bloße Einspielen von Musikbeispielen in eine

Veranstaltung dürfte die Musik um ihre volle Wirkung bringen und lediglich als Illustration dessen erscheinen lassen, was man auch mit Worten sagen kann.

Angebote

Verschiedene Formen sind denkbar und werden praktiziert. Das Zusammenspiel von Text und Musik kann erarbeitet werden in Veranstaltungen wie
– Die Theologie der Matthäuspassion
– Luthers Theologie in seinen Liedern

Eine neue Dimension an zunächst wortlich Bekanntem durch das Hinzutreten von Musik kann entdeckt werden:

– Die Psalmen neu entdecken

> Die Psalmen – das Gebetbuch der Bibel
> Biblisch-theologische Einführung in die Psalmen, eigene Erfahrungen
>
> Psalmen in heutiger Sprache singen und beten
>
> Das Tönen meines Herzens.
> Hebräische und andere Psalmen in zeitgenössischer Vertonung
>
> Du stellst meine Füße auf einen weiten Raum.
> Leibhafte Erfahrung von Psalmworten mit Elementen des Bibliodrama
>
> Gott, zu dir rufe ich
> Konzert mit Psalmvertonungen alter und neuer Meister

– Verrückt nach Licht. Konzert-Lesung. Dorothee Sölle und Grupo Sal

> Von lyrischen Balladen bis zu afrokubanischen Rhythmen spielt Grupo Sal aus dem Fundus lateinamerikanischer Musik – ein überraschendes Zusammenspiel mit den befreiungstheologischen Texten der bekannten Theologin

Musik eignet sich auch für Meditation:

– „auf daß deine Seele symphonialis gestimmt sei …"

> Wir wollen uns der symphonialen Stimmung annähern durch:
> Inspirationen von Musik der Hildegard von Bingen / Improvisation als musikalisches Zusammenspiel in der Gruppe / Stimmspiele als Spiegel unserer persönlichen Gestimmtheit. Dabei können elementare Instrumente unterstützen.

Beispiel

Das folgende Beispiel ist der Arbeitshilfe entnommen „Wegzeichen. Mit Christus unterwegs" hg. vom Bischöflichen Generalvikariat Trier, Abteilung Bildungsarbeit 1995. Verfasser ist Bernhard Philipp. Es zeigt, daß eine Arbeit mit Musik auch mit einfachen Mitteln möglich ist.

... Ihr müsset ihm entgegen gehn!
Johann Sebastian Bach
Kantate „Wachet auf, ruft uns die Stimme" BWV 140

Wachet auf, ruft uns die Stimme

1. Chor
Wachet auf, ruft uns die Stimme / Der Wächter sehr hoch auf der Zinne, / Wach auf, du Stadt Jerusalem / Mitternacht heißt diese Stunde; / Sie rufen uns mit hellem Munde: / Wo seid ihr klugen Jungfrauen? / Wohl auf, der Bräutgam kommt, / Steht auf, die Lampen nehmt, / Alleluja! / Macht euch bereit / Zu der Hochzeit, / Ihr müsset ihm entgegengehn!

2. Rezitativ
Er kommt, / Der Bräutgam kommt! / Ihr Töchter Zions, kommt heraus, / Sein Ausgang eilet auf der Höhe / in euer Mutter Haus. / Der Bräutigam kommt, der einem Rehe / Und jungem Hirsche gleich / Auf denen Hügeln springt / Und euch das Mahl der Hochzeit bringt / Wachet auf, ermuntert euch / Den Bräutgam zu empfangen; / Dort, sehet, kommt er hergegangen!

3. Arie
Seele: Wann kommst du, mein Heil? /*Jesus*: Ich komme, dein Teil. / *Seele*: Ich warte mit brennendem Öle. / Eröffne den Saal / Zum himmlischen Mahl! / *Jesus*: Ich öffne den Saal / Zum himmlischen Mahl. / *Seele*: Komm, Jesu! / *Jesus*: Komm, liebliche Seele!

4. Choral
Zion hört die Wächter singen, / Das Herz tut ihr vor Freuden springen, / Sie wachet und steht eilend auf. / Ihr Freund kommt vom Himmel prächtig, / Von Gnaden stark, von Wahrheit mächtig, / Ihr Licht wird hell, ihr Stern geht auf. / Nun komm, du werte Kron, / Herr Jesu, Gottes Sohn, / Hosianna! / Wir folgen all / Zum Freudensaal / Und halten mit das Abendmahl.

5. Rezitativ
So geh herein zu mir, / Du mir erwählte Braut! / Ich habe mich mir dir / Von Ewigkeit vertraut! / Dich will ich auf mein Herz, / Auf meinen Arm gleich wie ein Siegel setzen / Und ein betrübtes Aug ergötzen. / Den du erdulden müssen; / Auf meiner Linken sollst du ruhn, / Und meine Rechte soll dich küssen.

6. Arie
Seele: Mein Freund ist mein! / *Jesus*: Und ich bin sein! / *Beide*: Die Liebe soll
nichts scheiden! / *Seele*: Ich will mit dir in Himmels Rosen weiden. / *Jesus*: Du
sollst mit mir in Himmels Rosen weiden. / *Beide*: Da Freude die Fülle, da Wonne
wird sein!

7. Choral
Gloria sei dir gesungen / Mit Menschen- und englischen Zungen, / Mit Harfen und
mit Zimbeln schön. / Von zwölf Perlen sind die Pforten / An deiner Stadt; wir sind
Konsorten / Der Engel hoch um deinen Thron. / Kein Aug hat je gespürt, / Kein
Ohr hat je gehört / solche Freude / Des sind wir froh, / Jo jo, / Ewig in dulci jubilo.

Dieser Kantate liegt Philipp Nicolais Lied von 1599 zugrunde. Es ist nicht unbedeutend
zu wissen, daß er dieses „Geistlich Brautlied", so seine eigene Betitelung, zu einer Zeit
schuf, in der er bis zu 30 Pesttote pro Tag bestattete – ein Umstand, der die geforderte
Wachsamkeit hoch aktuell erscheinen ließ. Beachtlich bleibt jedoch der Kontrast zwischen dieser grausamen Lebensrealität und dem im Lied ausgesprochenen Glaubens-
mut.
Das Lied ist uns als Adventslied vertraut und hat im entsprechenden Teil des Gotteslo-
bes heute seinen Platz. Seine ursprüngliche Bestimmung ist jedoch nicht für den Kir-
chenjahresbeginn, sondern dessen Ende, bezieht es sich doch auf das Evangelium von
den törichten und klugen Jungfrauen (Mt. 25,1–13), das in der lutherischen Leseord-
nung am 27. Sonntag nach Trinitatis vorgesehen war, der bei frühem Ostertermin als
eingeschobener Sonntag relativ selten vorkam.
Bach hat seine Kantate für diesen Sonntag (25. November) im Jahr 1731 komponiert.
Der unbekannte Textdichter hat die drei Liedstrophen unverändert als Anfangs-, Mittel-
und Schlußsatz übernommen und als Zwischenstücke je ein Rezitativ und eine Duett-
Arie eingefügt mit textlichen Anspielungen an das Evangelium und an das Hohelied
sowie weitere Stellen des Alten Testaments. Sie sind dialogisch gestaltet zwischen
Christus als Bräutigam und der gläubigen Seele der Braut. Die Arien dürfen musika-
lisch zu den schönsten Liebesduetten der Weltliteratur gezählt werden. Die Kantate
insgesamt könnte man eine musikalische „Jesus-Minne" nennen.
Besondere Aufmerksamkeit gelte hier nun dem Einleitungssatz. Der Rhythmus des
Orchestersatzes läßt eine tänzerisch-feierliche Prozession assoziieren und steht damit in
eindeutigem Bezug zum Schlußvers der ersten Strophe „ihr müsset ihm entgegen
gehn". Während die Liedmelodie in langen Notenwerten vom Sopran vorgetragen wird,
konzentriert sich die Begleitung der vokalen Unterstimmen bisweilen auf kurze, akkor-
dische Rufe, die sich wie ein Exzerpt des Strophentextes ausnehmen und so zur zeitlo-
sen Quintessenz des Evangeliums geraten: „wachet auf", „Stimme", „wach auf, wach
auf", „Stunde, Stunde", „wo, wo, wo seid ihr", „wohl auf", „steht auf", „macht euch
bereit, bereit" und letztendlich „ihr, ihr, ihr müsset ihm entgegen gehn".
Methodische Hinweise: Die ganze Kantate oder auch nur der erste Satz bieten sich für
eine Musikmeditation an, und das nicht nur in der Adventszeit.
Auf Grund des tänzerischen, wallenden Rhythmus des ersten Satzes lädt dieser gerade
dazu ein, eine Choreographie für einen meditativen (Prozessions-)Tanz zu erarbeiten.
Diskographischer Hinweis: Die Kantate ist in allen Gesamteinspielungen des
Bach'schen Kantatenwerkes enthalten. Als einzelne CD ist sie z.B. in der Einspielung
unter Harnoncourt bei TELDEC (zusammen mit der nicht weniger bekannten Kantate
Nr. 142) erschienen.

Literaturhinweis: Alfred Dürr, Die Kantaten von Johann Sebastian Bach, Kassel und München 1971, Bd. 2, S. 718–22.

Hilfsmittel

In allen Landeskirchen gibt es besondere Einrichtungen, die die kirchenmusikalische Arbeit pflegen.
Die meisten Kirchengemeinden beschäftigen neben- oder hauptamtliche Kirchenmusiker.
In vielen Landeskirchen gibt es Kirchenmusikschulen.

Werkbuch zum Evangelischen Gesangbuch, hrsg. im Auftrag der EKD von
    Wolfgang Fischer, Dorothea Monninger und Rolf Schweitzer.
    Lieferung 1: Advent und Weihnachten, 1993
    Lieferung II: Erhaltung der Schöpfung, 1994
    Lieferung III: Passion – Ostern, 1995
    Lieferung IV: Psalmen, 1997
Remmert, Sönke: Bibeltexte in der Musik. Ein Verzeichnis ihrer Vertonungen, 1996
Harz, Frieder: Musik, Kind und Glaube. Zum Umgang mit Musik in der religiösen Erziehung, 1982

11. Frauen

Ausgangspunkte

Schon seit langem hat man in der Bildungsarbeit begonnen, geschlechtsspezifische Perspektiven wahrzunehmen. Die Gender-Problematik ist Teil der Emanzipationsbewegung der Frauen. Im theologischen Diskurs hat sich die Frauenperspektive als Feministische Theologie einen anerkannten Platz erobert. Beide Aspekte, das Selbstbewußtwerden der Frauen und das Interesse an feministisch-theologischen Fragestellungen, können dazu führen, daß die Zielgruppe Frauen in besonderer Weise angesprochen wird. In der religiösen Bildung wird erörtert, inwiefern Frauen andere Schwerpunkte in der Religiosität setzen, sich für andere Themen interessieren und eine andere Spiritualität wertschätzen als Männer dies tun (s.o. Kap. 2). Das würde ebenfalls für einen eigenen Ansatz in der theologischen Arbeit mit Frauen sprechen. In der Praxis können auch äußere Gründe maßgebend für eine getrenntgeschlechtliche Arbeit sein.

- Die Frauengruppe wünscht eine auf ihre Fragen und Bedürfnisse zugeschnittene Arbeit.
- Die Verantwortlichen merken, daß in Diskussionen vor allem die Frauen wenig sagen, und schlagen eine getrenntgeschlechtliche Arbeit vor.
- Frauen interessieren sich für Feministische Theologie.

Ziele

- Religion und Glaube sind nicht einfach für Frauen und Männer von gleicher Bedeutung. Eine geschlechtsspezifische Bildungsarbeit soll es ermöglichen, die Unterschiede wahr- und ernstzunehmen und damit zu einem tieferen Verständnis des Religiösen im eigenen Leben zu gelangen.
- Bildungsarbeit aus Frauenperspektive soll die Feministische Theologie als Teil einer Emanzipationsbewegung zugänglich machen. Sie aktualisiert die befreienden Ansätze, die die jüdisch-christliche Tradition von alters her enthält.
- Bildungsarbeit mit besonderer Berücksichtigung der Frauenperspektive soll der Tatsache Rechnung tragen, daß die überwiegende Mehrheit der Teilnehmenden in der allgemeinen Erwachsenenbildung Frauen sind.

Arbeitsformen

Gefragt sind Einführungen und Reflexion zu Ansätzen der Feministischen Theologie. Das Thema Feministische Theologie ist in den Erwachsenenbildungsprogrammen in evangelischer Trägerschaft zu einem festen Bestandteil geworden. Bei den Männern setzen nur einige sich in den entsprechenden Fragestellungen einem längeren Lernprozeß aus.

Für Frauen ist interessant, einmal biblische Texte bewußt und konsequent mit den Augen und dem Erfahrungswissen von Frauen zu lesen. Dasselbe gilt für die Auseinandersetzung mit der Geschichte. Frauengestalten werden anders als in der normalen Betrachtungsweise in besonderer Weise in den Mittelpunkt der Betrachtung gerückt.

Frauen haben als Mütter und Großmütter je spezifische Rollen im Prozeß der Traditionsvermittlung. Sie haben eigene Lernbiographien. Erfahrungsaustausch und Klärung der besonderen Aufgaben können interessant sein.

Besonders in Frauengruppen wird gern gemeinsam erarbeitet, was Thema sein soll.

Als kirchliche Arbeitsformen begegnen oft:

– der Mütterkreis. Hier geht es selten um religiöse Thematik an sich, sondern um Religiöses in bezug auf Kinder und Familie, z.B. Fragen der religiösen Erziehung, des Patenamts usw.

– das Frauenfrühstück. Gemeinsam ist bei allen Unterschieden in der Prägung dieser Form, daß sie einen geschützten Raum, frei von männlichen Beurteilungen, darstellt, in dem Frauen frauenspezifische und gesellschaftspolitische Fragen im Rahmen eines Frühstücks durchsprechen können.

– Studientage, an denen in mehreren Stunden eine Thematik erarbeitet wird, man gemeinsam ißt, meditiert und tanzt.

– Feministisch-theologische Kurse und Seminare werden angeboten. Beliebt ist die Auseinandersetzung mit Frauengestalten in Bibel und Geschichte.

Angebote

Für Frauengruppen werden in Programmheften u.a. als Themen vorgeschlagen:

> Die Seele baumeln lassen (sich einen Sabbat nehmen)
> Keine Versöhnung ohne Gerechtigkeit
> Engel
> Barmherzigkeit
> Frauen im konziliaren Prozeß
> Gemeinschaft der Heiligen
> Segen
> Meditativer Tanz
> Rituale
> Bräuche

Andere Teilnehmerinnen als die Kirchengemeinde erreicht die regionale Erwachsenenbildungsstelle, andere wieder die Volkshochschule. Seminarthemen bzw. Veranstaltungsthemen in einem regionalen Erwachsenenbildungsprogramm waren u.a.:

> Frauen in den Weltreligionen
> Weibliche Ethik
> Sophia – die Weisheit. Eine Frauengestalt in der Bibel
> Das Heilige in weiblicher Gestalt (indische Traditionen)
> Meditatives Tanzen im Advent (Thema: Magnifikat)
> Fasten im Advent
> Hildegardfasten

Insgesamt fällt auf, daß im innerkirchlichen Bereich die religiöse Thematik für Frauen weniger einen kognitiven Zugang erfordert als einen ganzheitlichen, auch leiblichen Zugang. Bei einer Umfrage des Deutschen Sonntagsblatts stellte sich heraus, daß Frauen sich auch für andere Themen interessieren als Männer. Für Männer war in diesem Fall die Frage nach dem historischen Jesus oder die Existenz von Außerirdischen wichtig. Frauen interessierten sich eher für ein Leben nach dem Tode, für Fragen der Vorherbestimmung oder der Astrologie.

Es ist schwierig, allein als Mann Frauen etwas anbieten zu wollen. Wer mit der Zielgruppe Frauen als Mann arbeiten will, muß mit Frauen zusammen vorbereiten und Frauen als Referentinnen und Mitarbeiterinnen beteiligen. Interessant ist die Arbeit mit Männern und Frauen gemeinsam, bei der man phasenweise in getrenntgeschlechtliche Gruppen auseinandergeht und dann aus dem jeweiligen Blickwinkel z.B. einen Bibeltext erarbeitet.

Beispiel

In der Schwangerschaftskonfliktberatung stellt sich auch die Frage nach den ethischen Kategorien und möglichen biblisch-theologischen Bewertungen. Nun gibt es in der Bibel keine Aussage über den Schwangerschaftsabbruch. Eine Frauenarbeitsgruppe hat sich dafür entschieden, eine biblische Geschichte in Anwendung auf den Schwangerschaftsabbruch frei umzuerzählen. Die Geschichte von der Ehebrecherin nach Johannes 8 legte sich dafür nahe, weil auch in ihr ähnlich wie in der Diskussion um den Schwangerschaftsabbruch die Rolle der Männer in den konkreten Fällen nicht angesprochen wird, dafür aber Männer als Ankläger auftreten. Aufgrund der Einsicht in Jesu Verhalten und Urteil wird damit natürlich eine neue Geschichte erzählt. Das Verfahren ähnelt dem Bibliodrama. Das *Beispiel* ist entnommen aus der Arbeitshilfe „§ 218. Aufbruch, Abbruch, Umbruch im Leben der Frau", Darmstadt ²1997, © Arbeitsstelle für Erwachsenenbildung der Evangelischen Kirche in Hessen und Nassau, 64276 Darmstadt.

Die Frau, die einen Abbruch beging

Und sie gingen jeder in sein Haus. Jesus aber ging an den Ölberg. Am Morgen jedoch fand er sich im Tempel ein, und alles Volk kam zu ihm, und er setzte sich und lehrte sie.

Da bringen die Schriftgelehrten und die Pharisäer eine Frau, die bei einem Abbruch ergriffen worden war, stellen sie in die Mitte und sagen zu ihm: Meister, diese Frau ist bei einem Abbruch ergriffen worden. Unsere Moral verbietet das und wir machen ihr schwerste Vorwürfe. Was sagst nun du? Das sagten sie aber, um ihn zu versuchen, damit sie ihn anklagen könnten.

Da bückte sich Jesus nieder und schrieb mit dem Finger auf die Erde. Als sie ihn aber beharrlich weiterfragten, richtete er sich auf und sprach zu ihnen: *Wer unter euch ohne Schuld ist, mache den ersten Vorwurf!* Und er bückte sich wiederum nieder und schrieb auf die Erde. Sie aber gingen, als sie es hörten, einer nach dem anderen hinaus, die Ältesten voran.

Und er blieb allein zurück mit der Frau, die in der Mitte war. Da richtete sich Jesus auf und sagte: Frau, wo sind sie? Hat dich keiner verurteilt? Sie aber sagte: Niemand, Herr! Darauf sprach Jesus: Auch ich verurteile dich nicht; geh, verschuldige Dich von jetzt an nicht mehr!

I. *Warum dieser Text?*

1. Es gibt in der Bibel *keine* Aussagen über den Schwangerschaftsabbruch.
   In 2. Mose 21, 22 wird ein von außen verursachter Abbruch erwähnt: wenn bei einem Streit von 2 Männern einer so an eine schwangere Frau stößt, daß ihr „die Leibesfrucht abgeht", soll er bestraft werden. Das ‚Vergehen' wird *nicht* als Tötung angesehen.
   Bei der Begegnung von Maria und Elisabeth wird unterschieden:

   > bei Maria wird von der ‚Leibesfrucht' gesprochen, bei Elisabeth heißt es, daß das „Kind in ihrem Leibe hüpfte".

2. Die Geschichte von der Ehebrecherin kann auf den Schwangerschaftsabbruch bezogen werden. Die *gesellschaftliche Realität* ist in beiden Fällen die gleiche: die *Frau* wird in die Mitte ‚gezerrt'. Beim Ehebruch ist ja auch ein Mann beteiligt; beim Abbruch ist ein Mann mitverantwortlich wie auch oft die kinderfeindliche Umwelt. Aber im Blickpunkt steht die Frau: sie muß die Vorwürfe ertragen.

3. Jesus nimmt eine *differenzierende Haltung* ein. Er verteidigt die Frau nicht. Mit dem zweimaligen Gebrauch des Wortes ‚Sünde' (Wer unter euch ohne Sünde ist ...; Sündige hinfort nicht mehr) macht er unmißverständlich deutlich, daß für ihn Ehebruch Sünde ist. Aber dennoch hat keiner das Recht, die Frau zu verurteilen und zu bestrafen. So kann unsere Haltung auch gegenüber dem Schwangerschaftsabbruch sein: Er soll – um Gottes willen – nicht sein, er ist Sünde. Aber niemand hat das Recht, eine betroffene Frau zu verurteilen.

4. Jesus weist der Frau *einen neuen Weg*. Er bewahrt sie vor den todbringenden Steinen und zeigt ihr einen Weg in ein neues Leben: Geh, sündige hinfort nicht mehr!
   Das kann Leitbild für eine christliche Haltung sein: Frauen vor tödlichen Vor-Würfen zu schützen und sie auf ihrem Weg zu/mit/nach ihrer Entscheidung zu begleiten.

II.   *Methodische Vorschläge*

> *a) Vorschlag für einen Abend (1½ – 2 Stunden)*
> *b) Vorschlag für einen Vor- oder Nachmittag (2½ – 3 Stunden)*

a) 1. Den Text zunächst zweimal im biblischen Original, dann übertragen auf den Abbruch vorlesen. (TeilnehmerInnen hören nur zu.)

2. Möglichkeit zu spontanen Äußerungen, Eindrücken, Fragen („... zu steinigen" s. 3. Mose 20, 10 und 5. Mose 22, 22)

3. Personengruppen und Situationen:
   Was wird von den Pharisäern und Schriftgelehrten,
   vom Volk,
   von der Frau,
   von Jesus gesagt?

4. „Jede/r in ihrem/seinen Haus" (Joh. 7, 53):
   Jede/r stellt sich vor, ganz „in ihrem/seinem Haus" zu sein, ganz bei sich selbst zu
   sein: Welche Gedanken, Gefühle bestimmen mich im Hinblick auf ‚Schwangerschaftsabbruch'? (evtl. Austausch mit der/dem NachbarIn; hängt vom Vertrautheitsgrad in der Gruppe ab; sonst bleibt es bei der ‚Einzelarbeit')

5. „Die Frau in der Mitte" – die Gruppe assoziiert dazu.

6. Steine – Jede/r nimmt sich einen Stein aus der Mitte, macht sich mit ihm vertraut
   und ‚meditiert' zu den Fragen:
   Was ist für mich schwer wie ein Stein im Zusammenhang eines Abbruchs? Welchen
   Stein möchte ich ablegen oder fallenlassen?
   Die TeilnehmerInnen legen ihre Steine wieder in die Mitte und benennen, was sie
   „ablegen".

7. Betrachtung:
   Was habe ich neu von der Geschichte verstanden?
   Wie sehe ich die Haltung von Jesus?

8. Im Anschluß an die Geschichte steht im Johannes-Evangelium das Wort Jesu: „Ich
   bin das Licht der Welt". (Kerze anzünden)
   In welchem Zusammenhang steht das zur Geschichte von Jesus und der Ehebrecherin/der Frau, die einen Abbruch beging?

Vorschlag für einen Vor- oder Nachmittag

b) 1. + 2. siehe a)

3. „jede/r in ihrem/seinem Haus" (Joh. 7, 53):
   Wie sieht es in meinem Haus – in meinem Innern aus, was erwarte ich von dem
   Text, von der Gruppe, vom Thema?

4. Die 4 Personengruppen vorstellen: Jesus, die Frau, die Pharisäer und Schriftgelehrten, das Volk.
   Vier Gruppen bilden: Zu welcher Person/welchen Personen fühle ich mich gerade
   am stärksten hingezogen?

5. Die Gruppen versuchen sich nach den biblischen Aussagen und nach ihrer Phantasie
   in „ihre" Person/en hinein zu versetzen – und stellen sich dann den anderen als ‚Jesus', ‚die Frau' usw. vor.
   (Je nach Vertrautheit und Vitalität der Gruppe kann hier ein richtiges Spiel entstehen. Die Leiterin muß dann ‚draußen bleiben', d.h. das Spiel beobachten und, wenn
   alle Gruppen zum Zug gekommen sind, das Spiel beenden.)

6. Deutlichen Impuls geben, aus den jeweiligen Rollen hinauszugehen.
   Austausch in der Gruppe: Wie habe ich jetzt die Geschichte erlebt?
   – kurze Pause –
   7., 8. + 9. (siehe a, 6., 7. + 8.)
   Benötigt werden für die Mitte ein Tuch, pro Person mindestens 1 etwa handteller-
   großer Stein, eine Kerze; für jede/n TeilnehmerIn ein Blatt mit dem biblischen Text.
   (s. auch Heidemarie Langer, Vielleicht sogar Wunder, Heilungsgeschichten im Bibliodrama 1991; bes. S. 75 ff: Jesus und die Ehebrecherin. In der Mitte stehen heißt
   aufrichtig sein)

Hilfsmittel

Die landeskirchlichen Stellen für Frauenarbeit bieten Arbeitsmaterialien für die
Arbeit mit Frauengruppen an. Etwa vier Mal im Jahr erscheint bei der Evangelischen Frauenhilfe in Deutschland (Zeppenheimer Weg 5, 40489 Düsseldorf) die
Arbeitshilfe „Zum Weitergeben". Sie enthält für die Hand von Leiterinnen in
Frauengruppen, Pfarrerinnen, in der Erwachsenenbildung Tätige usw. Bibelarbei-
ten, Andachten, Serien, Themen, Materialien aus der Praxis und einen Vorlese-
teil.

Feministisch gelesen. Band 2. Ausgewählte Bibeltexte für Gruppen und Gemeinden, Gebete für den Gottesdienst, hrsg. von Eva Renate Schmidt, Mieke Korenhof und Renate Jost unter Mitarbeit von Heidi Rosenstock, ²1990

Gössmann, Elisabeth (Hg.): Wörterbuch der feministischen Theologie, 1991

Nicht im Buchhandel erhältliche Arbeitshilfen:

Lukas feministisch gelesen.

Das Evangelium und die Apostelgeschichte aus der Perspektive feministischer
   Befreiungstheologie. Reihe: Zugänge – Erwachsenenbildung im Jahr der Bi-
   bel. Hannover 1992. Hg. Evangelische Erwachsenenbildung Niedersachsen,
   Pädagogische Arbeitsstelle, Archivstraße 3, Hannover

Feministische Theologie praktisch.

Frauengeschichten in der Bibel – Biblische Geschichten in Frauengruppen. Regina von Haller-Beckmann (Red.). Steiner Arbeitshilfen 10, Stein 1993,
   Bayer. Mütterdienst, Deutenbacher Straße 1, 90547 Stein

Bekannte und unbekannte Frauen in der Bibel.

Material für Gruppenarbeit zum Jahr mit der Bibel. Frankfurt 1992. Beratungsstelle für Gestaltung von Gottesdiensten und anderen Gemeindeveranstaltungen, Eschersheimer Landstraße 565, 60431 Frankfurt/M.

12. Männer

Ausgangspunkte

Die Gender-Problematik stellt sich hinsichtlich spezifisch männlicher oder weiblicher Spiritualität seit einiger Zeit. Männer haben oft eine ausgeprägte religiöse Sozialisation. Es gehört aber offenbar nicht zu dem Selbstbild des Mannes, sich dazu zu bekennen. Wenn Frauen ihre besondere Frömmigkeitsform entdecken und leben, sind Männer leicht ausgegrenzt. Ältere Männer sagen das auch ausdrücklich: „Wenn meine Frau auch kommt, gehe ich nicht". Andererseits sind junge Väter durchaus an der Reflexion ihrer Vaterrolle interessiert, was für sie auch die religiöse Erziehung einschließt.

Ziele

So wie biblische Frauengestalten als Prototypen für Lebensfragen von Frauen und deren Lösung bearbeitet werden, soll auch nach biblischen Männergestalten als Prototypen für männliche Lebensfragen geforscht werden.
Bei der starken Orientierung der meisten Männer am Beruf muß die Frage nach der Verantwortung, die in diesem Zusammenhang wahrzunehmen ist als Weltgestaltung und als Miteinander im Beruf, gestellt werden. Ethische Prinzipien sollen entwickelt werden.
Die biblischen Grundlagen einer Ethik des Geschlechterverhältnisses sollen aus männlicher Perspektive erarbeitet werden. Interessant ist dabei der Austausch mit einer Frauengruppe, die das Entsprechende für die Frauenperspektive erarbeitet.
Die Frage des Verhältnisses von Vätern und Söhnen in biblischen und anderen religiösen Texten soll aktuelle Probleme bei Zielgruppen wie Konfirmanden- und Kindergartenvätern beleuchten: „Ein Vater hatte zwei Söhne ..."
Der Protestantismus wird immer einmal wieder als eine männlich geprägte Form des Christentums beschrieben. Männer sollen diese Charakterisierung kritisch reflektieren.

Arbeitsformen

Wer mit Männern arbeiten will, sollte eine Vorbereitungsgruppe zusammenrufen, in der bereits mögliche Teilnehmende zusammen sind. Da Männer gern selbst tätig werden, sollten Projekte diskutiert werden, bei denen die Männer auch selbst einen Beitrag leisten können. In der Regel wollen Männer nicht betreut werden.

Männer kommen in offene Angebote, bei denen sie nicht mitgestalten können, wenig. In der Bildungsarbeit mit Männern haben sich Treffs, die mehrere Termine umfassen, oder Gruppen, die längere Zeit zusammen kommen, bewährt. Es muß deutlich sein, daß alle von sich reden können. Belehrung oder das Angebot reinen Zuhörens werden abgelehnt. Auch der Charakter von Seminaren oder Kursen ist nicht attraktiv. Tagungen werden akzeptiert. In der Grundstruktur scheinen Männer subjektiv, Bildung nicht „nötig" zu haben. Arbeitsformen, die Information einerseits und vor allem andererseits Austausch ermöglichen, sind interessant.

Angebote

- Werkstatt Theologie aus männlicher Perspektive
- Wenn David tanzt und Jakob träumt – Selbsterfahrungswochenende für Männer
- Väter und Söhne in biblischen Geschichten – Eine Gesprächsreihe für Väter von Jugendlichen und Konfirmanden
- Damals im CVJM/VCP ... – Was ist von der Jugendbewegtheit geblieben? – Gesprächsabende für Männer in (kirchlichen) Leitungspositionen
- Alles Arbeit – ist Arbeit alles? Fragen nach dem protestantischen Lebensstil im 20. Jahrhundert

Nach Umfragen interessieren sich Männer u.a. besonders für historische Fragen. Von daher können Angebote sinnvoll sein wie
- Wer war Jesus wirklich? Thesen über den historischen Jesus
- Die historisch-kritische Erforschung der Bibel

Beispiel

„ *Mann sieht sich* ". Sechs thematische Abende und Ausflüge für Männer (aus den Konzeptaufzeichnungen eines von der Arbeitsstelle für Erwachsenenbildung der EKHN angeregten und von Alexander Liermann 1997 durchgeführten Projekts; © Arbeitsstelle für Erwachsenenbildung der Evangelischen Kirche in Hessen und Nassau, 64276 Darmstadt)

Männer müssen immer etwas zu tun haben, sonst kommen sie auf dumme Gedanken.

Das ist eins von vielen Vorurteilen über Männer. Etwas Wahres ist dran: viele Männer schaffen gern, bringen sich ein und mischen mit. Davon profitieren Vereine, Familien und nicht zuletzt die Wirtschaft. Aber Arbeit ist nicht alles, und sich Gedanken zu machen lohnt sich. Denn es ist oft schwer zu entscheiden, wo und wie stark man sich einbringt und mitmischt: in der Familie wie im Betrieb, in der Gemeinde wie im Verein. Und richtig schwierig wird's, wenn man mehreres zugleich angehen will oder muß. Allzu oft entscheiden dann andere oder „die Umstände" darüber, wie man lebt und was man tut – abgesehen von der Prägung die man aus seinem Elternhaus mitbringt und die auch der Rede wert ist. Das Männerleben zwischen Familie und Beruf (bzw. Arbeitslosigkeit) fordert den ganzen Mann und vergeht oft wie im Flug.

Mann sieht sich will Männern Luft verschaffen und Gelegenheit bieten, gemeinsam mit anderen herauszufinden, was sie am meisten beansprucht – positiv wie negativ. Ziel ist, daß jeder für sich klären kann, worauf es ihm bei seiner Art zu leben eigentlich ankommt.
In Abständen von zwei Wochen werden dazu thematische Abende und gemeinsame Ausflüge angeboten. Wir werden Orte besuchen, die für ein Männerleben von Bedeutung sind, oder es waren; dazu kann ein Dorf- oder Stadtrundgang ebenso zählen wie eine Arbeitsstätte, ein Stadion oder ein Kloster. Die Auswahl ist noch nicht abgeschlossen, denn die Veranstaltungsreihe ist auf Mitbestimmung angelegt.

Mann sieht sich ist ein neues Projekt und will dazu anregen, das Leben als Mann anders als bisher in den Blick zu bekommen. Das in einer Form, die gesellig ist und die gut tut.

Den Auftakt zu der Reihe, zu der Männer aus einem Dekanat namentlich angeschrieben und eingeladen worden waren, bildete ein Abend mit dem Titel „Muß Mann ein Schwein sein in dieser Welt?" Ein Psychologe leitete die Runde dazu an, in Kleingruppen über Männerthemen ins Gespräch zu kommen. Die fünf Themenkomplexe waren vorgegeben und wurden in den Gruppen soweit entfaltet, daß sich interessierte Männer zu Vorbereitungsgruppen für die Folgeabende einfanden. Jeder der folgenden Abende bzw. Treffen zeigte dann ein anderes Gesicht. Die jeweilige Vorbereitungsgruppe hatte alle Freiheit, ihren Themenbereich zu gestalten.
Der zweite Abend galt dem Thema „Heimat". Ein einheimischer Geschäftsmann führte durch seinen Heimatort und zeigte die Orte, die ihn geprägt hatten. Dadurch wurde ein lebhaftes Erzählen ausgelöst.

Der dritte Abend stand unter dem Thema „Werte".

Der vierte Abend hieß „Vorbilder".

Das fünfte Treffen hieß „Männer und Grenzen".

Der sechste Abend: „Gemeinsam stark".

Beim Werte-Abend wurde den Männern ein „Tugendkatalog" vorgelegt, der bewertet wurde. Als höchste „Tugenden" wurden ausgepunktet: Fähigkeit Fehler einzugestehen, Gott vertrauen, Freiheit zur Zuneigung und Liebe. Ergänzt wurde der Katalog um die

Tugend „Selbstbewußtsein". Das Gespräch über diese Tugenden insbesondere hinsichtlich des Berufslebens war abendfüllend.

Ein Tugendkatalog für Männer

1. Zur rechten Zeit mutig sein.
   Das heißt z.B. in Konflikten aufrichtig „Roß und Reiter" beim Namen nennen, auch wenn es zu persönlichen Nachteilen führt.
2. Nicht allzuviel Rücksichten auf Gefühle bei sich und anderen nehmen, weil „Gefühlsduselei" die Tatkraft schwächt.
3. Bereit sein Mühen und Schmerzen auf sich zu nehmen, um anderen zu helfen. Das kann durchaus an die eigenen Grenzen führen.
4. Möglichst das Sprichwort beherzigen: „Wer A sagt muß auch B sagen". Konsequenz und Pflichtbewußtsein sind auch heute hohe Werte.
5. Leistungsbereitschaft und Fleiß zählen mit Recht als Tugenden und sie sollten mit Einfluß und Respekt belohnt werden.
6. Die Fähigkeit eigene Fehler einzugestehen, Duldsamkeit und Toleranz sind keineswegs Tugenden für „Weicheier" sondern für das Zusammenleben und Arbeiten unverzichtbar.
7. Man sollte sein Leben genießen und tun was einem Freude macht, denn schließlich lebt man bloß einmal auf dieser Welt.
8. Auf Gott vertrauen und nicht meinen, daß alles im Leben an einem selbst hängt.
9. Sich die Freiheit nehmen, Zuneigung und Liebe anderen Menschen gegenüber durch Taten oder Worte zu zeigen, damit feste Bindungen entstehen können.

In den Themenstellungen wird explizit ethische Problematik angesprochen. Andere religiöse Dimensionen bleiben mehr im Hintergrund. In der Projektskizze hieß es dazu: Es wird darum gehen, Männer zum Sprechen zu bringen, ihnen zuzuhören und wahrzunehmen, was sie umtreibt. Damit ist *Selbsterfahrung* gemeint – und zwar was Gefühle *und* was Einstellungen betrifft: Selbstbestimmung als Ziel dabei. Und Selbstbestimmung ist ein protestantisches Prinzip.

Auch Religiosität soll im Verlauf des Projekts für mich selbstverständlich Thema werden. Und zwar sowohl im weiteren Sinn – zum Beispiel Sinnerfahrung durch Arbeit – wie im engeren Sinn als unmittelbare Gotteserfahrung. Dabei soll danach gefragt werden

- was Alltagsreligiosität für Männer ist
- was die Orte und Situationen sind, an denen Männer sich Sinnfragen aussetzen bzw. ausgesetzt fühlen
- welche Gottesbilder Männern wichtig sind.

Bei der letzten Frage könnte es theologisch spannend werden, wenn **man** sich die Entwicklung der Theologie seit den Jahren des Kirchenkampfes betrachtet. Gott wurde immer weniger in seiner Macht- und Tatkraft angesprochen, dagegen wurde er als mitleidender und beistehender Gott neu entdeckt und weitgehend so verkündigt. Was bedeutet diese Entwicklung z.B. für Männer mit ihren Lebenserfahrungen und ihrem Glauben?
Ohne Antworten auf diese und andere theologische Fragen wird die kirchliche Arbeit vermutlich weiterhin an den Männern vorbeigehen. Und die Männer werden weithin der

Kirche fernbleiben bzw. ihr verlorengehen. Zum Schaden der Kirche und zu ihrem eigenen Schaden, denn Mannsein braucht den Gottes- und Gemeinschaftsbezug als Stütze und als Korrektiv.

Das Männerprojekt *„Mann sieht sich"* entspricht als doppelte Suchbewegung a) nach den Männerzielen im Leben und Glauben und b) nach Methoden, diese Suche für Männer ansprechend zu gestalten, zwei Maximen Evangelischer Erwachsenenbildung: Es will *Menschen dazu helfen sich selbst zu bestimmen,* damit sie an Leben gewinnen, und das Projekt will *Sensorium für Kirche und Gemeinde* für gesellschaftliche und kirchliche Entwicklungen sein.

Hilfsmittel

Die Männerarbeit der EKD gibt die Zeitschrift *Männerforum* heraus, in der immer wieder Anregungen aus der kirchlichen Arbeit mit Männern veröffentlicht werden.

Das Buch von Patrick M. Arnold. „Männliche Spiritualität. Der Weg zur Stärke" (1994) enthält außer grundsätzlichen Überlegungen auch eine Darstellung biblischer Männergestalten als männliche Archetypen.

Lenz, Hans-Joachim (Hg.): Auf der Suche nach den Männern. Bildungsarbeit mit Männern, 1994. Der Band enthält verschiedene Aufsätze zur Männerbildung, die sich emanzipatorisch und patriarchatskritisch versteht. Hintergrund sind Erfahrungen in der Volkshochschularbeit.

Böhnisch, Lothar / Winter, Reinhard: Männliche Sozialisation, 1993

Brandes, Holger / Bullinger, Hermann (Hg.): Handbuch der Männerarbeit, 1997 Verschiedene Ansätze von Männerarbeit werden kritisch gesichtet. Arbeitsweisen werden dokumentiert. Im vierten Teil wird auch die kirchliche Männerarbeit vorgestellt.

Nicht im Buchhandel erhältliche Arbeitshilfe:

Männergeschichten der Bibel für Männer von heute.

Diözesanstelle für Männerseelsorge der Diözese Rottenburg-Stuttgart (Hg.), 1992

13. Eltern und religiöse Erziehung

Anlässe

Angebote für Eltern haben in der Erwachsenenbildung ihren festen Ort, vor allem in den Familienbildungsstätten, aber auch in der Gemeinde. Im Blick auf die religiöse Bildung Erwachsener ist besonders nach Angeboten zu fragen, die sich

auf die Eltern als religiöse Erzieher beziehen. Auch Angebote für Großeltern finden heute Interesse. Anlaß dazu können sein:
- die Taufe eines Kindes, insbesondere eines älteren Kindes oder eines Jugendlichen, manchmal auch die Konfirmation;
- die Unsicherheit angesichts religiöser Erziehungsaufgaben besonders im Blick auf Kinder im Kindergartenalter;
- die eigenen Fragen Erwachsener, die von den „großen" Fragen der Kinder ausgelöst werden.

Weitere Anlässe sind belastende Situationen wie etwa der Verlust eines Kindes oder eine schwere Krankheit.

Ziele

Die Zielsetzung erwachsenbildnerischer Angebote für Eltern müssen den unterschiedlichen Motiven der Eltern gerecht werden. Deshalb können sie sich nicht auf die religiöse Erziehung der Kinder beschränken, sondern sollten immer offen sein für die eigenen Fragen und Probleme der Erwachsenen. Die im folgenden genannten Ziele stellen daher keine Alternativen dar, sondern bezeichnen verschiedene Aspekte, die gleichzeitig beachtet werden sollten:
- Ausbildung religionspädagogischer Kompetenz im Umgang mit (eigenen) Kindern in verschiedenem Alter, einschließlich des Jugendalters;
- Klärung der eigenen Position von Eltern hinsichtlich religiöser Erziehungsziele, religiöser Überzeugungen sowie allgemein von als schwierig empfundenen Glaubensfragen (angefangen von Schöpfung/Naturwissenschaft über das Schicksal nicht in Noahs Arche untergekommener Tiere/ Theodizeefrage bis hin zur Jungfrauengeburt und leiblicher Auferstehung);
- Auseinandersetzung mit der eigenen religiösen Erziehung und deren Bedeutung für die eigene Biographie.

Arbeitsformen

Die wohl noch immer am häufigsten anzutreffende Form der sog. Elternseminare am Abend bleibt sinnvoll, sollte aber bewußt erwachsenenbildnerisch gestaltet und durch andere Formen ergänzt werden. Im folgenden werden auch alternative Formen genannt:
- Seminarreihe zu Fragen der religiösen Erziehung. Grundlage kann ein Erfahrungsaustausch der Eltern oder die gemeinsame Lektüre entsprechender Veröffentlichungen sein. Häufig wird ein solches Seminar kombiniert mit

– Vorträgen von Fachleuten, die als externe Personen die Diskussion erleichtern können. Zu bedenken ist allerdings, daß reine Vortragsreihen den genannten Zielen und ihrer Verknüpfung von Kind- und Selbstbezug der Erwachsenen nicht ohne weiteres gerecht werden.

– Bei Vorträgen und Seminaren gibt es bestimmte Themen, die erfahrungsgemäß besonders wichtig sind. Deshalb kann auch ein themenspezifisches Angebot sinnvoll sein. Solche Themen sind: Gottesfrage (*Wohnt Gott im Himmel?*), Tod – Sterben – Auferstehung (*Kommen wir in den Himmel, wenn wir sterben?*), Beten (*Wie können wir mit Kindern beten?*), biblische Geschichten (*Welche Kinderbibel?*) usw.

– Veranstaltungen im Zusammenhang anderer Einrichtungen oder Programme (z.B. Geburtsvorbereitungskurse) etwa von Kindergarten (Elternabend) oder bei einem sog. Frauenfrühstück, das von Frauen veranstaltet und auch mit thematischen Angeboten gestaltet wird.

– Gemeinsame Angebote für Eltern und Kinder, auch für Väter und Söhne, beispielsweise am Samstagnachmittag.

Angebote

– Religiöse Erziehung im Kindesalter/ Brauchen Kinder Religion?/ Heute noch religiös erziehen? – Seminarreihe mit Fachleuten

– Soll ich mein Kind taufen lassen?/ Warum die Kirche Kinder tauft? – Gesprächsabend

– Schwierige Fragen mit Gott: Was Eltern bei der religiösen Erziehung helfen kann

– Die Entwicklung des Gottesbildes im Kindes- und Jugendalter – Vortrag mit Diskussion

– Glaubensfragen im Jugendalter: Erfahrungen und praktische Hinweise für die Begleitung von Jugendlichen (im Konfirmandenalter).

Beispiel

Das nachfolgende Beispiel entnehmen wir einer Darstellung der Evangelischen Erwachsenenbildung Niedersachsen (1996, 43ff.). Es handelt sich um eine Einzelveranstaltung zum Thema „Kinder fragen nach dem Tod".

Zielsetzung:

Das gesellschaftliche Tabu-Thema Tod soll ins Gespräch gebracht werden, damit es wieder möglich wird, den Tod als Teil des Lebens zu akzeptieren. Werte, Normen und entsprechende Verhaltensweisen sollen daraufhin reflektiert werden, ob sie dem Tod als Teil des Lebens genügend Raum geben. Die Teiln. erhalten Hilfen und Informationen, wie sie eigenständig daran weiterarbeiten können.

Begrüßung
Evtl.: Vorstellungsrunde
Vorstellen des geplanten Verlaufs
Zur Einstimmung: „Wer wird dann hier sein" oder „fern in Bagdad"

Wer wird dann hier sein?
Gudrun Pausewang
Seitdem Berti vier Jahre alt geworden ist, versucht er, die Welt zu ergründen.
„Mama – wo ist eigentlich Opas Vater?"
„Der ist schon lange tot."
„Warum denn tot?" fragt Berti erstaunt.
„Er war eben schon alt, und da ist er gestorben."
„Aber der Opa ist doch auch schon alt, und trotzdem lebt er noch?"
„Eines Tages wird er auch sterben, Berti."
„Der Opa?" ruft Berti erschrocken. „Aber dann ist er ja nicht mehr da!"
„Nein, Berti. Alle, die sterben, sind dann nicht mehr da."
„Und die Oma?"
„Es wird eine Zeit kommen, da wird sie auch nicht mehr da sein."
„Und der Papi?"
„Er ist ja noch jung. Mit ihm hat es noch lange Zeit."
„Und du?"
„Ich bin auch noch jung, Berti."
„Aber wenn ihr alt seid – werdet ihr dann auch sterben und verschwinden?"
„Sicher, Berti. So ist das Leben."
„Dann laßt ihr mich also ganz allein?"
„Du bist dann nicht allein, Berti. Du wirst dann eine Frau haben, so wie der Vati mich hat."
Berti greift nach Mamas Hand und zieht die Mundwinkel herab: „Ph! – die kenne ich ja gar nicht. Eine fremde Frau!"
Er denkt lange nach. Dann fragt er: „Muß ich auch sterben?"
„Du auch, Berti."
„Ich auch?" ruft Berti entsetzt.
Er denkt wieder lange nach. Schließlich seufzt er: „Und wenn alle tot sind – wer wird denn dann hier sein? Wachsen dann wieder neue Kinder?"

Fern in Bagdad

Dietrich Steinwede

Ein König hat in Damaskus unter seinen Soldaten einen jungen Offizier, der ihm sehr lieb ist. Eines Tages stürzt dieser junge Offizier ganz aufgeregt in den Thronsaal des Königs: „Herr, ich bitte dich: Leihe mir dein schnellstes Pferd. Ich muß sofort nach Bagdad reiten".
„Und warum?" Der König fragt erstaunt.
„Als ich eben durch den Garten deines Palastes ging, sah ich den Tod dort stehen.

Er drohte mir, daß ich bald sterben würde. Jetzt möchte ich vor ihm fliehen".
Der König gibt ihm das Pferd. Doch dann geht er selbst in den Garten. Er will sehen, ob er den schrecklichen Besucher noch finden kann. Und siehe, der Tod steht
noch an derselben Stelle. „Wie kannst du meinen treuen Diener bedrohen?" fragt
der König. „Und das im Garten meines Palastes?" „Ich habe ihm nicht gedroht",
sagt der Tod. „Ich habe nur vor Verwunderung die Hände erhoben und zusam-
mengeschlagen." – „Was für eine schlechte Ausrede!" sagt der König. „Doch,
doch, es ist so!" versichert der Tod. „Ich habe den Auftrag, ihn heute abend fern
von hier in Bagdad zu treffen. Dort soll er sterben. Und darum bin ich verwundert,
daß er noch hier in Damaskus ist."

Falls schon Fragen oder Bemerkungen: Sammeln (ggf. auf Wandzeitung notieren)
Vortrag: Der Wunsch der Eltern, ihre Kinder vor dem Tod zu bewahren – Wie verste-
hen Kinder den Tod? – Wie können wir Kindern antworten?
Offengebliebene und weitere Fragen besprechen, insbesondere Beispiele für mögliche
Antworten (hierzu werden Teilnehmer-Materialien angeboten)
(Bilder-)Bücher bieten Ansätze zu Gespräch und Hilfen für Kinder *und* Eltern
Beispielhafte Vorstellung von Büchern für Kinder und Eltern
Kiterien zur Auswahl und zum Einsatz von Büchern (die Arbeitshilfe bietet entspre-
chende Informationen)
Zum Ausklang wird ein Märchen vorgelesen (Der weise Kaiser Suleiman)

(Die Arbeitshilfe kann angefordert werden: Evangelische Erwachsenenbildung Niedersachsen, Archivstr.3, 30169 Hannover)

Hilfsmittel

Allgemeine Einführungen bieten H.-J. Fraas (Religiöse Erziehung und Sozialisation, 1973) und F. Schweitzer (Lebensgeschichte und Religion, 1994) oder,
mehr für Eltern geschrieben, R. Schindler: Erziehen zur Hoffnung. Ein Elternbuch zur religiösen Erziehung, 1986 und E. Haug-Zapp/ H. Mühle (Hg.):
Wenn Kinder nach Gott fragen, 1995.
Als kritische Auseinandersetzungen mit der eigenen religiösen Erziehung sind
besonders die Darstellungen von T. Moser, J. Richter, F. Zorn und U. Schaefer weithin wahrgenommen worden (s. Literaturverzeichnis).

Zu den o.g. zentralen Themen kann folgende Literatur empfohlen werden:
– Gottesfrage: J.M. Hull: Wie Kinder über Gott reden, 1997, K.E. Nipkow: Er-
  wachsenwerden ohne Gott? 1987, A. Biesinger: Kinder nicht um Gott betrü-
  gen, 1994
– Tod und Sterben: M. Leist: Kinder begegnen dem Tod, 1987, T. Brocher:
  Wenn Kinder trauern, 1980.
– Beten: F. Harz: Mit Kindern beten, 1992.

Als Arbeitshilfen s. die vom Diakonischen Werk Bayern/ Landesverband Evangelischer Kindertagesstätten in Bayern (Postfach 120320, 90332 Nürnberg) herausgegebenen religionspädagogischen Arbeitshilfen (für die religiöse Erziehung im Vorschulalter).

Zur Elternbildung u.a. im Zusammenhang der Taufe s. C. Gäbler u.a.: Taufgespräche in Elterngruppen, 1976, E. Schulz: Religiöse Elternbildung als Lebenshilfe, 1979, aus der Diskussion über Gemeindeaufbau R. Blank/ C. Grethlein (Hg.): Einladung zur Taufe – Einladung zum Leben, 1993 sowie, aus der katholischen Elternarbeit im Umkreis der Erstkommunion, A. Biesinger: Gott in die Familie, 1996.

Hinweise zu Kinderbibeln finden sich u.a. bei R. Tschirch: Bibel für Kinder. Die Kinderbibel in Kirche, Gemeinde, Schule und Familie, 1995; Biblische Geschichten erzählen, 1997.

14. Junge Erwachsene

Ausgangspunkte

Junge Erwachsene kommen in der Erwachsenenbildung nur selten vor. In der Regel gelten sie aber auch nicht mehr als Zielgruppe von Jugendarbeit oder Religionsunterricht. Im Blick auf die religiöse Bildung Erwachsener ist dies besonders bedauerlich. Sowohl die Kirchenmitgliedschaftsforschung (Feige 1990b) als auch die Untersuchungen zur religiösen Entwicklung (Fowler 1991, Parks 1986) sprechen dafür, daß gerade im jungen Erwachsenenalter religiöse Veränderungen und Umbrüche von weitreichender Bedeutung stattfinden. Wenn weder die Erwachsenenbildung noch die Jugendarbeit hier eine Aufgabe sieht, bleiben junge Erwachsene ohne religiöse Begleitung.

Zugleich ist zu bedenken, daß diese Altersgruppe der Kirche besonders fernsteht, so daß kirchliche oder gemeindliche Bildungsangebote sie kaum erreichen. Ob dies bloß an den jungen Erwachsenen selber liegt, die sich von kirchlichen Aktivitäten distanzieren, oder ob auch die Kirche sich von einer vielfach als besonders unangepaßt wahrgenommenen Altersgruppe distanziert, steht dabei nicht von vornherein fest.

Ein erst seit wenigen Jahren verfügbares amerikanisches Handbuch für religiöse Bildung junger Erwachsener (Atkinson 1995, vgl. aber schon Copray 1987,

1988) geht zu Recht von der besonderen Lebenssituation in diesem Alter aus. Dazu gehören psychologische Aspekte, aber auch die allgemeine Lebenssituation sowie spezielle Herausforderungen:

– Aus der Sicht der auf Religion bezogenen Entwicklungspsychologie kann im jungen Erwachsenenalter erstmals ein „individuierend-reflektierender" Glaube erreicht werden (Fowler 1991). Dieser Glaube ist durch den Versuch bestimmt, Gewißheit nicht mehr durch Gruppenzugehörigkeit, Autoritäten, Überlieferung usw. zu gewinnen, sondern durch die eigene kritische Reflexion. Damit ist er vergleichsweise stark auf das Individuum zentriert und wirkt darüber hinaus selbst individuierend, eben weil das eigene Urteil unvertretbar sein soll. Die kritische Reflexion weist dabei eine deutliche Neigung zur Entmythologisierung auf. Deshalb besteht die Gefahr, daß religiöse Überzeugungen nicht nur rational überprüft, sondern überhaupt zugunsten sog. wissenschaftlicher Weltbilder verworfen werden. Die darauf bezogene Bildungsaufgabe liegt einerseits darin, die Legitimität kritischen Nachdenkens und eigener Autorität auch in Fragen von Religion und Glaube zu bestätigen und eine entsprechende Urteilsfähigkeit zu fördern; andererseits sollten auch Perspektiven für eine Weiterentwicklung im Sinne komplementären Denkens und der sog. „zweiten (reflektierten) Naivität" (P. Ricoeur) eröffnet werden („verbindender Glaube").

– Nicht vergessen werden darf aber auch, daß ein erheblicher Teil junger Erwachsener noch einem „konventionellen" Glauben folgt, so daß solche Menschen stärker an der Zugehörigkeit zur jeweiligen Gruppe oder Gemeinde orientiert bleiben. Auch diese Form des Glaubens darf nicht einfach abgelehnt werden. Dennoch sollten Impulse in Richtung eines stärker durch eigene Reflexion geprüften Glaubens nicht fehlen.

– Bei den Lebenssituationen und den damit verbundenen speziellen Herausforderungen wird in diesem Handbuch auf das Leben als Single, das Leben in der Familie sowie auf Fragen der Eheführung verwiesen, jeweils im Horizont religiöser Bildung. Dazu kommt die Situation der Ausbildung, so daß auch Fragen der beruflichen Lebensperspektive berücksichtigt werden sollten.

Ziele

Das übergreifende Ziel religiöser Bildung für junge Erwachsene liegt darin, einer besonders kirchenfernen Altersgruppe ein auf sie zugeschnittenes Angebot religiöser Begleitung zugänglich zu machen. Dies kann nur gelingen, wenn das Angebot den besonderen Interessen dieser Zielgruppe entgegenkommt.

Einzelne Ziele:
– Begleitung der religiösen Entwicklung im Übergang vom konventionellen zum individuierend-reflektierenden und schließlich zum verbindenden Glauben
– Klärung von beruflichen und persönlichen Entscheidungen im Horizont übergreifender Lebensorientierungen

– Kritische Auseinandersetzung mit Glaube und Kirche als Weg zu einer geprüften eigenen Position.

Arbeitsformen/ Angebote

Da der Bereich von Erwachsenenbildung mit jungen Erwachsenen bislang stark vernachlässigt wird, fällt es schwer, hier bewährte Arbeitsformen und gelungene Beispiele zu berichten. Nach dem Gesagten ist klar, daß die entsprechenden Angebote in besonderem Maße offen sein müssen für die Umgangsformen, Lebensstile und -haltungen junger Erwachsener. Religiöse Bildungsangebote dürfen nicht als Fortsetzung herkömmlicher Kirche oder des Religionsunterrichts erscheinen. Es muß Raum geben für eigene Gestaltungen auch im Bereich des Unkonventionellen.

Angebote könnten etwa folgende Bezeichnungen tragen: Perspektiven finden – Das Leben selbst in die Hand nehmen; Theologischer Gesprächskreis mit jungen Erwachsenen; Kreativ werden – Sich selbst erfahren im Umgang mit Kunst und Spiel; Sich selbst erfahren – Sich selbst finden: eine Freizeit für junge Erwachsene.

Beispiel

Aus den bereits mehrfach genannten Gründen weichen wir ab von der sonst in diesem Teil des Buches gewählten Form, bewährte Beispiele zu berichten, und geben statt dessen auf S. 221 ein Überblicksschema von N. Copray wieder.

Quelle: Norbert Copray: Jung und trotzdem erwachsen. Bd. 2: Zu Umgang und Arbeit mit jungen Erwachsenen in der Zukunftskrise. Düsseldorf 1988 (lieferbar durch Publik-Forum-Verlag, Oberursel), S. 148.

Hilfsmittel

Entwicklungspsychologische Literatur: J.W. Fowler: Stufen des Glaubens, 1991, S. Parks: The Critical Years, 1986.

Studien zu jungen Erwachsenen: N. Copray: Jung und trotzdem erwachsen, 1987, A.Walther: Junge Erwachsene in Europa, 1996.

Allgemeine Informationen u. a. unter dem Aspekt der Postadoleszenz: F. Schweitzer: Die Suche nach eigenem Glauben, 1996a.

Handbücher zur Arbeit mit jungen Erwachsenen: H. Atkinson: Handbook of Young Adult Religious Education, 1995 (vgl. Copray 1988).

Graphik zum Konzept der Arbeit mit jungen Erwachsenen

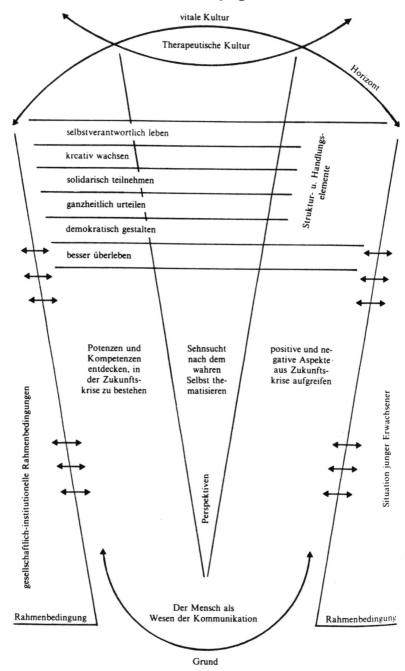

Vierter Teil
Hilfen für die Praxis

Anschriften

Im folgenden werden Adressen angegeben, die bei der Planung von Veranstaltungen religiöser Bildung Erwachsener von Nutzen sein können.

Comenius-Institut, Schreiberstr. 12, 48149 Münster, Tel. 0251/9810101-0, Fax 0251/9810150

Das von der Evangelischen Kirche in Deutschland getragene (religions)pädagogische Institut bietet u.a. Computer-Bibliographien an.

Deutsches Institut für Erwachsenenbildung (DIE), Hansaallee 150, 60320 Frankfurt/M., Tel. 069/95626-130, Fax 069/95626-174

Das Deutsche Institut für Erwachsenenbildung veröffentlicht Schriften und Arbeitshilfen zur Erwachsenenbildung. Es bietet auch Computer-Bibliographien an.

Die Evangelische Erwachsenenbildung ist in der Regel als Arbeitsgemeinschaft in einem Bundesland oder einer Landeskirche verfaßt. Die Geschäftsstellen der Arbeitsgemeinschaften sind meist auch pädagogische Fachstellen. Einige von ihnen geben Arbeitshilfen heraus. Die bundesweite Vereinigung ist die Deutsche Evangelische Arbeitsgemeinschaft für Erwachsenenbildung (DEAE).

Deutsche Evangelische Arbeitsgemeinschaft für Erwachsenenbildung (DEAE), Schillerstr. 58, 76135 Karlsruhe, Tel. 0721/849016, Fax 0721/855327

Baden-Württemberg

Landesstelle für Ev. Erwachsenenbildung in Baden
Postfach 2269, 76010 Karlsruhe, Tel. 0721/ 9175-0, Fax 0721/9175-554

Ev. AG für Erwachsenenbildung in Württemberg
Ecklenstr. 20, 70184 Stuttgart, Tel. 0711/464547, Fax 0711/465251

Bayern

AG für Ev. Erwachsenenbildung in Bayern
Postfach 1257/1258, 82324 Tutzing, Tel. 08158/2500-0, Fax 08158/2500-25

Berlin und Brandenburg

Ev. AG für Erwachsenenbildung in der Ev. Kirche Berlin-Brandenburg
und Ev. Bildungswerk Berlin
Haus der Kirche, Goethestr. 26–30, 10625 Berlin, Tel. 030/3191-0, Fax 030/3191-200

Bremen

Bildungswerk Ev. Kirchen in Lande Bremen
Hollerallee 75, 28209 Bremen, Tel. 0421/34615-30, Fax 0421/34615-38

Hessen

Arbeitsstelle für Erwachsenenbildung der Ev. Kirche in Hessen und Nassau
Erbacher Str. 17, 64287 Darmstadt, Tel. 06151/8597-0, Fax 06151/8597-21

Amt für kirchliche Dienste der EKKW, Bereich Erwachsenenbildung
Wilhelmshöher Allee 330, 34131 Kassel, Tel. 0561/9378-284, Fax 0561/9378-410

Mecklenburg-Vorpommern

Ev. Erwachsenenbildung und Familienbildung der Ev.-luth. Landeskirche Mecklen-
burgs
Am Markt 25, 18273 Güstrow, Tel. 03843/66479

Niedersachsen

Ev. Erwachsenenbildung Niedersachsen
Archivstr. 3, 30169 Hannover, Tel. 0511/1241-483, Fax 0511/1241-465

Nordelbien

Ev. AG für Erwachsenenbildung in Nordelbien e.V. c/o Ev. Akademie Nordelbien
Marienstr. 31, 23795 Bad Segeberg, Tel. 04551/8009-23, Fax 04551/8009-50

Nordrhein-Westfalen

Arbeitsstelle für Erwachsenenbildung der Ev. Kirche im Rheinland
Rochusstr. 44, 40479 Düsseldorf, Tel. 0211/3610-276, Fax 0211/3610-333

Arbeitsstelle für Erwachsenenbildung und Familienbildung der Ev. Kirche von West-
falen
Haus landeskirchlicher Dienste
Olpe 35, 44135 Dortmund, Tel. 0231/5409-10, Fax 0231/5409-19

Rheinland-Pfalz

Ev. Erwachsenenbildung Pfalz
Unionstr. 1, 67657 Kaiserslautern, Tel. 0631/3642-121, Fax 0631/3642-133

Ev. Erwachsenenbildungswerk Rheinland-Süd e.V.
Herzog-Reichard-Str. 30, 55469 Simmern, Tel. 06761/7018, Fax 06761/13464

Saarland

Landes-AG für Ev. Erwachsenenbildung im Saarland e.V.
Großherzog-Friedrich-Str. 44, 66111 Saarbrücken, Tel. 0681/38700-50, Fax
0681/38700-17

Sachsen

Ev. Erwachsenenbildung Sachsens
Barlachstr. 3, 01219 Dresden, Tel. und Fax 0351/4717295

Sachsen-Anhalt

Landesorganisation der Ev. Erwachsenenbildung im Land Sachsen-Anhalt
Sternstr. 24, 39104 Magdeburg, Tel. und Fax 0391/48776

Thüringen

Ev. Erwachsenenbildung in Thüringen – Landesorganisation –
H.-Pfeiffer-Haus, D.-Böckler-Str. 2, 99425 Weimar

Zur katholischen Erwachsenenbildung in Deutschland gehören:

Katholische Landesarbeitsgemeinschaft für Erwachsenenbildung in Bayern e.V.
Mandlstr. 23, 80802 München, Tel. 089/381020, Fax 089/38102103

Katholisches Bildungszentrum Berlin
Westendallee 54, 14052 Berlin, Tel. 030/3000010, Fax 030/30000125

Bildungswerk der Katholiken im Lande Bremen
Kolpingstr. 4–6, 28195 Bremen, Tel. 0421/3694167, Fax 0421/3694200

Bildungswerk im Bistum Erfurt e.V.
Regierungsstr. 44a, 99084 Erfurt, Tel. 0361/6572375, Fax 0361/6572319

Bildungswerk der Erzdiözese Freiburg
Landsknechtstr. 4, 79102 Freiburg, Tel. 0761/7086213, Fax 0761/7086262

Katholische Landesarbeitsgemeinschaft für Erwachsenenbildung Hamburg
Herrengraben 4, 20459 Hamburg, Tel. 040/36952125, Fax 040/36952101

Katholische Landesarbeitsgemeinschaft für Erwachsenenbildung in Hessen e.V.
Roßmarkt 12, 65549 Limburg, Tel. 063431/295349, Fax 06431/295437

Katholische Erwachsenenbildung im Lande Niedersachen e.V.
Hohenzollernstr. 25, 30161 Hannover, Tel. 0511/348500, Fax 0511/3485033

Landesarbeitsgemeinschaft für katholische Erwachsenenbildung in Nordrhein-Westfalen e.V.
Breite Str. 108, 50667 Köln, Tel. 0221/2581271, Fax 0221/256763

Katholische Landesarbeitsgemeinschaft für Erwachsenenbildung in Rheinland-Pfalz e.V.
Welschnonnengasse 2–4, 55116 Mainz, Tel. 06131/231605, Fax 06131/236792

Bildungswerk der Diözese Rottenburg-Stuttgart e.V.
Jahnstr. 30, 70597 Stuttgart, Tel. 0711/9791210, Fax 0711/9791175

Katholische Erwachsenenbildung Saarland – Landesarbeitsgemeinschaft e.V.
Mainzer Str. 30, 66111 Saarbrücken, Tel. 0681/64466, Fax 0681/63606

Katholische Erwachsenenbildung im Land Sachsen-Anhalt e.V.
Max-Josef-Metzger-Str. 12/13, 39104 Magedeburg, Tel. 0391/5961186, Fax 0391/5961190

Katholische Landesarbeitsgemeinschaft für Erwachsenenbildung im Freistaat Sachsen
Tiergartenstr. 74b, 01219 Dresden, Tel. 0351/4707359, Fax 0351/4716961

Katholische Arbeitsgemeinschaft für Erwachsenenbildung in Schleswig-Holstein e.V.
Krusenkotter Weg 37, 24113 Kiel, Tel. 0431/6403620, Fax 0431/6403680

Auswahlbibliographie:
Religion und religiöse Bildung im Erwachsenenalter

Arbeitsstelle für Erwachsenenbildung (Wolfgang Lück) i.A. d. Arbeitsgemeinschaft für Erwachsenenbildung der EKHN (Hg.): Theologie im Angebot – die Fragen nach einem Grundangebot religiöser/theologischer Bildung für Erwachsene, Darmstadt o.J (1995).

Becker, Sybille / Nord, Ilona (Hg.): Religiöse Sozialisation von Mädchen und Frauen, Stuttgart u.a. 1995.

Berg, Horst Klaus: Ein Wort wie Feuer. Wege lebendiger Bibelauslegung. München/ Stuttgart 1991.

Blasberg-Kuhnke, Martina: Erwachsene glauben. Voraussetzungen und Bedingungen des Glaubens und Glaubenlernens Erwachsener im Horizont globaler Krisen, St. Ottilien 1992.

Böhnke, Michael / Reich, K. Helmut/ Ridez, Louis (Hg.): Erwachsen im Glauben. Beiträge zum Verhältnis von Entwicklungspsychologie und religiöser Erwachsenenbildung, Stuttgart u.a. 1992.

Breloer, Gerhard: Religion als Problem und Thema der nichtkonfessionellen Erwachsenenbildung, Stuttgart 1973.

Comenius-Institut (Hg.): Glaubensüberlieferung und Generationenbeziehung. Überlegungen zu „Glauben heute" aus pädagogischer Sicht, Münster: Comenius-Institut 1990.

DEAE (Deutsche Evangelische Arbeitsgemeinschaft für Erwachsenenbildung): Evangelische Erwachsenenbildung – Ein Auftrag der Kirche. Positionspapier, Karlsruhe 1983.

Degen, Roland: Gemeindeerneuerung als gemeindepädagogische Aufgabe. Entwicklungen in den evangelischen Kirchen Ostdeutschlands, Münster/ Berlin: Comenius-Institut 1992.

Ecclesia Catholica: Katechismus der Katholischen Kirche, München u.a. 1993.

EKD (Hg.): Erwachsenenbildung als Aufgabe der Evangelischen Kirche – Grundsätze – vorgelegt von der Kammer der EKD für Bildung und Erziehung, 1983 (zit. n. dem Wiederabdruck in: Die Denkschriften der EKD. Bd.4/1: Bildung und Erziehung, Gütersloh 1987).

EKD: (Hg.): Ökumenisches Lernen: Grundlagen und Impulse. Eine Arbeitshilfe der Kammer der EKD für Bildung und Erziehung, Gütersloh 1985.

EKD (Synode der EKD): Glauben heute. Christ werden – Christ bleiben, Gütersloh 1988.

EKD (Hg.): Orientierung in zunehmender Orientierungslosigkeit. Evangelische Erwachsenenbildung in kirchlicher Trägerschaft. Eine Stellungnahme der Kammer der EKD für Bildung und Erziehung, Gütersloh 1997.

Englert, Rudolf: Religiöse Erwachsenenbildung. Situation – Probleme – Handlungsorientierung, Stuttgart u.a. 1992.

Evangelischer Erwachsenenkatechismus. Kursbuch des Glaubens. Im Auftrag der Katechismuskommission der VELKD hg. v. *Hartmut Jetter u.a.*, Gütersloh [5]1989.

Evangelischer Gemeindekatechismus. Im Auftrag der Katechismuskommission der VELKD hg. v. *Horst Reller u.a.*, Gütersloh [5]1994.

Fowler, James W.: Glaubensentwicklung. Perspektiven für Seelsorge und kirchliche Bildungsarbeit, München 1989.

Fowler, James W.: Stufen des Glaubens. Die Psychologie der menschlichen Entwicklung und die Suche nach Sinn, Gütersloh 1991.

Fraas, Hans-Jürgen: Die Religiosität des Menschen. Ein Grundriß der Religionspsychologie, Göttingen 1990.

Frey, Kathrin: erwachsen glauben. Konzeption einer zeitgemäßen theologischen Erwachsenenbildung, Essen 1991.

Frielingsdorf, Karl: Dämonische Gottesbilder. Ihre Entstehung, Entlarvung und Überwindung, Mainz 1992.

Gillen, Marie A. / Taylor, Maurice C. (Hg.): Adult Religious Education. A Journey of Faith Development, New York / Mahwah 1995.

Grözinger, Albrecht / Luther, Henning (Hg.): Religion und Biographie. Perspektiven zur gelebten Religion, München 1987.

Hull, John: What Prevents Christian Adults from Learning? London 1985.

Hungs, Franz Josef: Handbuch der theologischen Erwachsenenbildung, München 1991.

Jörns, Klaus-Peter: Die neuen Gesichter Gottes. Was die Menschen heute wirklich glauben, München 1997.

Lange, Ernst: Sprachschule für die Freiheit. Bildung als Problem und Funktion der Kirche, München / Gelnhausen 1980.

Lott, Jürgen: Handbuch Religion II: Erwachsenenbildung, Stuttgart u.a. 1984.

Maaßen, Monika: Biographie und Erfahrung von Frauen. Ein feministisch-theologischer Beitrag zur Relevanz der Biographieforschung für die Wiedergewinnung der Kategorie der Erfahrung, Münster 1993.

Meier, Christoph: Kirchliche Erwachsenenbildung. Ein Beitrag zu ihrer Begründung, Stuttgart u.a. 1979.

Neubert, Ehrhart: „gründlich ausgetrieben". Eine Studie zum Profil und zur psychosozialen, kulturellen und religiösen Situation von Konfessionslosigkeit in Ostdeutschland und den Voraussetzungen kirchlicher Arbeit (Mission), Berlin (begegnungen 13) 1996.

Nipkow, Karl Ernst: Lebensgeschichte und religiöse Lebenslinie. Zur Bedeutung der Dimension des Lebenslaufs in der Praktischen Theologie und Religionspädagogik. In: Jahrbuch der Religionspädagogik 3 (1987), 3–35.

Nipkow, Karl Ernst: Bildung als Lebensbegleitung und Erneuerung. Kirchliche Bildungsverantwortung in Gemeinde, Schule und Gesellschaft, Gütersloh 1990.

Nipkow, Karl Ernst: Lebensbegleitende Bildung. Zur biographischen Wende in der Erwachsenenbildung im Überschneidungsbereich von Pädagogik, Anthropologie und Theologie. In: *W. Wiater* (Hg.): Erwachsenenbildung und Lebenslauf. Mündigkeit als lebenslanger Prozeß, München 1994, 15–38.

Orth, Gottfried (Hg.): Erwachsenenbildung zwischen Parteilichkeit und Verständigung. Zur Theorie theologischer Erwachsenenbildung, Göttingen 1990.

Oser, Fritz / Gmünder, Paul: Der Mensch – Stufen seiner religiösen Entwicklung. Ein strukturgenetischer Ansatz, Zürich/ Köln 1984.

Parks, Sharon: The Critical Years. The Young Adult Search for a Faith to Live by, San Francisco 1986.

Petsch, Hans-Joachim: Reflexion und Spiritualität. Evangelische Erwachsenenbildung als Ort der Moderne in der Kirche, Würzburg 1993.

Rothgangel, Martin: Was Erwachsene glauben. Umfrage und Analyse, Würzburg 1996.

Scheilke, Christoph Th.: Evangelische Erwachsenenbildung. In: Religionspädagogik seit 1945 – Bilanz und Perspektiven. Jahrbuch der Religionspädagogik 12 (1996), 179–196.

Schmitz, Edgar (Hg.): Religionspsychologie. Eine Bestandsaufnahme des gegenwärtigen Forschungsstandes, Göttingen u.a. 1992.

Schweitzer, Friedrich: Lebensgeschichte und Religion. Religiöse Erziehung und Entwicklung im Kindes- und Jugendalter, Gütersloh [3]1994.

Sekretariat des Bundes der Evangelischen Kirchen in der DDR (Hg.): Kirche als Lerngemeinschaft. Dokumente aus der Arbeit des Bundes der Evangelischen Kirchen in
der DDR, Berlin 1981.

Studien- und Begegnungsstätte Berlin: Unter anderen(m) Kirche. Zur Beziehung von
Kirchengemeinde und Konfessionslosen am Beispiel einer Gemeinde im Osten Berlins, Berlin (begegnungen 12) 1995.

Uphoff, Berthold: Kirchliche Erwachsenenbildung. Befreiung und Mündigkeit im
Spannungsfeld von Kirche und Welt, Stuttgart u.a. 1991.

Ven, Johannes A. van der / Ziebertz, Hans-Georg (Hg.): Religiöser Pluralismus und
interreligiöses Lernen, Kampen/Weinheim 1994.

Weymann, Volker: Evangelische Erwachsenenbildung. Grundlagen theologischer Didaktik, Stuttgart u.a. 1983.

Literaturverzeichnis

Alltag und Glaube (Evangelische Arbeitsstelle Fernstudium für kirchliche Dienste, Herrenhäuser Str. 12, 30419 Hannover).

§ 218. Aufbruch, Abbruch, Umbruch im Leben der Frau. Informationen und Arbeitsmaterialien zum Thema Schwangerschafts-/Konfliktberatung (Organisationsmodelle kirchlicher Erwachsenenbildung 2) Darmstadt ²1997 (Arbeitsstelle für Erwachsenenbildung der Evangelischen Kirche in Hessen und Nassau, 64276 Darmstadt).

Anderson, Sherry Ruth / Hopkins, Patricia: The Feminine Faith of God. The Unfolding of the Sacred in Women, New York u.a. 1991.

Arbeitsstelle für Erwachsenenbildung (Wolfgang Lück) i.A. d. Arbeitsgemeinschaft für Erwachsenenbildung der EKHN (Hg.): Theologie im Angebot – die Fragen nach einem Grundangebot religiöser/ theologischer Bildung für Erwachsene, Darmstadt o.J. (1995).

Ariès, Philippe: Geschichte der Kindheit, München/ Wien 1975.

Arnold, Patrick M.: Männliche Spiritualität. Der Weg zur Stärke, München 1994.

Arnold, Rolf: Deutungsmuster und pädagogisches Handeln in der Erwachsenenbildung. Aspekte einer Sozialpsychologie der Erwachsenenbildung und einer erwachsenenpädagogischen Handlungstheorie, Bad Homburg 1985.

Arnold, Rolf / Schüßler, Ingeborg: Deutungslernen in der Weiterbildung – zwischen biographischer Selbstvergewisserung und transformativem Lernen. In: Grundlagen der Weiterbildung 7 (1996), 9 – 14.

Atkinson, Harley (Hg.): Handbook of Young Adult Religious Education, Birmingham, Al. 1995.

Ausgangspunkte. Ein theologischer Basiskurs zu Erfahrungen im kirchlichen Alltag. Ein Gemeinschaftsprojekt evangelischer Erwachsenenbildung, Bd 1, Kassel 1989; Bd 2, Kassel 1991.

Baltes, Paul B.: Entwicklungspsychologie der Lebensspanne, Stuttgart 1979.

Barth, Hans-Martin: Spiritualität, Göttingen 1993.

Baudler, Georg: Korrelationsdidaktik: Leben durch Glauben erschließen. Theorie und Praxis der Korrelation von Glaubensüberlieferung und Lebenserfahrung auf der Grundlage von Symbolen und Sakramenten, Paderborn u.a. 1984.

Beck, Ulrich: Risikogesellschaft. Auf dem Weg in eine andere Moderne, Frankfurt/M. 1986.

Beck, Ulrich: Was ist Globalisierung? Irrtümer des Globalismus – Antworten auf Globalisierung, Frankfurt/M. 1997.

Becker, Sybille / Nord, Ilona (Hg.): Religiöse Sozialisation von Mädchen und Frauen, Stuttgart u.a. 1995.

Bekannte und unbekannte Frauen in der Bibel. Material für Gruppenarbeit zum Jahr mit der Bibel 1992 (Beratungsstelle für Gestaltung von Gottesdiensten und anderen Gemeindeveranstaltungen, Eschersheimer Landstr. 565, 60431 Frankfurt/M.).

Belenky, Mary F. u.a.: Das andere Denken. Persönlichkeit, Moral und Intellekt der Frau, Frankfurt/M./ New York ²1991.

Berg, Horst Klaus: Ein Wort wie Feuer. Wege lebendiger Bibelauslegung, München/ Stuttgart 1991.

Berg, Horst Klaus: Grundriß der Bibeldidaktik. Konzepte-Modelle-Methoden, München/ Stuttgart 1993.

Berg, Jan Hendrik van den: Metabletica. Über die Wandlung des Menschen. Grundlinien einer historischen Psychologie, Göttingen 1960.

Berger, Peter L.: Der Zwang zur Häresie. Religion in der pluralistischen Gesellschaft, Frankfurt/M. 1980.

Berger, Peter L.: Sehnsucht nach Sinn. Glauben in einer Zeit der Leichtgläubigkeit, Frankfurt/ New York 1994.

Best, Ron (Hg.): Education, Spirituality and the Whole Child, London/ New York 1996.

Beyer, Peter: Religion and Globalization, London u.a. 1994.

Bibliodrama. Themenheft der Zeitschrift: Der Evangelische Erzieher 1996.

Biehl, Peter: Erfahrung, Glaube und Bildung. Studien zu einer erfahrungsbezogenen Religionspädagogik, Gütersloh 1991.

Bierlein, Karl Heinz: Lebensbilanz. Krisen des Älterwerdens meistern – kreativ auf das Leben zurückblicken – Zukunftspotentiale ausschöpfen, München 1994.

Biesinger, Albert: Kinder nicht um Gott betrügen. Anstiftungen für Mütter und Väter, Freiburg u.a. 1994.

Biesinger, Albert: Gott in die Familie. Erstkommunion als Chance für Eltern und Kinder, München 1996.

Blank, Reiner / Grethlein, Christian (Hg.): Einladung zur Taufe – Einladung zum Leben. Ein Konzept für einen tauforientierten Gemeindeaufbau. Entwickelt im Gemeindekolleg der VELKD, Stuttgart 1993.

Blasberg-Kuhnke, Martina: Erwachsene glauben. Voraussetzungen und Bedingungen des Glaubens und Glaubenlernens Erwachsener im Horizont globaler Krisen, St. Ottilien 1992.

Blasberg-Kuhnke, Martina: Erwachsenenbildung. In: *Hans-Georg Ziebertz / Werner Simon* (Hg.): Bilanz der Religionspädagogik, Düsseldorf 1995, 434–447.

Böhnisch, Lothar / Winter, Reinhard: Männliche Sozialisation. Weinheim/München 1993.

Böhnke, Michael / Reich, K. Helmut / Ridez, Louis (Hg.): Erwachsen im Glauben. Beiträge zum Verhältnis von Entwicklungspsychologie und religiöser Erwachsenenbildung, Stuttgart u.a. 1992.

Böhnke, Michael/ Reich, K. Helmut: Worum geht es heute in der religiösen Erwachsenenbildung? Versuch einer Situationsbeschreibung aus theologischer, andragogischer und entwicklungspsychologischer Perspektive. In: *Böhnke u.a.* 1992, 7–34.

Bouwsma, William J.: Christian Adulthood. In: *Erik H. Erikson* (Hg.): Adulthood, New York 1978, 81–96.

Brandes, Holger / Bullinger, Hermann (Hg.): Handbuch der Männerarbeit, Weinheim 1997.

Breloer, Gerhard: Religion als Problem und Thema der nichtkonfessionellen Erwachsenenbildung, Stuttgart 1973.

Breloer, Gerhard / Dauber, Heinrich / Tietgens, Hans: Teilnehmerorientierung und Selbststeuerung in der Erwachsenenbildung, Braunschweig 1980.

Brim, Orville G. / Wheeler, Stanton: Erwachsenen-Sozialisation. Sozialisation nach Abschluß der Kindheit, Stuttgart 1974.

Brocher, Tobias: Wenn Kinder trauern, Reinbek 1980

Bundesministerium für Bildung, Wissenschaft, Forschung und Technologie: Berichtssystem Weiterbildung VI. Integrierter Gesamtbericht zur Weiterbildungssituation in Deutschland, Bonn 1996.

Buttler, Gottfried: Evangelische Erwachsenenbildung und Gemeindepädagogik – ein strittiges Verhältnis. In: *Ferdinand Barth* (Hg.): Gemeindepädagogik im Widerstreit der Meinungen. Ringvorlesung der Evangelischen Fachhochschule Darmstadt im Sommersemester 1989, Darmstadt 1989, 32–87.

Buttler, Gottfried / Strunk, Gerhard / Würmell, Klaus (Hg.): Lernen und Handeln. Bausteine zu einer Konzeption Evangelischer Erwachsenenbildung, Gelnhausen/Berlin/Stein 1980.

Buttler, Irmgard: Religiöse Bildung in der Volkshochschule. In: Hessische Blätter für Volksbildung 41 (1991), 45–50.

Casanova, Jose: Public Religions in the Modern World, Chicago/ London 1994.

Comenius-Institut (Hg.): Glaubensüberlieferung und Generationenbeziehung. Überlegungen zu „Glauben heute" aus pädagogischer Sicht, Münster: Comenius-Institut 1990.

Copray, Norbert: Jung und trotzdem erwachsen. Bd.1: Zur Situation junger Erwachsener in der Zukunftskrise, Düsseldorf 1987.

Copray, Norbert: Jung und trotzdem erwachsen. Bd.2: Zu Umgang und Arbeit mit jungen Erwachsenen in der Zukunftskrise, Düsseldorf 1988.

Daiber, Karl-Fritz (Hg.): Religion und Konfession. Studien zu politischen, ethischen und religiösen Einstellungen von Katholiken, Protestanten und Konfessionslosen in der Bundesrepublik Deutschland und in den Niederlanden, Hannover 1989.

Daiber, Karl-Fritz: Religion unter den Bedingungen der Moderne. Die Situation in der Bundesrepublik Deutschland, Marburg 1995.

Dauber, Heinrich: Selbstorganisation und Teilnehmerorientierung als Herausforderung für die Erwachsenenbildung. In: Breloer, Gerhard / Dauber, Heinrich / Tietgens, Hans: Teilnehmerorientierung und Selbststeuerung in der Erwachsenenbildung, Braunschweig 1980, 113 – 176.

DEAE (Deutsche Evangelische Arbeitsgemeinschaft für Erwachsenenbildung): Die Erwachsenenbildung als evangelische Aufgabe, Karlsruhe 1978.

DEAE (Deutsche Evangelische Arbeitsgemeinschaft für Erwachsenenbildung): Evangelische Erwachsenenbildung – Ein Auftrag der Kirche. Positionspapier, Karlsruhe 1983.

Degen, Roland: Gemeindeerneuerung als gemeindepädagogische Aufgabe. Entwicklungen in den evangelischen Kirchen Ostdeutschlands, Münster/ Berlin: Comenius-Institut 1992.

Diakonisches Werk Bayern / Landesverband Ev. Kindertagesstätten in Bayern (Hg.): Religionspädagogische Arbeitshilfen, Nürnberg 1991ff.

Dittmann-Kohli, Freya: Sinndimensionen des Lebens im frühen und späten Erwachsenenalter. Zur Konzeption von Lebenssinn und Selbstverständnis. In: *H.-W. Bierhoff / R. Nienhaus* (Hg.): Beiträge zur Psychogerontologie, Marburg 1988, 73–115.

Degenkolbe, Karin: Tanz – eine neue Dimension des Glaubens. In: Zum Weitergeben 3 (1992), 17–20.

Dohmen, Günther: Das lebenslange Lernen. Leitlinien einer modernen Bildungspolitik (BMWFT), Bonn 1996.

Drechsel, Wolfgang: Pastoralpsychologische Bibelarbeit. Ein Verstehens- und Praxismodell gegenwärtiger Bibel-Erfahrung, Stuttgart u.a. 1994.

Drehsen, Volker: Wir religionsfähig ist die Volkskirche? Sozialisationstheoretische Erkundungen neuzeitlicher Christentumspraxis. Gütersloh 1994.

Drehsen, Volker u.a. (Hg.): Der ‚ganze Mensch'. Perspektiven lebensgeschichtlicher Individualität. Festschrift für Dietrich Rössler zum 70. Geburtstag, Berlin/ New York 1997.

Drehsen, Volker / Walter Sparn (Hg.): Im Schmelztiegel der Religionen. Konturen des modernen Synkretismus, Gütersloh 1996.

Drewermann, Eugen: Tiefenpsychologie und Exegese. Bd.1: Die Wahrheit der Formen. Traum, Mythos, Märchen, Sage und Legende, Olten 1984.

Drewermann, Eugen: Tiefenpsychologie und Exegese. Bd.2: Die Wahrheit der Werke und der Worte. Wunder, Vision, Weissagung, Apokalypse, Geschichte, Gleichnis, Olten 1985.

Dubach, Alfred / Campiche, Roland J. (Hg.): Jede(r) ein Sonderfall? Religion in der Schweiz. Ergebnisse einer Repräsentativbefragung, Zürich/ Basel ²1993.

Ecclesia Catholica: Katechismus der Katholischen Kirche, München u.a. 1993.

Eggers, Theodor (Hg.): Erinnerungen an Gott, München 1980.

Eichinger, Werner: „Interreligiöser Dialog" in der theologischen Erwachsenenbildung. Eine Zwischenreflexion. In: Info-Dienst Theologische Erwachsenenbildung 2 (1995); H.7, 12–14.

EKD (Hg.): Frieden wahren, fördern und erneuern. Eine Denkschrift der Evangelischen Kirche in Deutschland, Gütersloh 1981.

EKD: Zusammenhang von Leben, Glauben und Lernen. Empfehlungen zur Gemeindepädagogik, Gütersloh 1982.

EKD: Erwachsenenbildung als Aufgabe der Evangelischen Kirche – Grundsätze – vorgelegt von der Kammer der EKD für Bildung und Erziehung, 1983 (zit.n. dem Wiederabdruck in: Die Denkschriften der EKD. Bd.4/1: Bildung und Erziehung, Gütersloh 1987).

EKD (Hg.): Landwirtschaft im Spannungsfeld zwischen Wachsen und Weichen, Ökologie und Ökonomie, Hunger und Überfluß. Eine Denkschrift der Kammer der Evangelischen Kirche in Deutschland für soziale Ordnung, Gütersloh 1984.

EKD (Hg.): Ökumenisches Lernen: Grundlagen und Impulse. Eine Arbeitshilfe der Kammer der EKD für Bildung und Erziehung, Gütersloh 1985. (a)

EKD (Hg.): Verantwortung wahrnehmen für die Schöpfung. Gemeinsame Erklärung des Rates der Evangelischen Kirche in Deutschland und der Deutschen Bischofskonferenz, Gütersloh 1985. (b)

EKD (Hg.): Christsein gestalten. Eine Studie zum Weg der Kirche. Hg. vom Kirchenamt im Auftrag des Rates der EKD, Gütersloh 1986.

EKD (Synode der EKD): Glauben heute. Christ werden – Christ bleiben, Gütersloh 1988.

EKD (Hg.): Gemeinwohl und Eigennutz. Wirtschaftliches Handeln in Verantwortung für die Zukunft. Eine Denkschrift der Evangelischen Kirche in Deutschland, Gütersloh 1991.

EKD (Hg.): Fremde Heimat Kirche. Ansichten ihrer Mitglieder. Studien- und Planungsgruppe der EKD. Erste Ergebnisse der dritten EKD-Umfrage über Kirchenmitgliedschaft, Hannover 1993.

EKD (Hg.): Identität und Verständigung. Standort und Perspektiven des Religionsunterrichts in der Pluralität. Eine Denkschrift, Gütersloh 1994.

EKD: Orientierung in zunehmender Orientierungslosigkeit. Evangelische Erwachsenenbildung in kirchlicher Trägerschaft. Eine Stellungnahme der Kammer der EKD für Bildung und Erziehung, Gütersloh 1997. (a)

EKD (Hg.): Für eine Zukunft in Solidarität und Gerechtigkeit. Wort des Rates der EKD und der Deutschen Bischofskonferenz zur wirtschaftlichen und sozialen Lage in Deutschland (Gemeinsame Texte 9), Hannover 1997. (b)

Elias, John L.: The Foundations and Practice of Adult Religious Education (1982), rev. ed. Mallabar 1993.

Engelhardt, Klaus / Loewenich, Hermann von / Steinacker, Peter (Hg.): Fremde Heimat Kirche. Die dritte EKD-Erhebung über Kirchenmitgliedschaft, Gütersloh 1997.

Englert, Rudolf: Religiöse Erwachsenenbildung. Situation – Probleme – Handlungsorientierung, Stuttgart u.a. 1992. (a)

Englert, Rudolf: Was nützen der religiösen Erwachsenenbildung Stufentheorien? In: *Böhnke u.a.* 1992, 99–108. (b)

Englert, Rudolf: Thesen zu Stabilisierung und Emanzipation. In: Unterbrechung: Standort und Perspektiven theologischer Erwachsenenbildung. (Katholische Bundesarbeitsgemeinschaft für Erwachsenenbildung) Würzburg 1995, 32 – 40.

Enquete-Kommission „Sogenannte Sekten und Psychogruppen"/ Deutscher Bundestag 13. Wahlperiode: Zwischenbericht. Drucksache 13/8170 vom 7.7.1997.

Erikson, Erik H.: Identität und Lebenszyklus. Drei Aufsätze, Frankfurt/ M. 1974.

Erikson, Erik H.: Der vollständige Lebenszyklus, Frankfurt/M. 1988.

Evangelische Arbeitsgemeinschaft für Erwachsenenbildung in Württemberg / Fachausschuß Theologie: Schöpfung. Anstöße zu einem anderen Umgang mit unserer Erde. Eine Arbeitshilfe, Stuttgart o.J. (1987).

Evangelische Erwachsenenbildung Niedersachsen (Hg.): Wenn Kinder nach dem Tod fragen. Arbeitshilfe, Hannover 1996.

Evangelische Spiritualität. Überlegungen und Anstöße zur Neuorientierung, hg. Kirchenkanzlei im Auftrag des Rates der Evangelischen Kirche in Deutschland, Gütersloh [2]1980.

Evangelischer Erwachsenenkatechismus. Kursbuch des Glaubens, Gütersloh [5]1989.

Farley, Edward: Theologia. The Fragmentation and Unity of Theological Education, Philadelphia 1983.

Feige, Andreas: Kirchenmitgliedschaft in der Bundesrepublik Deutschland. Zentrale Perspektiven empirischer Forschungsarbeit im problemgeschichtlichen Kontext der deutschen Religions- und Kirchensoziologie nach 1945, Gütersloh 1990. (a)

Feige, Andreas: Kirche auf dem Prüfstand: Die Radikalität der 18–20 Jährigen. Biographische und epochale Elemente im Verhältnis der Jugend zur Kirche – ein Vergleich zwischen 1972 und 1982. In: *Matthes* 1990, 65–98. (b)

Feministische Theologie praktisch. Frauengeschichten in der Bibel – Biblische Geschichten in Frauengruppen. Regina von Haller-Beckmann (Red.). Steiner

Arbeitshilfen 10, Stein 1993 (Bayer. Mütterdienst, Deutenbacher Str. 1, 90547 Stein).

Feministisch gelesen. Band 2. Ausgewählte Bibeltexte für Gruppen und Gemeinden, Gebete für den Gottesdienst, hrsg. von Eva Renate Schmidt, Mieke Korenhof und Renate Jost unter Mitarbeit von Heidi Rosenstock, Stuttgart ²1990.

Finn, Mark / Gartner, John (Hg.): Object Relations Theory and Religion. Clinical Applications, Westport, CT / London 1992.

Fischer, Wolfgang / Monninger, Dorothea / Schweitzer, Rolf (hg. im Auftrag der EKD): Werkbuch zum Evangelischen Gesangbuch. Lieferung I. Advent und Weihnachten, Göttingen 1993.

Fowler, James W.: Becoming Adult, Becoming Christian. Adult Development and Christian Faith, San Francisco 1984.

Fowler, James W.: Glaubensentwicklung. Perspektiven für Seelsorge und kirchliche Bildungsarbeit, München 1989.

Fowler, James W.: Stufen des Glaubens. Die Psychologie der menschlichen Entwicklung und die Suche nach Sinn, Gütersloh 1991.

Fowler, James W.: Die Berufung der Theorie der Glaubensentwicklung: Richtungen und Modifikationen seit 1981. In: *Nipkow u.a.* 1992, 29–47.

Fraas, Hans-Jürgen: Religiöse Erziehung und Sozialisation im Kindesalter, Göttingen 1973.

Fraas, Hans-Jürgen: Die Religiosität des Menschen. Ein Grundriß der Religionspsychologie, Göttingen 1990.

Freire, Paulo: Pädagogik der Unterdrückten. Bildung als Praxis der Freiheit, Reinbek 1973.

Frey, Kathrin: erwachsen glauben. Konzeption einer zeitgemäßen theologischen Erwachsenenbildung, Essen 1991.

Friedenthal-Haase, Martha (Hg.): Erwachsenenbildung interkulturell, Frankfurt/M. 1992.

Frielingsdorf, Karl: Dämonische Gottesbilder. Ihre Entstehung, Entlarvung und Überwindung, Mainz 1992.

Fuchs, Werner: Biographische Forschung. Eine Einführung in Praxis und Methoden, Opladen 1984.

Fuller, Robert C.: Religion and the Life Cycle, Philadelphia 1988.

Gäbler, Christa / Schmid, Christoph/ Siber, Peter: Taufgespräche in Elterngruppen. Überlegungen, Gestaltungsvorschläge, Informationen, Zürich 1976.

Gabriel, Karl: Christentum zwischen Tradition und Postmoderne, Freiburg ²1993.

Gangel, Kenneth O. / Wilhoit, James C. (Hg.): The Christian Educator's Handbook on Adult Education, Victor Books 1993.

Geißler, Karlheinz: Lernprozesse steuern, Weinheim und Basel 1995.

Giddens, Anthony: Modernity and Self-Identity. Self and Society in the Late Modern Age, Stanford 1991.

Giddens Anthony: Leben in einer posttraditionalen Gesellschaft. In: *Ulrich Beck u.a.*: Reflexive Modernisierung. Eine Kontroverse, Frankfurt/M. 1996, 113–194.

Gillen, Marie A. / Taylor, Maurice C. (Hg.): Adult Religious Education. A Journey of Faith Development, New York/ Mahwah 1995.

Gilligan, Carol: Die andere Stimme. Lebenskonflikte und Moral der Frau, München / Zürich 1984.

Glaubensseminar für die Gemeinde (TVZ), Zürich 1992.

Goecke-Seischab, Margarete: Von Klee bis Chagall. Kreativ arbeiten mit zeitgenössischen Graphiken zur Bibel, München und Stuttgart 1994.

*Gössmann, Elisabeth (*Hg.): Wörterbuch der feministischen Theologie, Gütersloh 1991.

Gould, Roger L.: Lebensstufen. Entwicklung und Veränderung im Erwachsenenleben, Frankfurt/M. 1979.

Grabner, Wolf-Jürgen / Pollack, Detlef: Jugend und Religion in Deutschland. In: *Karl Gabriel / Hans Hobelsberger* (Hg.): Jugend, Religion und Modernisierung. Suchbewegungen kirchlicher Jugendarbeit, Opladen 1994, 91–116.

Grethlein, Christian: Gemeindepädagogik, Berlin/ New York 1994.

Grom, Bernhard: Methoden für Religionsunterricht, Jugendarbeit und Erwachsenenbildung, Düsseldorf und Göttingen [8]1987.

Grözinger, Albrecht / Lott, Jürgen (Hg.): Gelebte Religion. Im Brennpunkt praktisch-theologischen Denkens und Handelns, Rheinbach 1997.

Grözinger, Albrecht / Luther, Henning (Hg.): Religion und Biographie. Perspektiven zur gelebten Religion, München 1987.

Grünschloß, Andreas. Der eigene und der fremde Glaube. Probleme und Perspektiven gegenwärtiger Religionstheologie. In: Der Evangelische Erzieher 46 (1994), 287–299.

Gudjons, Herbert / Pieper, Marianne / Wagener, Birgit: Auf meinen Spuren. Das Entdecken der eigenen Lebensgeschichte, Reinbek 1986.

Häberle, Peter: Erziehungsziele und Orientierungswerte im Verfassungsstaat, Freiburg / München 1981.

Hanselmann, Johannes / Hild, Helmut / Lohse, Eduard (Hg.): Was wird aus der Kirche? Ergebnisse der zweiten EKD-Umfrage über Kirchenmitgliedschaft, Gütersloh 1984.

Harz, Frieder:. Kind und Glaube. Zum Umgang mit Musik in der religiösen Erziehung, Calw 1982.

Harz, Frieder: Mit Kindern beten. Situation klären – Praxis gestalten, Nürnberg: Diakonisches Werk Bayern / Landesverband Ev. Kindertagesstätten in Bayern 1992.

Haug-Zapp, Egbert / Mühle, Heidi (Hg.): Wenn Kinder nach Gott fragen, Reinbek 1995.

Heizer, Martha / Anker, Elisabeth (Hg.): Funkenflug aus dem Elfenbeinturm. Erfahrungen beim Glaubenlernen, Taur u.a. 1993.

Henkys, Jürgen / Schweitzer, Friedrich: Atheism, Religion and Indifference in the Two Parts of Germany: Before and After 1989. In: Religion and the Social Order. Vol. 7: Leaving Religion and Religious Life. Ed. *M. Bar-Lev / W. Shaffir,* Greenwich / London 1997, 117–137.

Hentig, Hartmut von: Bildung. Ein Essay, München 1996.

Hess, Carol Lakey: Caretakers of Our Common House. Women's Development in Communities of Faith, Nashville 1997.

Hoerning, Erika M. u.a.: Biographieforschung und Erwachsenenbildung, Bad Heilbrunn 1991.

Hollenweger, Walter J.: Konflikt in Korinth. Memoiren eines alten Mannes. Zwei narrative Exegesen zu 1. Korinther 12 – 14 und Ezechiel 37, München 1978.

Hull, John: What Prevents Christian Adults from Learning? London 1985.

Hull, John: Menschliche Entwicklung in der modernen kapitalistischen Gesellschaft. In: *Nipkow u.a.* 1992, 211–227.

Hull, John: Wie Kinder über Gott reden. Ein Ratgeber für Eltern und Erziehende, Gütersloh 1997.

Hungs, Franz Josef: Handbuch der theologischen Erwachsenenbildung, München 1991.

Iber, Gerhard: (Örtliche) Volkshochschularbeit. In: Handbuch der Praktischen Theologie Bd.3, Gütersloh 1983, 418–425.

Jones, James W.: Contemporary Psychoanalysis and Religion. Transference and Transcendence, New Haven/ London 1991.

Jörns, Klaus-Peter: Die neuen Gesichter Gottes. Was die Menschen heute wirklich glauben, München 1997.

Jörns, Klaus-Peter/ Großeholz, Carsten (Hg.): Was die Menschen wirklich glauben. Die soziale Gestalt des Glaubens – Analysen einer Umfrage, Gütersloh 1998.

Katholisches Bibelwerk in Zusammenarbeit mit der Arbeitsstelle für Erwachsenenbildung der Diözese Rottenburg-Stuttgart (Hg.): Grundkurs Bibel. Werkbuch für die Bibelarbeit mit Erwachsenen, 1989, 1993.

Kaufmann, Franz-Xaver: Religion und Modernität, Tübingen 1989.

Kegan, Robert: Die Entwicklungsstufen des Selbst. Fortschritte und Krisen im menschlichen Leben, München 1986.

Kegan, Robert: In Over Our Heads. The Mental Demands of Modern Life, Cambridge, Mass. / London 1994.

Kiehn, Antje u.a.: Bibliodrama, Stuttgart 1987.

Kirschstein, Helmut: Bibelarbeit: Zentrum der Gemeinde. Aktuelle Chancen im Schnittfeld von „Sola scriptura" und „Priestertum aller Gläubigen", Hannover 1991.

Klafki, Wolfgang: Neue Studien zur Bildungstheorie und Didaktik. Beiträge zur kritisch-konstruktiven Didaktik, Weinheim / Basel 1985.

Klein, Stephanie: Theologie und empirische Biographieforschung. Methodische Zugänge zur Lebens- und Glaubensgeschichte und ihre Bedeutung für eine erfahrungsbezogene Theologie, Stuttgart u.a. 1994.

Klein, Stephanie: Glauben Frauen anders? Die Entfaltung des Glaubens in der Lebensgeschichte von Frauen. In: *Becker / Nord* 1995, 166–183.

Klöcker, Michael / Tworuschka, Udo: Religionen in Deutschland. Kirchen, Glaubensgemeinschaften, Sekten, München 1994.

Klöcker, Michael / Tworuschka, Udo: Handbuch der Religionen. Religionen und Glaubensgemeinschaften in Deutschland, Landsberg 1997 (mit Ergänzungslieferungen)

Knoll, Jörg: Kurs- und Seminarmethoden. Ein Trainingsbuch zur Gestaltung von Kursen und Seminaren, Arbeits- und Gesprächskreisen, Weinheim und Basel ⁵1993.

Köcher, Renate: Religiös in einer säkularisierten Welt. In: *Elisabeth Noelle-Neumann/ Renate Köcher*: Die verletzte Nation. Über den Versuch der Deutschen, ihren Charakter zu ändern, Stuttgart 1987, 164–281.

Kohlberg, Lawrence: Kognitive Entwicklung und moralische Erziehung. In: *Lutz Mauermann / Erich Weber* (Hg.): Der Erziehungsauftrag der Schule. Beiträge zur Theorie und Praxis moralischer Erziehung unter besonderer Berücksichtigung der Wertorientierung im Unterricht, Donauwörth 1978, 107–117.

Kohli, Martin: Die Institutionalisierung des Lebenslaufs. Historische Befunde und theoretische Argumente. In: Kölner Zeitschrift für Soziologie und Sozialpsychologie 37 (1985), 1–29.

Krüger, Heinz-Hermann / Marotzki, Winfried (Hg.): Erziehungswissenschaftliche Biographieforschung, Opladen 1995.

Kuhlmann, Wolfgang (Hg.): Moralität und Sittlichkeit. Das Problem Hegels und die Diskursethik, Frankfurt/M. 1986.

Küng, Hans: Projekt Weltethos, München 1990.

Kuschel, Karl-Heinz: Gottesbilder-Menschenbilder. Blicke durch die Literatur unserer Zeit, Zürich / Einsiedeln / Köln 1985.

Kuschel, Karl-Heinz: Jesus in der deutschsprachigen Gegenwartsliteratur, München / Zürich 1987.

Lähnemann, Johannes: Evangelische Religionspädagogik in interreligiöser Perspektive, Göttingen 1998.

Landesverband der Volkshochschulen Schleswig-Holsteins: Grenzbereiche des Angebots in der Gesundheitsbildung und der Psychologie. Empfehlung des Landesverbandes der Volkshochschulen Schleswig-Holsteins e.V. an seine Mitgliedseinrichtungen. Rundschreiben 97/ 4, Kiel 1997.

Lange, Ernst: Sprachschule für die Freiheit. Bildung als Problem und Funktion der Kirche, München / Gelnhausen 1980.

Langer, Wolfgang (Hg.): Handbuch der Bibelarbeit, München 1987.

Leist, Marielene: Kinder begegnen dem Tod, Gütersloh 1987.

Lenz, Hans-Joachim (Hg.): Auf der Suche nach den Männern. Bildungsarbeit mit Männern (DIE), Frankfurt 1994.

Levinson, Daniel J.: Das Leben des Mannes. Werdenskrisen, Wendepunkte, Entwicklungschancen, Köln 1979.

Levinson, Daniel J.: The Seasons of a Woman's Life, New York 1996.

Lott, Jürgen: Handbuch Religion II: Erwachsenenbildung, Stuttgart u.a. 1984.

Lück, Wolfgang (Hg.): Im Land der vielen Religionen. Wahrnehmen und begegnen, Materialien zur religiösen Bildung (Organisationsmodelle kirchlicher Erwachsenenbildung), Darmstadt 1998.

Luckmann, Thomas: Das Problem der Religion in der modernen Gesellschaft: Institution, Person und Weltanschauung, Freiburg 1963.

Luckmann, Thomas: Bemerkungen zu Gesellschaftsstruktur, Bewußtseinsformen und Religion in der modernen Gesellschaft. In: *Burkard Lutz* (Hg.): Soziologie und gesellschaftliche Entwicklung. Verhandlungen des 22. Deutschen Soziologentages in Dortmund 1984, Frankfurt/M. / New York 1985, 475–484.

Lüdemann, Gerd: Die Auferstehung Jesu. Historie, Erfahrung, Theologie, Göttingen 1994.

Luibl, Hans Jürgen: Spiritualität – auf der Suche nach der etwas anderen Frömmigkeit. In: Pastoraltheologie 86 (1997) 42 – 65.

Lukas feministisch gelesen. Das Evangelium und die Apostelgeschichte aus der Perspektive feministischer Befreiungstheologie. Reihe: Zugänge – Erwachsenenbildung im Jahr der Bibel. Hannover 1992 (Evangelische Erwachsenenbildung Niedersachsen, Pädagogische Arbeitsstelle, Archivstr. 4, 30169 Hannover).

Lukatis, Ingrid: Frauen und Männer als Kirchenmitglieder. In: *Matthes* 1990, 119–148.

Luther, Henning: Identität und Fragment. In: *Ders.:* Religion und Alltag, Bausteine zu einer praktischen Theologie des Subjekts, Stuttgart 1992, 160 – 182.

Maaßen, Monika: Biographie und Erfahrung von Frauen. Ein feministisch-theologischer Beitrag zur Relevanz der Biographieforschung für die Wiedergewinnung der Kategorie der Erfahrung, Münster 1993.

Männergeschichten der Bibel für Männer von heute. (Diözesanstelle für Männerseelsorge der Diözese Rottenburg-Stuttgart, 1992).

Marggraf, Eckhart: Sittliche Urteilsfindung – konkretisiert an der Frage der Organspende. In: *Gottfried Adam / Friedrich Schweitzer* (Hg.): Ethisch erziehen in der Schule, Göttingen 1996, 281–297.

Matthes, Joachim: Volkskirchliche Amtshandlungen, Lebenszyklus und Lebensgeschichte. Überlegungen zur Struktur volkskirchlichen Teilnahmeverhaltens. In: *ders.* (Hg.): Erneuerung der Kirche. Stabilität als Chance? Konsequenzen aus einer Umfrage, Gelnhausen / Berlin 1975, 83–112.

Matthes, Joachim (Hg.): Kirchenmitgliedschaft im Wandel. Untersuchungen zur Realität der Volkskirche. Beiträge zur Zweiten EKD-Umfrage „Was wird aus der Kirche?", Gütersloh 1990.

McFadden, Susan H.: Religion, Spirituality, and Aging. In: *James E. Birren / K. Warner Schaie* (Hg.): Handbook of the Psychology of Aging. Fourth Edition, San Diego 1996, 162–177.

McKenzie, Leon: The Religious Education of Adults, Birmingham, Al. 1982.

Meier, Christoph: Kirchliche Erwachsenenbildung. Ein Beitrag zu ihrer Begründung, Stuttgart u.a. 1979.

Meier, Christoph: Gemeinsames Voneinander-Lernen aus der persönlichen Lebensgeschichte. In: *Hermann Buschmeyer / Heidi Behrens-Cobet* (Hg.): Biographisches Lernen. Erfahrungen und Reflexionen, Soest: Landesinstitut für Schule und Weiterbildung 1990, 22–31.

Meueler, Erhard: Die Türen des Käfigs. Wege zum Subjekt in der Erwachsenenbildung, Stuttgart 1993.

Meyer, Thomas: Fundamentalismus. Aufstand gegen die Moderne, Reinbek 1989.

Miles, Jack: Gott, eine Biographie, München 1996.

Ministerium für Arbeit, Gesundheit und Soziales des Landes Nordrhein-Westfalen (Hg.): Tod und Trauer im Umgang mit Kindern. Eine Handreichung für Eltern, Köln 1997.

Moran, Gabriel: Education Toward Adulthood, New York u.a. 1979.

Moran, Gabriel: Alternative Bilder der Entwicklung. Zur religiösen Lebensgeschichte des Individuums. In: *Nipkow u.a.* 1992, 165–180.

Moser, Tilmann: Gottesvergiftung, Frankfurt/M. 1976.

Motikat, Lutz/ Zeddies, Helmut (Hg.): Konfession: Keine. Gesellschaft und Kirchen vor der Herausforderung durch Konfessionslosigkeit – nicht nur in Ostdeutschland, Ausgewählte Beiträge der Studien- und Begegnungsstätte Berlin, Hannover 1997.

Mulisch, Harry: Die Entdeckung des Himmels, Reinbek 1995.

Müller, Helmut A.: Wenn Gott allmächtig ist und gut – warum dann das Leiden? Künstlerische Zugänge. In: Pfui Teufel das Böse. Eine Arbeitshilfe erstellt vom Fachausschuß Theologie der Evangelischen Arbeitsgemeinschaft für Erwachsenenbildung in Württemberg (Landesstelle Ecklenstr. 20, 70184 Stuttgart), 1988.

Müller, Peter: Methoden in der kirchlichen Erwachsenenbildung, München 1982.

Müller, Peter: Praxis der Erwachsenenbildung in der Gemeinde. Situationen, Ziele, Planung, Organisation, München 1986.

Neubert, Ehrhart: Reproduktion von Religion in der DDR-Gesellschaft. Ein Beitrag zum Problem der sozialisierenden Gruppen und ihrer Zuordnung zu den Kirchen. Theologische Studienabteilung beim Bund der evangelischen Kirchen in der DDR. Beiträge A, Gemeinde Nr. 6, Berlin 1986.

Neubert, Ehrhart: „gründlich ausgetrieben". Eine Studie zum Profil und zur psychosozialen, kulturellen und religiösen Situation von Konfessionslosigkeit in Ostdeutschland und den Voraussetzungen kirchlicher Arbeit (Mission), Berlin (begegnungen 13) 1996.

Nipkow, Karl Ernst: Grundfragen der Religionspädagogik. Bd.2: Das pädagogische Handeln der Kirche, Gütersloh 1975.

Nipkow, Karl Ernst: Lebensgeschichte und religiöse Lebenslinie. Zur Bedeutung der Dimension des Lebenslaufs in der Praktischen Theologie und Religionspädagogik. In: Jahrbuch der Religionspädagogik 3 (1987), 3–35. (a)

Nipkow, Karl Ernst: Erwachsenwerden ohne Gott? Gotteserfahrung im Lebenslauf, München 1987. (b)

Nipkow, Karl Ernst: Bildung als Lebensbegleitung und Erneuerung. Kirchliche Bildungsverantwortung in Gemeinde, Schule und Gesellschaft, Gütersloh 1990.

Nipkow, Karl Ernst: Lebensbegleitende Bildung. Zur biographischen Wende in der Erwachsenenbildung im Überschneidungsbereich von Pädagogik, Anthropologie und Theologie. In: *W. Wiater* (Hg.): Erwachsenenbildung und Lebenslauf. Mündigkeit als lebenslanger Prozeß, München 1994, 15–38.

Nipkow, Karl Ernst / Schweitzer, Friedrich (Hg.): Religionspädagogik. Texte zur evangelischen Erziehungs- und Bildungsverantwortung seit der Reformation. Bd.1: Von Luther bis Schleiermacher, München 1991.

Nipkow, Karl Ernst / Schweitzer, Friedrich / Fowler, James W. (Hg.): Glaubensentwicklung und Erziehung, Gütersloh [3]1992.

Nunner-Winkler, Getrud (Hg.): Weibliche Moral. Die Kontroverse um eine geschlechtsspezifische Ethik, Frankfurt / New York 1991.

Orth, Gottfried: Erwachsenenbildung zwischen Parteilichkeit und Verständigung. Zur Theorie theologischer Erwachsenenbildung, Göttingen 1990.

Orth, Gottfried (Hg.): Dem bewohnten Erdkreis Schalom. Beiträge zu einer Zwischenbilanz ökumenischen Lernens, Münster: Comenius-Institut 1991.

Oser, Fritz: Wieviel Religion braucht der Mensch? Erziehung und Entwicklung zur religiösen Autonomie, Gütersloh 1988.

Oser, Fritz: Religiöse Entwicklung im Erwachsenenalter. In: *Böhnke u.a.* 1992, 67–88.

Oser, Fritz / Gmünder, Paul: Der Mensch – Stufen seiner religiösen Entwicklung. Ein strukturgenetischer Ansatz, Zürich/ Köln 1984.

Oser, Fritz / Reich, K. Helmut (Hg.): Eingebettet ins Menschsein: Beispiel Religion. Aktuelle psychologische Studien zur Entwicklung von Religiosität, Lengerich u.a. 1996.

Otto, Gunter / Otto, Maria: Ästhetische Erziehung als Praxis des Auslegens in Bildern und des Auslegens von Bildern, Velbert 1987.

Pagels, Elaine: Adam, Eva und die Schlange. Die Geschichte der Sünde, Reinbek 1994.

Pahnke, Donate: Geschlechtsspezifische religiöse Sozialisation im Spiegel weiblicher Autobiographien. In: *Sparn* 1990, 256–267.

Parks, Sharon: The Critical Years. The Young Adult Search for a Faith to Live by, San Francisco 1986.

Petsch, Hans-Joachim: Reflexion und Spiritualität. Evangelische Erwachsenenbildung als Ort der Moderne in der Kirche, Würzburg 1993.

Philipp, Bernhard: Mit Christus auf dem Weg ... Drei „Wegzeichen" aus Musik, Literatur und Bildender Kunst. In: Wegzeichen. Mit Christus unterwegs (Bischöfliches Ordinariat Trier), Trier 1995, 49–51.

Pollack, Detlef: Kirche in der Organisationsgesellschaft. Zum Wandel der gesellschaftlichen Lage der evangelischen Kirchen in der DDR, Stuttgart u.a. 1994.

Postman, Neil: Das Verschwinden der Kindheit, Frankfurt/M. 1983.

Rabenstein, Reinhold / Köhler-Günther, Birgit: Lernen kann auch Spaß machen. 106 Methoden zum Einstieg, zur Aktivierung bei Müdigkeit und Unlust und zur Auswertung der gemeinsamen Arbeit (Organisationsmodelle kirchlicher Erwachsenenbildung 11), Darmstadt ²1995.

Reich, Helmut: Auf dem Weg zum Selbstsein in Zugehörigkeit. Kognitiv-emotionale und religiöse Entwicklung. In: *Böhnke u.a.* 1992, 35–66.

Reich, K. Helmut: Do We Need a Theory for the Religious Development of Women? In: International Journal for the Psychology of Religion 7 (1997), 67–86.

Reischmann, Jost: Lernen „en passant" – die vergessene Dimension. In: Grundlagen der Weiterbildung 6 (1995), 200 – 204.

Remmert, Sönke: Bibeltexte in der Musik. Ein Verzeichnis ihrer Vertonungen, Göttingen 1996.

Rendtorff, Trutz: Theorie des Christentums. Historisch-theologische Studien zu seiner neuzeitlichen Verfassung, Gütersloh 1972.

Richter, Jutta: Himmel, Hölle, Fegefeuer. Versuch einer Befreiung, Reinbek 1985.

Rico, Gabriele: Garantiert schreiben lernen, Reinbek 1993.

Rist, Katharina: Und die Sprache war Wüste und Öde ... Auf der Suche nach einer unverbrauchten religiösen Sprache (Organisationsmodelle kirchlicher Erwachsenenbildung 31), Darmstadt 1995 (Arbeitsstelle für Erwachsenenbildung der Evangelischen Kirche in Hessen und Nassau, 64276 Darmstadt).

Rizzuto, Ana-Maria: The Birth of the Living God. A Psychoanalytic Study, Chicago / London 1979.

Rizzuto, Ana-Maria: Religious Development: A Psychoanalytic Point of View. In: *Fritz K. Oser / W. George Scarlett* (Hg.): Religious Development in Childhood and Adolescence (New Directions for Child Development 52), San Francisco 1991, 47–62.

Robertson, Robert: The Globalization Paradigm: Thinking Globally. In: *David G. Bromley* (Hg.): Religion and the Social Order. New Developments in Theory and Research, Greenwich / London 1991, 207–224.

Robertson, Roland: Globalization. Social Theory and Global Culture, London u.a. 1992.

Roosen, Rudolf: Die Kirchengemeinde – Sozialsystem im Wandel, Berlin/New York 1997.

Rössler, Dietrich: Grundriß der Praktischen Theologie, Berlin / New York ²1994.

Roth, Patrick: Riverside. Christusnovelle, Frankfurt 1992.

Roth, Patrick: Corpus Christi, Frankfurt 1996.

Rothgangel, Martin: Was Erwachsene glauben. Umfrage und Analyse, Würzburg 1996.

Rupp, Horst F.: Religion – Bildung – Schule. Studien zur Geschichte und Theorie einer komplexen Beziehung, Weinheim 1994.

Schaefer, Monika: Weil ich beim Beten lügen mußte. Rekonstruktion einer verlorenen Kindheit, Stuttgart 1992.

Schäffter, Ortfried: Zielgruppenorientierung in der Erwachsenenbildung, Braunschweig 1981.

Schäffter, Ortfried: Veranstaltungsvorbereitung in der Erwachsenenbildung, Bad Heilbrunn 1984.

Scheilke, Christoph Th.: Evangelische Erwachsenenbildung. In: Religionspädagogik seit 1945 – Bilanz und Perspektiven. Jahrbuch der Religionspädagogik 12 (1996), 179–196.

Schiller, Edeltraud: Theoriediskussion in der evangelischen Erwachsenenbildung in der Bundesrepublik Deutschland, Frankfurt/M. u.a. 1984.

Schindler, Regine: Erziehen zur Hoffnung. Ein Elternbuch zur religiösen Erziehung, Zürich / Lahr [3]1986.

Schleiermacher, Friedrich: Über die Religion. Reden an die Gebildeten unter ihren Verächtern (1799), Göttingen [6]1967.

Schloz, Rüdiger: Das Bildungsdilemma der Kirche. In: *Matthes* 1990, 215–230.

Schmidt, Heinz: Gerechtigkeit, Friede und Bewahrung der Schöpfung. Der konziliare Prozeß als Modell religiösen, ethischen und ökumenischen Lernens. In: Jahrbuch der Religionspädagogik 9 (1993), 31–50.

Schmitz, Edgar (Hg.): Religionspsychologie. Eine Bestandsaufnahme des gegenwärtigen Forschungsstandes, Göttingen u.a. 1992.

Schneider-Wohlfart, Ursula u.a. (Hg.): Fremdheit überwinden. Theorie und Praxis des interkulturellen Lernens in der Erwachsenenbildung, Opladen 1990.

Schulz, Ehrenfried: Religiöse Elternbildung als Lebenshilfe. Ein humanwissenschaftlich orientierter theologischer Modellentwurf, Zürich u.a. 1979.

Schwebel, Horst: Kunst und Religion zwischen Moderne und Postmoderne. Die Situation – Ein neu erwachtes Kunstinteresse. In: Jahrbuch der Religionspädagogik 13 (1997), 47–70.

Schweitzer, Friedrich: Zwischen Theologie und Praxis – Unterrichtsvorbereitung und das Problem der Lehrbarkeit von Religion. In: Jahrbuch der Religionspädagogik 7 (1991), 3–42.

Schweitzer, Friedrich: Die Religion des Kindes. Zur Problemgeschichte einer religionspädagogischen Grundfrage, Gütersloh 1992.

Schweitzer, Friedrich: Religiöse Entwicklung und Sozialisation von Mädchen und Frauen. Auf der Suche nach empirischen Befunden und Erklärungsmodellen. In: Der Evangelische Erzieher 45 (1993), 411–421.

Schweitzer, Friedrich: Lebensgeschichte und Religion. Religiöse Erziehung und Entwicklung im Kindes- und Jugendalter, Gütersloh [3]1994.

Schweitzer, Friedrich: Mädchen im Religionsunterricht. Zum Stand der religionspädagogischen Diskussion. In: Praktische Theologie 30 (1995), 22–27.

Schweitzer, Friedrich: Die Suche nach eigenem Glauben. Einführung in die Religionspädagogik des Jugendalters, Gütersloh 1996. (a)

Schweitzer, Friedrich: Luther und die Geschichte der Bildung. In: Jahrbuch für Historische Bildungsforschung 3 (1996), 9–24. (b)

Schweitzer, Friedrich: Why We Might Still Need a Theory for the Religious Development of Women. In: International Journal for the Psychology of Religion 7 (1997), 87–91.

Schweitzer, Friedrich u.a.: Religionsunterricht und Entwicklungspsychologie. Elementarisierung in der Praxis, Gütersloh 1995.

Seehafer, Klaus (Hg.): Was hat denn das mit Gott zu tun? München 1983.

Sekretariat des Bundes der Evangelischen Kirchen in der DDR (Hg.): Kirche als Lerngemeinschaft. Dokumente aus der Arbeit des Bundes der Evangelischen Kirchen in der DDR, Berlin 1981.

Shaw, Bernhard: Die Abenteuer des schwarzen Mädchens auf der Suche nach Gott, Frankfurt 1989.

Sheehy, Gail: In der Mitte des Lebens. Die Bewältigung vorhersehbarer Krisen, München 1976.

Siebert, Horst: Erwachsenenbildung als Bildungshilfe, Bad Heilbrunn 1983.

Siebert, Horst: Lernen als Konstruktion von Lebenswelten. Entwurf einer konstruktivistischen Didaktik. (PAS) Frankfurt 1994.

Siebert, Horst: Didaktisches Handeln in der Erwachsenenbildung, Neuwied / Kriftel / Berlin 1996.

Sparn, Walter (Hg.): Wer schreibt meine Lebensgeschichte? Biographie, Autobiographie, Hagiographie und ihre Entstehungszusammenhänge, Gütersloh 1990.

Sternberg, Robert J. (Hg.): Wisdom. Its Nature, Origins and Development. Cambridge u.a. 1990.

Stock, Hans: Elementartheologie. In: *Werner Böcker / Hans-Günter Heimbrock / Engelbert Kerkhoff* (Hg.): Handbuch Religiöser Erziehung. Bd.2: Handlungsfelder und Problemfelder, Düsseldorf 1987, 452–466.

Streib, Heinz: Entzauberung der Okkultfaszination. Magisches Denken und Handeln in der Adoleszenz als Herausforderung an die Praktische Theologie, Kampen 1996.

Studien- und Bildungsstätte Berlin (Hg.): Zur Konfessionslosigkeit in (Ost-) Deutschland. Ein Werkstattbericht (Begegnungen 4/5), Berlin 1994

Studien- und Begegnungsstätte Berlin (Hg.): Unter anderen(m) Kirche. Zur Beziehung von Kirchengemeinde und Konfessionslosen am Beispiel einer Gemeinde im Osten Berlins (Begegnungen 12), Berlin 1995

Tenorth, Heinz-Elmar: „Alle Alles Zu Lehren". Möglichkeiten und Perspektiven allgemeiner Bildung, Darmstadt 1994.

Tietgens, Hans: Psychologisches im Angebot der Volkshochschulen, Frankfurt/M. 1994.

Tracy, David: Blessed Rage for Order. The New Pluralism in Theology, Chicago/ London 1975.

Tschirch, Reinmar: Bibel für Kinder. Die Kinderbibel in Kirche, Gemeinde, Schule und Familie, Stuttgart u.a. 1995.

Tschirch, Reinmar: Biblische Geschichten erzählen, Stuttgart u.a. 1997.

Uphoff, Berthold: Kirchliche Erwachsenenbildung. Befreiung und Mündigkeit im Spannungsfeld von Kirche und Welt, Stuttgart u.a. 1991.

Ustinov, Peter: Der alte Mann und Mr. Smith, Düsseldorf [9]1993.

Utsch, Michael: Religiosität im Alter: Forschungsschwerpunkte und methodische Probleme. In: Zeitschrift für Gerontologie 25 (1992), 25–31.

Ven, Johannes A. van der/ Ziebertz, Hans-Georg (Hg.): Religiöser Pluralismus und interreligiöses Lernen, Kampen/ Weinheim 1994.

Verantwortung wahrnehmen für die Schöpfung! Arbeitshilfe zur gemeinsamen ökumenischen Erklärung, Darmstadt: Arbeitsstelle für Erwachsenenbildung der EKHN 1988.

Vierzig, Siegfried: Frauen und Männer: Geschlechtsrollenidentität und religiöse Sozialisation – Was sich an religiösen Autobiographien beobachten läßt. In: *Grözinger / Luther* 1987, 163–173.

Vogel, Linda J.: Teaching and Learning in Communities of Faith. Empowering Adults Through Religious Education, San Francisco u.a. 1991.

Vogt, Theophil: Bibelarbeit. Grundlegung und Praxismodelle einer biblisch orientierten Erwachsenenbildung, Stuttgart u.a. 1985.

Vogt, Theophil (Hg.): Bibelseminar für die Gemeinde. Teilnehmerheft, Zürich [11]1992; Leiterheft, Zürich [7]1992; Materialheft mit theologischen Informationen, Zürich [3]1992.

Walther, Andreas (Hg.): Junge Erwachsene in Europa. Jenseits der Normalbiographie? Opladen 1996.

Wegenast, Klaus: Evangelische Erwachsenenbildung. In: *Gottfried Adam / Rainer Lachmann* (Hg.): Gemeindepädagogisches Kompendium, Göttingen 1987, 379–413 (Wiederabdruck: *ders. / G. Lämmermann*: Gemeindepädagogik. Kirchliche Bildungsarbeit als Herausforderung, Stuttgart u.a. 1994, 133–161).

Werder, Lutz von: Lehrbuch des kreativen Schreibens, Berlin/Milow 1993.

Weymann, Volker: Evangelische Erwachsenenbildung. Grundlagen theologischer Didaktik, Stuttgart u.a. 1983.

Wiater, Werner (Hg.): Erwachsenenbildung und Lebenslauf. Mündigkeit als lebenslanger Prozeß, München 1994.

Wickett, R.E.Y: Models of Adult Religious Education Practice, Birmingham Al. 1991.

Wiesel, Elie: Adam oder das Geheimnis des Anfangs. Brüderliche Urgestalten, Freiburg 1980.

Wiggermann, Karl-Friedrich: Was ist Spiritualität? 10 x 10 Stichwörter, Gütersloh 1997.

Wilhoit, James C.: Christian Adults and Spiritual Formation. In: *Gangel / Wilhoit* 1993, 51–63.

Winnekes, Katharina (Hg.): Christus in der bildenden Kunst. Von den Anfängen
   bis zur Gegenwart. Eine Einführung, München 1989.
Wohlrab-Sahr, Monika (Hg.): Biographie und Religion. Zwischen Ritual und
   Selbstsuche, Frankfurt/M. / New York 1995.
Wright, J. Eugene: Erikson: Identity and Religion. New York 1982.

Zahrnt, Heinz (Hg.): Mein Gott, Hamburg 1979.
Zander, Hans Conrad: Warum ich Jesus nicht leiden kann, Reinbek 1994.
Zorn, Fritz: Mars, München 1977.

S. 31   spir.

Lit: Kohler - Gunter:
Leben kann auch Spaß machen